U0861778

铁路劳动安全培训与职业病预防

铁路工伤预防教材

赵彦星　主编

中国劳动社会保障出版社

图书在版编目（**CIP**）数据

铁路工伤预防教材 / 赵彦星主编 . -- 北京 : 中国劳动社会保障出版社，2024
ISBN 978-7-5167-6398-8

Ⅰ. ①铁…　Ⅱ. ①赵…　Ⅲ. ①铁路工程 - 工伤事故 - 事故预防 - 教材　Ⅳ. ①U215.8

中国国家版本馆 CIP 数据核字（2024）第 074522 号

中国劳动社会保障出版社出版发行

（北京市惠新东街 1 号　邮政编码：100029）

*

北京市艺辉印刷有限公司印刷装订　新华书店经销

787 毫米 ×1092 毫米　16 开本　23.5 印张　341 千字
2024 年 5 月第 1 版　2024 年 9 月第 5 次印刷

定价：86.00 元

营销中心电话：400-606-6496
出版社网址：http://www.class.com.cn

《铁路工伤预防教材》

编写组

主　编：赵彦星

副主编：贾晋军　马腾达

编写组人员：

中国国家铁路集团有限公司　张武　张卫军

中国铁路北京局集团有限公司　崔彦林

中国铁路上海局集团有限公司　周伟　楼湖广

中国铁路济南局集团有限公司　屈波　耿须彬　孙洪海　刘敬强　徐建　李兴　王立谦　杜亮

中国铁路兰州局集团有限公司　柴仓宝　程天罡

中国铁路沈阳局集团有限公司　史洪涛　吴凯　崔胜利

中国铁路哈尔滨局集团有限公司　吕天宝　王继革　王正宇　谷光磊　赵彦峰　郑世凯　闫春刚

中国铁路武汉局集团有限公司　殷召　刘道才

中国铁路南昌局集团有限公司　陈小燕

中国铁路青藏集团有限公司　白召才　程崇儒　袁存国　茹海辉

国能朔黄铁路发展有限责任公司　黄先国　贾慧光　杨延召　辛静波　高林枫　罗鹏宇

宁夏宁东铁路有限公司　邵鹏华　吴震

陕西铁路物流集团有限公司　翟楠　刘红　党博元

中国铁道科学研究院集团有限公司　徐上　赵会军

中国人民解放军联勤保障部队第九八〇医院　温晓华

北京普教科技有限公司　赵俊懿

文字审核：常梅荣

前　言

为深入学习贯彻党的二十大精神和习近平总书记关于社会保障、安全生产、职业病防治的重要指示批示精神，根据人力资源社会保障部、国家卫生健康委、应急管理部、国家铁路局、国家矿山安全监察局发布的《关于实施矿山、机械制造、铁路运输、铁路建设施工等行业重点企业工伤预防能力提升培训工程的通知》（人社厅函〔2023〕102号）要求，以从源头上消除事故隐患与职业病危害，提升铁路从业人员工伤预防意识和能力，推动落实铁路企业工伤预防主体责任，促进企业健康发展为目标，编写本教材。

本教材由基础知识、风险管控、应急避险、现场急救、智慧题库五篇内容组成。第一篇基础知识，主要介绍铁路行业相关安全卫生术语和法律法规。第二篇风险管控，主要介绍铁路行业涉及的各种任务特点、潜在风险、事故案例以及风险预防措施。第三篇应急避险，主要介绍突发事件和自然灾害的形成规律、突发迹象以及危险时刻的应急避险措施。第四篇现场急救，主要介绍从业人员受到事故伤害、职业危害或突发急症，在未获得医疗救助之前，非专业医务人员或从业人员自身应采取的急救措施。第五篇智慧题库，介绍了本教材配套题库及培训平台的使用途径和方法。智慧题库实现了手机端任务、规章关键字查询以及在线学习、考试功能，扫描App二维码，可免费下载、注册和使用。

尊重生命，敬畏规章，发展决不能以牺牲安全为代价。本教材将法律法规、国家标准、行业规范以及相关规章条文拆分成条款，在充分理解条文原意的基础上，反复斟酌，有机融合，并将法规用词转化为通俗化语言，应用于铁路生产过程工伤风险控制，便于铁路从业人员理解、记忆、掌握和自觉执行。

愚者以流血吸取教训，智者以教训制止流血。本教材用一件件惨痛的事故教训、一个个鲜活生命的离去、一幕幕刻骨铭心的往事，警示人们“违章作业痛快一时，酿成事故痛苦一生”。本教材案例来自应急管理部、公安部、国家铁路局和相关地方铁路、合资铁路、工程建设等单位的事故通报，以及相关事故案例书籍、视频、教材、网络等，并经作者加工整理。案例表述的当事人均采用化名，不针对任何单位和个人，不作为事故调查和追责依据。

本教材对相关术语、法规条文和风险预防措施等内容全部进行了命题，试题之间相互独立，不互为答案。试题考点均为核心要素，便于铁路从业人员掌握行业规章制度和作业规程，提升风险辨识和控制能力，杜绝习惯性违章行为。为缩减纸张印刷篇幅，本教材在章节后提供了部分试题用作知识巩固练习，全部试题和答案可登录教材配套培训平台——颂业 App 使用、参阅。该培训平台改变了传统安全培训形式，开启了铁路企业工伤预防“智慧培训”的新模式，实现了由传统“纸质死记硬背”向现代“纸质 + 智慧记忆”方式的转变，促进了以培训者为中心向以学习者为中心的智能化培训转型。

本教材适用于铁路、地铁、轻轨等相关企业设计、勘察、施工、监理、运营、维护、科研以及营业线设备安装、调试、服务等人员岗前和在岗期间（提职、改职）的劳动安全与职业健康培训，可作为铁路企业安全生产与职业健康分管负责人、专职管理人员、班组长（含车间主任、车队长）和一线作业人员的工伤预防能力提升培训教材，也可作为相关培训机构、大中专和职业院校学生实习或就业前劳动安全培训教学用书。

本教材在校稿、颂业 App 数据导入核对中还得到了岳同聚、秦真、王丹、郭帅等同志的帮助，米元、秦婉婉、师兰兰、周明薇、杨海丽、刘丽莉、寇京等同志志愿扮演伤者或施救者为本教材配图，在此一并表示感谢。

目　录

第一篇　基础知识

第一章　相关术语

第二篇 风险管控

第七章 电焊与气割（焊）工伤预防

第八章　特种设备使用工伤预防

第三篇　应急避险

第十一章　应急避险知识

第十四章　外伤急救

第十五章 中毒急救

第十六章 突发伤害急救

第十七章 常见急症急救

第五篇 智慧题库

第十八章 题库使用与教材查询

第十九章 颂业 App 使用方法

附录

第一篇

基础知识

【学习目的】

本篇内容主要用于学习铁路劳动安全卫生基础知识，掌握劳动安全与职业健康相关术语，知悉安全生产与职业病防治等相关法律法规，熟知生产经营单位安全生产主体责任和从业人员安全生产权利与义务，增强劳动者安全生产与职业健康意识，提升铁路运输与建设施工企业工伤预防能力。

第一章　相 关 术 语

文字里有着人类最高的智慧，深藏着人们内心未曾觉醒的东西。

第一节　劳动安全卫生相关术语

一、职业安全

以防止从业人员在职业活动过程中发生各种伤亡事故为目的的工作领域及在法律、技术、设备、组织制度和教育等方面所采取的相应措施。

二、职业卫生

以从业人员在职业活动过程中健康免受有害因素侵害为目的的工作领域及在法律、技术、设备、组织制度和教育等方面所采取的相应措施。

三、职业安全卫生

以保障从业人员在职业活动过程中的安全与健康为目的的工作领域及在法律、技术、设备、组织制度和教育等方面所采取的相应措施。

四、安全卫生防护措施

为避免从业人员在作业时身体的某部位误入危险区域或接触有害物质而采取的隔离、屏蔽、安全距离、个人防护、通风等措施或手段。

五、安全卫生防护措施基本要求

能预防生产过程中产生的危险和有害因素；能处置危险和有害物，并将其降低到国家规定的限值内；能从作业区排除危险和有害因素；能预防生产装置失灵或操作失误时产生的危险和有害因素；发生生产安全事故时，能为遇险人员提供自救条件。

六、职业禁忌证

不宜从事某种作业的疾病或生理缺陷。有职业禁忌证的劳动者接触某些职业性危害因素时可能导致以下情况：原有疾病病情加重、诱发潜在的疾病，或易于发生事故。

七、个人防护用品

为使从业人员在职业活动中免遭或减轻事故和职业危害因素的伤害而提供的个人穿戴用品。

八、个体防护装备

从业人员为防御物理、化学、生物等外界因素伤害，所穿戴、配备和使用的各种防护用品的总称。在生产作业场所穿戴、配备和使用的个人防护用品，也称个体防护装备。

个体防护装备按防护部位分为头部、呼吸器官、眼（面部）、听觉器官、手部、足部、躯干、皮肤、防坠落及其他防护用品。

个体防护装备按防护功能分为普通、防尘、防水、防寒、防冲击、防毒、阻燃、防静电、防高温、防电磁辐射、防射线、防酸碱、防油、防坠落、水上救生、防烫、防昆虫、给氧、防风沙、防强光、防噪声、防振、防切割、防滑、防穿刺、绝缘以及其他等类别。

九、物体打击事故

物体在重力或其他外力的作用下发生运动打击人体造成的人身伤亡事故，不包括因机械设备、车辆、起重机械、坍塌等引发的物体打击情形。

十、铁路机车车辆伤害事故

铁路机车车辆在运行过程中因碰、撞、轧、压、挤、摔等造成铁路作业人员伤亡的事故。按其造成伤害的主要因素分为：

1. 主观类：人员违章抢道、走道心、钻车底、跳车、扒车、以车代步、作业侵限等人为因素造成的伤害事故。

2. 客观类：线路上作业不设防护、作业防护不到位、作业环境不良、违章指挥等管理因素造成的伤害事故。

十一、机动车辆伤害事故

机动车辆在行驶中引起的人体坠落和物体倒塌、下落、挤压、撞车或倾覆等造成的人身伤亡事故，不包括起重设备提升、牵引车辆和车辆停驶时发生的事故。

十二、机械伤害事故

机械设备运动（静止）部件、工具、加工件直接与人体接触引起的夹击、碰撞、剪切、卷入、绞、碾、割、刺入等伤害事故。

十三、起重伤害事故

起重作业（包括起重机安装、检修、试验）中因挤压、坠落（吊具、吊重）、折臂、倾翻、倒塌等造成的人身伤亡事故。

十四、触电事故

电流流经人体或带电体与人体间发生放电而造成的人身伤亡事故。

十五、淹溺事故

人落水之后，因呼吸道被阻塞导致急性缺氧致窒息而造成的人身伤亡事故。

十六、灼烫事故

由于火焰烧伤、高温物体烫伤、化学灼伤（酸、碱及酸碱性物质引起的体内外灼伤）、物理灼伤（光、放射性物质引起的体内外灼伤）而引起的人身伤亡事故。

十七、火灾事故

由在时间或空间上失去控制的燃烧所造成的灾害事故。

十八、高处坠落事故

因高处作业发生坠落造成的人身伤亡事故，不包括触电坠落事故。高处作业指在距坠落高度基准面 2 m 及 2 m 以上有可能坠落的高处进行的作业。

十九、坍塌事故

物体在外力或重力作用下，超过自身强度极限或因结构稳定性破坏而造成陷落和倒塌的事故。如挖沟时的土石塌方、脚手架坍塌、堆置物倒塌等。

二十、锅炉爆炸事故

锅炉受压部件或集汽箱等在承压状态下瞬时破裂，导致锅炉内储存的热能全部释放的爆炸事故。

二十一、压力容器爆炸事故

压力容器的物理性爆炸、化学性爆炸和容器破裂后的二次空间爆炸事故。

二十二、中毒事故

有毒物质进入人体内引起某些生理功能或组织器官受到急性健康损害或致人死亡的事故。

二十三、窒息事故

人员由于急性缺氧发生晕倒甚至死亡的事故。窒息分为内窒息和外窒息，吸入窒息性气体可导致内窒息，生产环境中严重缺氧可导致外窒息。

二十四、应急预案

针对可能发生的事故，为迅速、有序地开展应急行动而预先制定的行动方案。

二十五、应急准备

针对可能发生的事故，为迅速、有序地开展应急行动而预先进行的组织准备和应急保障。

二十六、应急响应

事故发生后，有关组织或人员采取的应急行动。

二十七、应急救援

在应急响应过程中，为消除、减少事故危害，防止事故扩大或恶化，最大限度地降低事故造成的损失或危害而采取的救援措施或行动。

练习题*

一、单选题

职业卫生是指以从业人员在职业活动过程中（　　）为目的的工作领域及在法律、技术、设备、组织制度和教育等方面所采取的相应措施。

* 试题答案和更多试题，请按照本教材第五篇智慧题库使用方法，登录颂业App学习参考。

A. 健康免受有害因素侵害　　B. 人身免受伤亡事故危害
C. 避免发生各种生产事故　　D. 避免发生各种伤亡事故

二、多选题

1. 个人防护用品是指为使从业人员在职业活动中免遭或减轻（　　）而提供的个人穿戴用品。

A. 劳动强度　　B. 事故伤害
C. 突发事件伤害　　D. 自然灾害威胁
E. 职业危害因素伤害

2. 机动车辆伤害事故不包括下列（　　）时发生的事故。

A. 起重设备提升　　B. 牵引车辆
C. 车辆溜逸　　D. 车辆行驶
E. 车辆停驶

三、判断题

1. 安全卫生防护措施的基本要求包括发生生产安全事故时，能为遇险人员提供自救条件。（　　）

2. 火灾事故是指由在时间或空间上失去控制的燃烧所造成的灾害事故。（　　）

第二节　安全生产过程相关术语

一、安全生产

通过人—机—环境的和谐运作，使社会生产活动中危及劳动者生命和健康的各种事故风险和伤害因素始终处于有效控制的状态。

二、本质安全

通过设计等手段使生产设备或生产系统本身具有安全性，即使在误操作或发生故障的情况下也不会造成事故。

三、生产过程

劳动者在生产领域从事生产活动的全过程。

四、生产经营单位

在中华人民共和国境内从事生产、经营、建设活动的企业、个体经济组织及其他单位。

五、生产经营单位主要负责人

有限责任公司、股份有限公司的董事长、总经理，其他生产经营单位的厂长、经理、矿长，以及对生产经营活动有决策权的实际控制人。

六、安全生产标准化

生产经营单位通过落实安全生产主体责任，全员全过程参与，建立并保持安全生产管理体系，全面管控生产经营活动各环节的安全生产与职业卫生工作，实现安全健康管理系统化、岗位操作行为规范化、设备设施本质安全化、作业环境器具定置化，并持续改进。

七、安全设备

在生产经营过程中专门用于防范、控制、减少危险因素及其危害后果的技术措施，既包括在生产经营场所单独设置的报警、通风、防静电、防泄漏等设备，也包括附属于生产经营设施、设备、器材的相关装置。

八、相关方

工作场所内外与企业安全生产绩效有关或受其影响的个人或单位，如承包商、供应商等。

九、承包商

在企业工作场所，按双方协定的要求向企业提供服务的个人或单位。

十、营业线施工

影响营业线设备稳定、使用和行车安全的各种施工作业。

十一、邻近营业线施工

在营业线两侧一定范围内，新建铁路工程、既有线改造工程及地方工程等，影响或可能影响铁路营业线设备稳定、使用和行车安全的施工作业。

十二、临边作业

在工作面边沿无围护或围护设施高度低于 0.8 m 的高处作业。

十三、悬空作业

在周边无任何防护设施或防护设施不能满足防护要求的临空状态下进行的高处作业。

十四、有限空间

封闭或部分封闭，与外界相对隔离，进出口受到限制，自然通风不良，有毒有害、易燃易爆物质容易聚集或者氧含量不足的空间。

十五、动火作业

在禁火区进行焊接、切割作业，及在易燃易爆场所使用喷灯、电钻、砂轮等进行可能产生火焰、火花和炽热表面的临时性作业。

十六、安全生产费用

企业按照规定标准提取，在成本中列支，专门用于完善和改进企业或项目安全生产条件的资金，简称安全费用。安全费用按照“企业提取、政府监管、确保需要、规范使用”的原则进行管理。

练习题

一、单选题

1. 悬空作业是指在周边无任何防护设施或防护设施不能满足防护要求的（　　）进行的高处作业。

A. 基准面　　B. 梯子上

C. 临空状态下　　D. 工作面下

2. 在禁火区进行（　　）作业属于动火作业。

A. 设备巡视　　B. 焊接、切割

C. 用电　　D. 拆卸、安装

二、多选题

1. 生产经营单位主要负责人是指有限责任公司、股份有限公司的董事长、总经理，其他生产经营单位的（　　），以及对生产经营活动有决策权的实际控制人。

A. 厂长　　B. 车间主任

C. 矿长　　D. 经理

E. 班组长

2. 安全设备包括在生产经营场所单独设置的（　　）等设备，也包括附属于生产经营设施、设备、器材的相关装置。

A. 报警　　B. 防盗

C. 通风　　D. 防静电

E. 防泄漏

三、判断题

1. 通过设计等手段使生产设备本身具有安全性，即使发生故障的情况下也不会延时过长，属于本质安全。（　　）

2. 生产过程是指劳动者在生产领域从事生产活动的全过程。（　　）

3. 在企业工作场所，按双方协定的要求向企业提供服务的个人叫供应商。（　　）

第三节　劳动安全事故与职业病相关术语

一、安全

没有危险，不受威胁，不出事故。

二、劳动安全

生产经营单位通过依法合规建立健全劳动安全卫生制度，采取劳动生产安全组织和技术措施，严格执行国家劳动安全卫生规程和标准，对劳动者进行劳动安全卫生教育，防止劳动过程中发生伤亡事故和减少职业危害的总称。

三、职业危害

在生产劳动过程中所发生的对从业人员人身的威胁和伤害。

四、职业病

用人单位的劳动者在职业活动中，因接触粉尘、放射性物质和其他有毒、有害物质等因素而引起的疾病。

五、生产安全事故隐患

生产经营单位违反安全生产法律、法规、规章、标准、规程和安全生产管理制度的规定，或者因其他因素在生产经营活动中存在可能导致事故发生的人的不安全行为、物的不安全状态、场所的不安全因素和管理上的缺陷，分为一般生产安全事故隐患和重大生产安全事故隐患。

六、危险和有害因素

对人员生命安全和身体健康产生影响，导致疾病、造成伤亡的因素。

七、危险源

可能导致人员伤害或疾病、财产损失、工作环境破坏或这些情况组合的根源或状态。

八、风险

某一特定危险情况发生的可能性和后果的组合。

九、事件

导致或可能导致事故的情况。

十、事故

造成死亡、疾病、伤害、损坏或其他损失的意外情况。

十一、铁路交通事故

铁路机车车辆在运行过程中与行人、机动车、非机动车、牲畜及其他障碍物相撞，或者铁路机车车辆发生冲撞、脱轨、火灾、爆炸等影响铁路正常行车的事故。

十二、伤亡事故

职业活动过程中发生的从业人员人身伤亡或急性中毒的事件。

十三、伤亡事故等级

根据事故造成的人员伤亡和直接经济损失，伤亡事故分为特别重大事故、重大事故、较大事故、一般事故。

1. 特别重大事故：造成 30 人以上死亡，或者 100 人以上重伤（包括急性中毒，下同），或者 1 亿元以上直接经济损失。

2. 重大事故：造成 10 人以上 30 人以下死亡，或者 50 人以上 100 人以下重伤，或者 5 000 万元以上 1 亿元以下直接经济损失。

3. 较大事故：造成 3 人以上 10 人以下死亡，或者 10 人以上 50 人以下重伤，或者 1 000 万元以上 5 000 万元以下直接经济损失。

4. 一般事故：造成 3 人以下死亡，或者 10 人以下重伤，或者 1 000 万元以下直接经济损失。

上述所称“以上”包括本数，“以下”不包括本数。

练习题

一、单选题

1. 伤亡事故是指职业活动过程中发生的从业人员（　　）的事件。

A. 人身伤亡　　B. 人身伤亡或急性中毒

C. 急性中毒　　D. 人身伤害或工业中毒

2. 造成（　　）重伤（包括急性中毒），构成较大事故。

A. 10 人以下　　B. 10 人及以上 50 人以下

C. 50 人及以上 100 人以下　　D. 100 人及以上

二、多选题

1. 职业病是指用人单位的劳动者在职业活动中，因接触（　　）等因素而引起的疾病。

A. 粉尘　　B. 物体打击

C. 放射性物质　　D. 有毒物质

E. 有害物质

2. 危险和有害因素是指对人员生命安全和身体健康产生影响，(　　)的因素。

A. 影响情绪　　B. 影响收入

C. 导致疾病　　D. 导致困难

E. 造成伤亡

三、判断题

1. 风险是指导致或可能导致事故的情况。(　　)

2. 职业危害是指在生产劳动过程中所发生的对从业人员人身的威胁和伤害。(　　)

第二章　相关法律法规

在囚禁罪恶的建筑里也有着因为工作过失而正在忏悔的灵魂。

第一节　安全生产法

一、安全生产方针

安全第一、预防为主、综合治理。

二、安全发展理念

安全生产工作坚持中国共产党的领导。

安全生产工作应当以人为本，坚持人民至上、生命至上，把保护人民生命安全摆在首位，树牢安全发展理念，坚持安全第一、预防为主、综合治理的方针，从源头上防范化解重大安全风险。

三、安全责任“三必须”

安全生产工作实行管行业必须管安全、管业务必须管安全、管生产经营必须管安全，强化和落实生产经营单位主体责任与政府监管责任，建立生产经营单位负责、职工参与、政府监管、行业自律和社会监督的机制。

四、安全生产条件

生产经营单位应具备安全生产法和有关法律、行政法规和国家标准或行业标准规定的安全生产条件。不具备安全生产条件，不得从事生产经营活动。

五、安全警示标志

生产经营单位应在有较大危险因素的生产经营场所和有关设施、设备上，设置明显的安全警示标志。

六、职业危害告知

生产经营单位与从业人员订立的劳动合同，应载明有关保障从业人员劳动安全、防止职业危害的事项，以及依法为从业人员办理工伤保险的事项。

七、生产经营单位主要负责人安全生产职责

1. 建立健全并落实本单位全员安全生产责任制，加强安全生产标准化建设。

2. 组织制定并实施本单位安全生产规章制度和操作规程。

3. 组织制订并实施本单位安全生产教育和培训计划。

4. 保证本单位安全生产投入的有效实施。

5. 组织建立并落实安全风险分级管控和隐患排查治理双重预防工作机制，督促、检查本单位的安全生产工作，及时消除生产安全事故隐患。

6. 组织制定并实施本单位的生产安全事故应急救援预案。

7. 及时、如实报告生产安全事故。

八、生产经营单位安全生产管理机构和安全生产管理人员职责

1. 组织或参与拟订本单位安全生产规章制度、操作规程和生产安全事故应急救援预案。

2. 组织或参与本单位安全生产教育和培训，如实记录安全生产教育和培训情况。

3. 组织开展危险源辨识和评估，督促落实本单位重大危险源的安全管理措施。

4. 组织或者参与本单位应急救援演练。

5. 检查本单位安全生产状况，及时排查生产安全事故隐患，提出改进安全生产管理建议。

6. 制止和纠正违章指挥、强令冒险作业、违反操作规程的行为。

7. 督促落实本单位安全生产整改措施。

九、生产经营单位安全生产基本义务

生产经营单位必须遵守安全生产法和其他有关法律、法规，加强安全生产管理，建立、健全安全生产责任制和规章制度，改善安全生产条件，推进安全生产标准化建设，提高安全生产水平，确保安全生产。

十、从业人员安全生产权利

1. 有权了解作业场所和工作岗位存在的危险因素、防范措施及事故应急措施。

2. 有权对本单位的安全生产工作提出建议，对存在的问题提出批评、检举、控告。

3. 有权拒绝违章指挥和强令冒险作业。

4. 发现直接危及人身安全的紧急情况时，有权停止作业或采取可能的应急措施后撤离作业场所。

5. 因生产安全事故受到损害的从业人员，除依法享有工伤保险外，依照有关民事法律尚有获得赔偿权利的，有权向本单位提出赔偿要求。

十一、从业人员安全生产义务

1. 在作业过程中，应严格遵守本单位安全生产规章制度和操作规程，服从管理，正确佩戴和使用劳动防护用品。

2. 接受安全生产教育和培训，掌握本职工作所需的安全生产知识，提高安全生产技能，增强事故预防和应急处理能力。

3. 发现事故隐患或者其他不安全因素，应立即向现场安全生产管理人员或者本单位负责人报告。

十二、安全生产教育和培训

1. 生产经营单位应当对从业人员进行安全生产教育和培训，保证从业人员具备必要的安全生产知识，熟悉有关的安全生产规章制度和安全操作规程，掌握本岗位的安全操作技能，了解事故应急处理措施，知悉自身在安全生产方面的权利和义务。未经安全生产教育和培训合格的从业人员，不得上岗作业。

2. 生产经营单位使用被派遣劳动者的，应当将被派遣劳动者纳入本单位从业人员统一管理，对被派遣劳动者进行岗位安全操作规程和安全操作技能的教育和培训。劳务派遣单位应当对被派遣劳动者进行必要的安全生产教育和培训。

3. 生产经营单位接收中等职业学校、高等学校学生实习的，应当对实习学生进行相应的安全生产教育和培训，提供必要的劳动防护用品。学校应当协助生产经营单位对实习学生进行安全生产教育和培训。

4. 生产经营单位应当建立安全生产教育和培训档案，如实记录安全生产教育和培训的时间、内容、参加人员以及考核结果等情况。

十三、安全设施“三同时”

生产经营单位新建、改建、扩建工程项目（以下统称建设项目）的安全设施，必须与主体工程同时设计、同时施工、同时投入生产和使用。安全设施投资应当纳入建设项目概算。

十四、安全设备标准和使用

1. 安全设备的设计、制造、安装、使用、检测、维修、改造和报废，应当符合国家标准或者行业标准。

2. 生产经营单位必须对安全设备进行经常性维护、保养，并定期检测，保证正常运转。维护、保养、检测应当作好记录，并由有关人员签字。

3. 生产经营单位不得关闭、破坏直接关系生产安全的监控、报警、防护、救生设备、设施，或者篡改、隐瞒、销毁其相关数据、信息。

4. 餐饮等行业的生产经营单位使用燃气的，应当安装可燃气体报警装置，并保障其正常使用。

十五、安全风险分级管控与隐患排查治理

1. 生产经营单位应当建立安全风险分级管控制度，按照安全风险分级采取相应的管控措施。

2. 生产经营单位应当建立健全并落实生产安全事故隐患排查治理制度，采取技术、管理措施，及时发现并消除事故隐患。事故隐患排查治理情况应当如实记录，并通过职工大会或者职工代表大会、信息公示栏等方式向从业人员通报。其中，重大事故隐患排查治理情况应当及时向负有安全生产监督管理职责的部门和职工大会或者职工代表大会报告。

练习题

一、单选题

1.《安全生产法》规定，不具备安全生产条件的生产经营单位（　　）。

A. 不得从事生产经营活动

B. 经主管部门批准后允许生产经营

C. 经安全生产监管部门批准后可从事生产经营活动

D. 经应急管理部门批准后可从事生产经营活动

2. 因生产安全事故受到损害的从业人员，除依法享有工伤保险外，依照有关民事法律尚有获得赔偿权利的，有权向（　　）提出赔偿要求。

A. 本单位　　B. 安全生产监督管理部门

C. 工伤保险经办机构　　D. 劳动和社会保障部门

二、多选题

1. 生产经营单位主要负责人对本单位的安全生产工作全面负责，下列属于其主要职责的有（　　）。

A. 建立健全本单位安全生产责任制

B. 组织制定本单位安全生产规章制度和操作规程

C. 组织制订并实施本单位安全生产教育和培训计划

D. 及时为本单位职工缴纳工伤保险费

E. 及时、如实报告生产安全事故

2. 生产经营单位不得（　　）直接关系生产安全的相关数据、信息。

A. 复制　　B. 篡改

C. 公示　　D. 隐瞒

E. 销毁

三、判断题

1. 督促、检查本单位的安全生产工作，及时消除生产安全事故隐患是生产经营单位安全生产管理人员的主要职责。（　　）

2. 安全设施“三同时”规定安全设施投资应当纳入安全专项资金概算。（　　）

第二节　劳　动　法

一、劳动安全卫生

用人单位必须建立、健全劳动安全卫生制度，严格执行国家劳动安全卫生规程和标准，对劳动者进行劳动安全卫生教育，防止劳动过程中的事故，减少职业危害。

二、用人单位义务

1. 用人单位应建立职业培训制度，按国家规定提取和使用职业培训经费，根据本单位实际，有计划地对劳动者进行职业培训。

2. 劳动安全卫生设施必须符合国家规定的标准。

3. 用人单位必须为劳动者提供符合国家规定的劳动安全卫生条件和必要的劳动防护用品，对从事有职业危害作业的劳动者应定期进行健康检查。

三、劳动者义务和权利

1. 在劳动过程中，必须严格遵守安全操作规程。
2. 从事特种作业的劳动者必须经过专门培训并取得特种作业资格。
3. 对用人单位管理人员违章指挥、强令冒险作业，有权拒绝执行。
4. 对危害生命安全和身体健康的行为，有权提出批评、检举和控告。

练习题

一、多选题

《劳动法》规定，用人单位必须（　　），防止劳动过程中的事故，减少职业危害。

A. 建立、健全劳动安全卫生制度

B. 严格执行国家劳动安全卫生规程和标准

C. 严格检查从业人员的劳动安全卫生状况

D. 对劳动者进行劳动安全卫生教育

E. 建立、健全劳动安全卫生问责制度

二、判断题

1.《劳动法》规定，劳动安全卫生设施必须符合地方政府规定的标准。（　　）

2.《劳动法》规定，劳动者对危害身体健康的行为，有权提出批评，但不得检举、控告。（　　）

3.《劳动法》规定，用人单位必须为劳动者提供必要的劳动防护用品。（　　）

第三节　职业病防治法

一、职业病防治工作方针与机制

职业病防治工作坚持预防为主、防治结合的方针，建立用人单位负责、行政机关监管、行业自律、职工参与和社会监督的机制，实行分类管理、综合治理。

二、职业病防治

用人单位应建立、健全职业病防治责任制，加强职业病防治管理，提高职业病防治水平，对本单位产生的职业病危害承担责任。

三、工作场所职业卫生要求

产生职业病危害的用人单位的设立除应当符合法律、行政法规规定的设立条件外，其工作场所还应当符合下列职业卫生要求：

1. 职业病危害因素强度或者浓度符合国家职业卫生标准。
2. 有与职业病危害防护相适应的设施。
3. 生产布局合理，符合有害与无害作业分开的原则。
4. 有配套的更衣间、洗浴间、孕妇休息间等卫生设施。
5. 设备、工具、用具等设施符合保护劳动者生理、心理健康的要求。
6. 法律、行政法规和国务院卫生行政部门关于保护劳动者健康的其他要求。

四、用人单位职业病防治管理措施

1. 设置或指定职业卫生管理机构或组织，配备专职或者兼职的职业卫生管理人员，负责本单位的职业病防治工作。
2. 制定职业病防治计划和实施方案。
3. 建立、健全职业卫生管理制度和操作规程。
4. 建立、健全职业卫生档案和劳动者健康监护档案。

5. 建立、健全工作场所职业病危害因素监测及评价制度。

6. 建立、健全职业病危害事故应急救援预案。

五、职业病防治措施公布要求

1. 用人单位应在醒目位置设置公告栏，公布有关职业病防治的规章制度、操作规程、职业病危害事故应急救援措施和工作场所职业病危害因素检测结果。

2. 对产生严重职业病危害的作业岗位，应在其醒目位置，设置警示标识和中文警示说明。警示说明应载明产生职业病危害的种类、后果、预防以及应急救治措施等内容。

六、职业病应急措施

1. 对可能发生急性职业损伤的有毒、有害工作场所，用人单位应设置报警装置，配置现场急救用品、冲洗设备、应急撤离通道和必要的泄险区。

2. 任何单位和个人不得将产生职业病危害的作业转移给不具备职业病防护条件的单位和个人。不具备职业病防护条件的单位和个人不得接受产生职业病危害的作业。

七、职业病危害告知要求

用人单位与劳动者订立劳动合同（含聘用合同）时，应当将工作过程中可能产生的职业病危害及其后果、职业病防护措施和待遇等如实告知劳动者，并在劳动合同中写明，不得隐瞒或者欺骗。

八、劳动者职业卫生保护权利

1. 获得职业卫生教育、培训。

2. 获得职业健康检查、职业病诊疗、康复等职业病防治服务。

3. 了解工作场所产生或者可能产生的职业病危害因素、危害后果和应采取的职业病防护措施。

4. 要求用人单位提供符合防治职业病要求的职业病防护设施和个人使用的

职业病防护用品，改善工作条件。

5. 对违反职业病防治法律、法规以及危及生命健康的行为提出批评、检举和控告。

6. 拒绝违章指挥和强令进行没有职业病防护措施的作业。

7. 参与用人单位职业卫生工作的民主管理，对职业病防治工作提出意见和建议。

练习题

一、单选题

对产生严重职业病危害的作业岗位，应在其醒目位置，设置（　　）。

A. 警示标识　　B. 中文警示说明

C. 警示标识和英文警示说明　　D. 警示标识和中文警示说明

二、多选题

1.《职业病防治法》规定，用人单位与劳动者订立劳动合同（含聘用合同）时，应当将工作过程中可能产生的（　　）等如实告知劳动者，并在劳动合同中写明，不得隐瞒或者欺骗。

A. 职业病危害及其后果　　B. 职业病种类

C. 安全风险　　D. 事故隐患

E. 职业病防护措施和待遇

2.《职业病防治法》规定，对产生严重职业病危害的作业岗位，警示说明应载明产生职业病危害的（　　）等内容。

A. 种类　　B. 人员

C. 后果　　D. 预防措施

E. 应急救治措施

三、判断题

1. 产生职业病危害的用人单位的设备、工具、用具等设施应符合保护劳动者生理、心理健康的要求。（　　）

2. 不具备职业病防护条件的单位和个人，不得接受产生职业病危害的作业。
（　　）

第四节　社会保险法

一、社会保险种类

国家建立基本养老保险、基本医疗保险、工伤保险、失业保险、生育保险等社会保险制度，保障公民在年老、疾病、工伤、失业、生育等情况下依法从国家和社会获得物质帮助的权利。

二、享受工伤保险待遇

职工因工作原因受到事故伤害或者患职业病，且经工伤认定的，享受工伤保险待遇；其中，经劳动能力鉴定丧失劳动能力的，享受伤残待遇。

三、由工伤保险基金支付的因工伤发生的费用

因工伤发生的下列费用，按照国家规定从工伤保险基金中支付：

1. 治疗工伤的医疗费用和康复费用。
2. 住院伙食补助费。
3. 到统筹地区以外就医的交通食宿费。
4. 安装配置伤残辅助器具所需费用。
5. 生活不能自理的，经劳动能力鉴定委员会确认的生活护理费。
6. 一次性伤残补助金和一至四级伤残职工按月领取的伤残津贴。
7. 终止或者解除劳动合同时，应当享受的一次性医疗补助金。
8. 因工死亡的，其遗属领取的丧葬补助金、供养亲属抚恤金和因工死亡补助金。
9. 劳动能力鉴定费。

四、由用人单位支付的因工伤发生的费用

1. 治疗工伤期间的工资福利。

2. 五级、六级伤残职工按月领取的伤残津贴。

3. 终止或者解除劳动合同时，应当享受的一次性伤残就业补助金。

五、停止享受工伤保险待遇

工伤职工有下列情形之一的，停止享受工伤保险待遇：

1. 丧失享受待遇条件的；

2. 拒不接受劳动能力鉴定的；

3. 拒绝治疗的。

练习题

一、单选题

1.《社会保险法》规定，职工因工作原因受到事故伤害或者患职业病，且经工伤认定的，享受（　　）待遇。

A. 意外保险　　B. 失业保险

C. 工伤保险　　D. 基本养老

2.《社会保险法》规定，职工因工作原因经劳动能力鉴定丧失（　　）能力的，享受伤残待遇。

A. 就业　　B. 劳动

C. 生育　　D. 生活

二、多选题

1.《社会保险法》规定，国家建立基本养老保险、基本医疗保险、工伤保险、失业保险、生育保险等社会保险制度，保障公民在（　　）等情况下依法从国家和社会获得物质帮助的权利。

A. 年老　　B. 疾病

C. 工伤　　D. 失业

E. 生育

2.《社会保险法》规定，工伤职工有（　　）情形之一的，停止享受工伤保险待遇。

A. 丧失享受待遇条件的　　B. 拒绝工伤事故调查的

C. 拒不接受劳动能力鉴定的　　D. 拒绝治疗的

E. 拒绝安装辅助医疗器具的

三、判断题

1. 治疗工伤的医疗费用和康复费用，从基本医疗保险基金中支付。（　　）

2. 治疗工伤住院伙食补助费，从基本医疗保险基金中支付。（　　）

3. 因工死亡的，其遗属领取的丧葬补助金、供养亲属抚恤金和因工死亡补助金，从工伤保险基金中支付。（　　）

第五节　刑　　法

一、铁路运营安全事故罪

铁路职工违反规章制度，致使发生铁路运营安全事故，造成严重后果的，处3年以下有期徒刑或者拘役；造成特别严重后果的，处3年以上7年以下有期徒刑。

二、重大责任事故罪

在生产、作业中违反有关安全管理的规定，因而发生重大伤亡事故或者造成其他严重后果的，处3年以下有期徒刑或者拘役；情节特别恶劣的，处3年以上7年以下有期徒刑。

三、强令、组织他人违章冒险作业罪

强令他人违章冒险作业，或者明知存在重大事故隐患而不排除，仍冒险组织作业，因而发生重大伤亡事故或者造成其他严重后果的，处 5 年以下有期徒刑或者拘役；情节特别恶劣的，处 5 年以上有期徒刑。

四、危险作业罪

在生产、作业中违反有关安全管理的规定，有下列情形之一，具有发生重大伤亡事故或者其他严重后果的现实危险的，处 1 年以下有期徒刑、拘役或者管制：

1. 关闭、破坏直接关系生产安全的监控、报警、防护、救生设备、设施，或者篡改、隐瞒、销毁其相关数据、信息的。

2. 因存在重大事故隐患被依法责令停产停业、停止施工、停止使用有关设备、设施、场所或者立即采取排除危险的整改措施，而拒不执行的。

3. 涉及安全生产的事项未经依法批准或者许可，擅自从事矿山开采、金属冶炼、建筑施工，以及危险物品生产、经营、储存等高度危险的生产作业活动的。

五、重大劳动安全事故罪

安全生产设施或者安全生产条件不符合国家规定，因而发生重大伤亡事故或者造成其他严重后果的，对直接负责的主管人员和其他直接责任人员，处 3 年以下有期徒刑或者拘役；情节特别恶劣的，处 3 年以上 7 年以下有期徒刑。

六、大型群众性活动重大安全事故罪

举办大型群众性活动违反安全管理规定，因而发生重大伤亡事故或者造成其他严重后果的，对直接负责的主管人员和其他直接责任人员，处 3 年以下有期徒刑或者拘役；情节特别恶劣的，处 3 年以上 7 年以下有期徒刑。

七、危险物品肇事罪

违反爆炸性、易燃性、放射性、毒害性、腐蚀性物品的管理规定，在生产、储存、运输、使用中发生重大事故，造成严重后果的，处 3 年以下有期徒刑或者拘役；后果特别严重的，处 3 年以上 7 年以下有期徒刑。

八、不报、谎报安全事故罪

在安全事故发生后，负有报告职责的人员不报或者谎报事故情况，贻误事故抢救，情节严重的，处 3 年以下有期徒刑或者拘役；情节特别严重的，处 3 年以上 7 年以下有期徒刑。

九、工程重大安全事故罪

建设单位、设计单位、施工单位、工程监理单位违反国家规定，降低工程质量标准，造成重大安全事故的，对直接责任人员，处 5 年以下有期徒刑或者拘役，并处罚金；后果特别严重的，处 5 年以上 10 年以下有期徒刑，并处罚金。

练习题

一、单选题

1.《刑法》规定，铁路职工违反规章制度，致使发生铁路运营安全事故，造成特别严重后果的，处（　　）。

A. 3 年以下有期徒刑　　B. 7 年以上有期徒刑

C. 3 年以上 7 年以下有期徒刑　　D. 拘役

2.《刑法》规定，安全生产设施或者安全生产条件不符合国家规定，因而发生重大伤亡事故或者造成其他严重后果，情节特别恶劣的，对直接负责的主管人员和其他直接责任人员，处（　　）。

A. 3 年以上 7 年以下有期徒刑　　B. 3 年以下有期徒刑

C. 7 年以上有期徒刑　　D. 管制

二、多选题

《刑法》规定，举办大型群众性活动违反安全管理规定，因而发生重大伤亡事故或者造成其他严重后果的，对（　　）处 3 年以下有期徒刑或者拘役。

A. 企业主要负责人　　B. 安全主管人员

C. 直接负责的主管人员　　　　　　D. 其他直接责任人员

E. 维护秩序人员

三、判断题

建设单位、设计单位、施工单位、工程监理单位违反国家规定，降低工程质量标准，造成重大安全事故的，对相关人员处 5 年以下有期徒刑或者拘役，并处罚金。 (　　)

第六节　工伤保险条例

一、认定工伤的情形

职工有下列情形之一的，应当认定为工伤：

1. 在工作时间和工作场所内，因工作原因受到事故伤害的。

2. 工作时间前后在工作场所内，从事与工作有关的预备性或者收尾性工作受到事故伤害的。

3. 在工作时间和工作场所内，因履行工作职责受到暴力等意外伤害的。

4. 患职业病的。

5. 因工外出期间，由于工作原因受到伤害或者发生事故下落不明的。

6. 在上下班途中，受到非本人主要责任的交通事故或者城市轨道交通、客运轮渡、火车事故伤害的。

7. 法律、行政法规规定应当认定为工伤的其他情形。

二、视同工伤的情形

职工有下列情形之一的，视同工伤：

1. 在工作时间和工作岗位，突发疾病死亡或者在 48 h 之内经抢救无效死亡的。

2. 在抢险救灾等维护国家利益、公共利益活动中受到伤害的。

3. 职工原在军队服役，因战、因公负伤致残，已取得革命伤残军人证，到用人单位后旧伤复发的。

三、不得认定或视同工伤的情形

职工符合认定为工伤或者视同工伤规定，但有下列情形之一的，不得认定为工伤或者视同工伤：

1. 故意犯罪的。

2. 醉酒或者吸毒的。

3. 自残或者自杀的。

练习题

一、多选题

1. 职工有下列（　　）情形的，应当认定为工伤。

A. 患职业病的

B. 在工作时间和工作场所内，因工作原因受到事故伤害的

C. 因工外出期间，由于工作原因受到伤害的

D. 因工外出期间，由于工作原因发生事故下落不明的

E. 工作时间前后在工作场所内，从事与工作有关的预备性或者收尾性工作受到事故伤害的

2. 职工有下列（　　）情形的，视同工伤。

A. 在工作时间和工作岗位，突发疾病死亡的

B. 在工作时间和工作岗位，突发疾病在 24 h 之内经抢救无效死亡的

C. 在工作时间和工作岗位，突发疾病在 48 h 之内经抢救无效死亡的

D. 在抢险救灾等维护国家利益、公共利益活动中受到伤害的

E. 职工原在军队服役，因战、因公负伤致残，已取得革命伤残军人证，到用人单位后旧伤复发的

二、判断题

在工作时间和工作岗位，醉酒发生事故的不应认定为工伤。（　　）

第七节　生产安全事故应急条例

一、应急工作责任制

生产经营单位应加强生产安全事故应急工作，建立、健全生产安全事故应急工作责任制，主要负责人对本单位的生产安全事故应急工作全面负责。

二、应急救援预案

生产经营单位应针对本单位可能发生的生产安全事故的特点和危害，进行风险辨识和评估，制定相应的生产安全事故应急救援预案，并向本单位从业人员公布。

三、应急救援人员培训

按照国家有关规定对应急救援人员进行培训，使其具备必要的专业知识、技能、身体素质和心理素质，应急救援人员经培训合格后，方可参加应急救援工作。

四、从业人员教育和培训

生产经营单位应对从业人员进行应急教育和培训，保证从业人员具备必要的应急知识，掌握风险防范技能和事故应急措施。

五、启动应急救援预案

发生生产安全事故后，生产经营单位应立即启动生产安全事故应急救援预案，采取下列一项或多项应急救援措施，并按照国家有关规定报告事故情况。

1. 迅速控制危险源，组织抢救遇险人员。
2. 根据事故危害程度，组织现场人员撤离或者采取可能的应急措施后撤离。
3. 及时通知可能受到事故影响的单位和人员。
4. 采取必要措施，防止事故危害扩大和次生、衍生灾害发生。

5. 根据需要请求邻近的应急救援队参加救援，并向其提供相关技术资料、信息和处置方法。

6. 维护事故现场秩序，保护事故现场和相关证据。

7. 法律、法规规定的其他应急救援措施。

练习题

一、多选题

1.《生产安全事故应急条例》规定，生产经营单位应针对本单位可能发生的生产安全事故的特点和危害，（　　）并向本单位从业人员公布。

A. 进行风险辨识

B. 进行风险评估

C. 制定考试考核办法

D. 制定相应的生产安全事故应急救援预案

E. 核实防护用品性能

2. 生产经营单位应对从业人员进行应急教育和培训，保证从业人员（　　）。

A. 具备必要的应急知识　　B. 具备必要的管理知识

C. 掌握风险防范技能　　D. 掌握事故应急措施

E. 具备应急救援心理素质

二、判断题

1. 生产经营单位应加强生产安全事故应急工作，建立、健全生产安全事故应急工作责任制。（　　）

2. 生产经营单位主要负责人对本单位的生产安全事故应急工作全面负责。（　　）

3. 应急救援人员经培训合格后，方可参加应急救援工作。（　　）

第八节　工作场所职业卫生管理规定

一、机构和人员配置

职业病危害严重的用人单位，应当设置或者指定职业卫生管理机构或者组织，配备专职职业卫生管理人员。

其他存在职业病危害的用人单位，劳动者超过100人的，应当设置或者指定职业卫生管理机构或者组织，配备专职职业卫生管理人员；劳动者在100人以下的，应当配备专职或者兼职的职业卫生管理人员，负责本单位的职业病防治工作。

二、主要负责人、职业卫生管理人员培训要求

用人单位的主要负责人和职业卫生管理人员应当具备与本单位所从事的生产经营活动相适应的职业卫生知识和管理能力，并接受职业卫生培训。主要内容应当包括：

1. 职业卫生相关法律、法规、规章和国家职业卫生标准。
2. 职业病危害预防和控制的基本知识。
3. 职业卫生管理相关知识。
4. 国家卫生健康委规定的其他内容。

三、劳动者培训要求

1. 用人单位应当对劳动者进行上岗前的职业卫生培训和在岗期间的定期职业卫生培训，普及职业卫生知识，督促劳动者遵守职业病防治的法律、法规、规章、国家职业卫生标准和操作规程。

2. 用人单位应当对职业病危害严重的岗位的劳动者进行专门的职业卫生培训，劳动者经培训合格后方可上岗作业。

3. 因变更工艺、技术、设备、材料，或者岗位调整导致劳动者接触的职

业病危害因素发生变化的，用人单位应当重新对劳动者进行上岗前的职业卫生培训。

四、职业卫生管理制度

存在职业病危害的用人单位应当制定职业病危害防治计划和实施方案，建立、健全下列职业卫生管理制度和操作规程：

1. 职业病危害防治责任制度。
2. 职业病危害警示与告知制度。
3. 职业病危害项目申报制度。
4. 职业病防治宣传教育培训制度。
5. 职业病防护设施维护检修制度。
6. 职业病防护用品管理制度。
7. 职业病危害监测及评价管理制度。
8. 建设项目职业病防护设施“三同时”管理制度。
9. 劳动者职业健康监护及其档案管理制度。
10. 职业病危害事故处置与报告制度。
11. 职业病危害应急救援与管理制度。
12. 岗位职业卫生操作规程。
13. 法律、法规、规章规定的其他职业病防治制度。

五、工作场所基本要求

产生职业病危害的用人单位的工作场所应当符合下列基本要求：

1. 生产布局合理，有害作业与无害作业分开。
2. 工作场所与生活场所分开，工作场所不得住人。
3. 有与职业病防治工作相适应的有效防护设施。
4. 职业病危害因素的强度或者浓度符合国家职业卫生标准。
5. 有配套的更衣间、洗浴间、孕妇休息间等卫生设施。
6. 设备、工具、用具等设施符合保护劳动者生理、心理健康的要求。

7. 法律、法规、规章和国家职业卫生标准的其他规定。

六、职业病防护设施“三同时”

新建、改建、扩建的工程建设项目和技术改造、技术引进项目可能产生职业病危害的，建设单位应当按照国家有关建设项目职业病防护设施“三同时”监督管理的规定，进行职业病危害预评价、职业病防护设施设计、职业病危害控制效果评价及相应的评审，组织职业病防护设施验收。

七、职业病防护公告

1. 产生职业病危害的用人单位，应当在醒目位置设置公告栏，公布有关职业病防治的规章制度、操作规程、职业病危害事故应急救援措施和工作场所职业病危害因素检测结果。

2. 存在或者产生职业病危害的工作场所、作业岗位、设备、设施，应当按照《工作场所职业病危害警示标识》（GBZ 158—2003）的规定，在醒目位置设置图形、警示线、警示语句等警示标识和中文警示说明。警示说明应当载明产生职业病危害的种类、后果、预防和应急处置措施等内容。

3. 存在或者产生高毒物品的作业岗位，应当按照《高毒物品作业岗位职业病危害告知规范》（GBZ/T 203—2007）的规定，在醒目位置设置高毒物品告知卡，告知卡应当载明高毒物品的名称、理化特性、健康危害、防护措施及应急处理等告知内容与警示标识。

八、职业病危害因素检测

1. 职业病危害严重的用人单位，应当委托具有相应资质的职业卫生技术服务机构，每年至少进行一次职业病危害因素检测，每三年至少进行一次职业病危害现状评价。

2. 职业病危害一般的用人单位，应当委托具有相应资质的职业卫生技术服务机构，每三年至少进行一次职业病危害因素检测。

3. 用人单位发生职业病危害事故或者国家卫生健康委规定的其他情形

的，应当及时委托具有相应资质的职业卫生技术服务机构进行职业病危害现状评价。

4. 检测、评价结果应当存入本单位职业卫生档案，并向卫生健康主管部门报告和向劳动者公布。

九、职业健康检查

对从事接触职业病危害因素作业的劳动者，用人单位应当按照《用人单位职业健康监护监督管理办法》《放射工作人员职业健康管理办法》《职业健康监护技术规范》（GBZ 188—2014）、《放射工作人员健康要求及监护规范》（GBZ 98—2020）等有关规定组织上岗前、在岗期间、离岗时的职业健康检查，并将检查结果书面如实告知劳动者。

职业健康检查费用由用人单位承担。

十、职业卫生档案

用人单位应当建立健全下列职业卫生档案资料：

1. 职业病防治责任制文件。

2. 职业卫生管理规章制度、操作规程。

3. 工作场所职业病危害因素种类清单、岗位分布以及作业人员接触情况等资料。

4. 职业病防护设施、应急救援设施基本信息，以及其配置、使用、维护、检修与更换等记录。

5. 工作场所职业病危害因素检测、评价报告与记录。

6. 职业病防护用品配备、发放、维护与更换等记录。

7. 主要负责人、职业卫生管理人员和职业病危害严重工作岗位的劳动者等相关人员职业卫生培训资料。

8. 职业病危害事故报告与应急处置记录。

9. 劳动者职业健康检查结果汇总资料，存在职业禁忌证、职业健康损害或者职业病的劳动者处理和安置情况记录。

10. 建设项目职业病防护设施“三同时”有关资料。

11. 职业病危害项目申报等有关回执或者批复文件。

12. 其他有关职业卫生管理的资料或者文件。

练习题

一、单选题

1. 职业病危害严重的用人单位，应当设置或者指定职业卫生管理机构或者组织，配备（　　）职业卫生管理人员。

A. 专职　　　　B. 兼职

C. 专职或兼职　　　　D. 具有相应资质的

2. 职业病危害一般的用人单位，应当委托具有相应资质的职业卫生技术服务机构，每（　　）年至少进行一次职业病危害因素检测。

A. 1　　B. 2　　C. 3　　D. 5

二、多选题

1. 产生职业病危害的用人单位的工作场所应当符合（　　）等基本要求。

A. 生产布局合理，有害作业与无害作业分开

B. 有配套的更衣间、洗浴间、孕妇休息间等卫生设施

C. 值班室应设置在工作场所内，并实时观察

D. 设备、工具、用具等设施符合保护劳动者生理、心理健康的要求

E. 职业病危害因素的强度或者浓度符合国家职业卫生标准

2. 存在或者产生高毒物品的作业岗位，应当按照《高毒物品作业岗位职业病危害告知规范》（GBZ/T 203—2007）的规定，在醒目位置设置高毒物品告知卡，告知卡应当载明高毒物品的（　　）等告知内容与警示标识。

A. 名称　　　　B. 理化特性

C. 健康危害　　　　D. 防护措施

E. 应急处理

三、判断题

1. 用人单位应当对职业病危害严重的岗位的劳动者，进行专门的职业卫生培训，经培训合格后方可上岗作业。 （ ）

2. 对从事接触职业病危害因素作业的劳动者，用人单位应组织职业健康检查。职业健康检查费用由劳动者个人承担。 （ ）

第九节 职业病分类和目录

一、职业病分类

我国法定职业病分为职业性尘肺病及其他呼吸系统疾病、职业性皮肤病、职业性眼病、职业性耳鼻喉口腔疾病、职业性化学中毒、物理因素所致职业病、职业性放射性疾病、职业性传染病、职业性肿瘤、其他职业病 10 类 132 种。

二、职业性尘肺病及其他呼吸系统疾病

1. 尘肺病分为矽肺、煤工尘肺、石墨尘肺、碳黑尘肺、石棉肺、滑石尘肺、水泥尘肺、云母尘肺、陶工尘肺、铝尘肺、电焊工尘肺、铸工尘肺以及根据《尘肺病诊断标准》和《尘肺病理诊断标准》可以诊断的其他尘肺病。

2. 其他呼吸系统疾病分为过敏性肺炎、棉尘病、哮喘、金属及其化合物粉尘肺沉着病（锡、铁、锑、钡及其化合物等）、刺激性化学物所致慢性阻塞性肺疾病、硬金属肺病。

三、职业性皮肤病

职业性皮肤病分为接触性皮炎、光接触性皮炎、电光性皮炎、黑变病、痤疮、溃疡、化学性皮肤灼伤、白斑以及根据《职业性皮肤病的诊断总则》可以诊断的其他职业性皮肤病。

四、职业性眼病

职业性眼病分为化学性眼部灼伤、电光性眼炎、白内障（含放射性白内障、三硝基甲苯白内障）。

五、职业性耳鼻喉口腔疾病

职业性耳鼻喉口腔疾病分为噪声聋、铬鼻病、牙酸蚀病、爆震聋。

六、职业性化学中毒

职业性化学中毒分为铅及其化合物中毒（不包括四乙基铅）、汞及其化合物中毒、锰及其化合物中毒、镉及其化合物中毒、铍病、铊及其化合物中毒、钡及其化合物中毒、钒及其化合物中毒、磷及其化合物中毒、砷及其化合物中毒、铀及其化合物中毒、砷化氢中毒、氯气中毒、二氧化硫中毒等60种。

七、物理因素所致职业病

物理因素所致职业病分为中暑、减压病、高原病、航空病、手臂振动病、激光所致眼（角膜、晶状体、视网膜）损伤、冻伤。

八、职业性放射性疾病

职业性放射性疾病分为外照射急性放射病、外照射亚急性放射病、外照射慢性放射病、内照射放射病、放射性皮肤疾病、放射性肿瘤（含矿工高氡暴露所致肺癌）、放射性骨损伤、放射性甲状腺疾病、放射性性腺疾病、放射复合伤、根据《职业性放射性疾病诊断标准（总则）》可以诊断的其他放射性损伤。

九、职业性传染病

职业性传染病分为炭疽、森林脑炎、布鲁氏菌病、艾滋病（限于医疗卫生人员及人民警察）、莱姆病。

十、职业性肿瘤

职业性肿瘤分为石棉所致肺癌、间皮瘤，联苯胺所致膀胱癌，苯所致白血病，氯甲醚、双氯甲醚所致肺癌，砷及其化合物所致肺癌、皮肤癌，氯乙烯所致肝血管肉瘤，焦炉逸散物所致肺癌，六价铬化合物所致肺癌，毛沸石所致肺癌、胸膜间皮瘤，煤焦油、煤焦油沥青、石油沥青所致皮肤癌，β－萘胺所致膀胱癌。

十一、其他职业病

其他职业病包括金属烟热，滑囊炎（限于井下工人），股静脉血栓综合征、股动脉闭塞症或淋巴管闭塞症（限于刮研作业人员）。

练习题

一、单选题

我国法定职业病共分为（　　）。

A. 8 类 99 种　　B. 9 类 99 种

C. 10 类 115 种　　D. 10 类 132 种

二、多选题

下列属于我国法定职业病类别的是（　　）。

A. 职业性尘肺病及其他呼吸系统疾病

B. 职业性皮肤病

C. 职业性眼病

D. 物理性肠胃病

E. 职业性化学中毒

第二篇

风险管控

【学习目的】

本篇内容主要用于学习铁路劳动安全卫生风险管控知识，认识生产过程中的劳动安全与职业健康风险，结合真实事故案例，掌握消除、预防、减弱、隔离、警示、联锁等风险控制方法，以及国家法律、法规和行业标准、规范所规定的风险预防措施。

第三章　铁路线路劳动工伤预防

对秩序的边界失去敬畏，命运会在不经意间深陷地狱。

第一节　站场与区间作业

一、班前准备

铁路企业生产具有列车行驶速度快、制动距离长、乘务员瞭望条件差、站场线路复杂、作业环境危险性大、事故后果严重等特点，这些特点决定了行车有关人员班中必须保持头脑清醒、精力充沛、动作准确。如果作业人员班前不充分休息，班前饮酒，就有可能在作业中精神萎靡不振、手脚震颤、行动笨拙、反应迟钝、步履蹒跚，很容易发生人身伤亡事故。

案例

2015年2月18日13时59分，某铁路局某机务段外点酒精测试设备配备不到位，机车司机杨某某、张某某组成机班，驾驶HXD_{3C}—0217号机车牵引K1064次旅客列车。14时06分，列车运行到焦柳线鲁山至平顶山西站间上行线K254+486处，因值乘司机酒后精神恍惚，无法正常操纵机车，导致列车惰力运行，停于接触网分相无电区内，随后列车向后溜逸5 m，机车LKJ启动防溜自停。请求救援后，公安人员上车闻到司机身上有酒味。18时44分，经医院抽血检测和机务段派班室酒精测试，确认杨某某饮酒上岗。

为避免班前准备不规范带来的人身安全风险，根据《铁路技术管理规程》，制定预防措施：

行车有关人员，接班前应充分休息，严禁饮酒。

二、横越线路

横越线路是指人员从铁路线路一侧到另一侧。如果横越线路时，不注意左右机车车辆或者长时间在铁路线路上行走，很有可能发生碰撞伤亡事故。

案例

2019 年 7 月 20 日，某铁路局某动车客车段车辆钳工张某某在横越库内平过道时，被顶送的 K5282 次列车碾轧死亡。

2021 年 6 月 4 日 5 时 18 分，某铁路局某工务段在兰新线玉石至金昌站间下行线进行线路机械维修作业，因捣固稳定车临时故障，作业负责人张某某三次催促周某某带领 15 名作业人员跨越上下行线路，乘汽车前往 K364+500 处参与作业。因瞭望视线被故障捣固稳定车阻挡，横越线路人员未发现已经接近的 K596 次旅客列车，在横越上行线路过程中与通过的 K596 次旅客列车相撞。事故造成 9 名作业人员当场死亡。事发后，作业带班人员周某某、现场防护员王某某、作业负责人张某某等 3 人被依法批准逮捕。

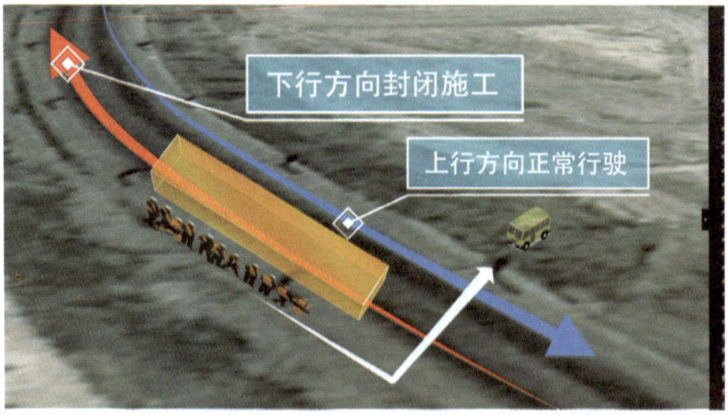

事故模拟场景

为避免横越线路中的人身安全风险，根据《铁路车站行车作业人身安全标准》《铁路电务安全规则》，制定预防措施：

横越线路时，应“一站、二看、三通过”，注意左右机车、车辆动态及脚下有无障碍物。

“一站”是指在机车、车辆限界外安全地方站住。

“二看”是指向上看，查看接触网有无异状；向左右看，查看是否有机车、车辆通过；向下看，查看通过处线路上有无障碍物。

“三通过”是指在确认安全的情况下，快速垂直通过线路。

这里特别讲一下安全与作业效率的关系：

在铁路线路上作业时，有时因作业需要必须横越线路，所以横越线路措施中的“三通过”是生产过程，而“一站”“二看”是为保障横越线路人员安全，管理人员专门加上的安全专项流程。因为不是每次盲目横越线路都会发生相撞事故，所以有些人员往往为提高作业效率，简化了安全专项流程，只执行“三通过”，这种以牺牲安全为代价提高作业效率的方式，人为制造了事故风险，这是不可取的。

三、横越停留机车、车辆线路

当听到机车启动前的鸣笛，看到机车车辆闸瓦与轮毂已经分离，推送车列前试拉已完成，调车或列车信号机已经开放等，都表示机车车辆将要移动，如果这时抢越通过停留的机车、车辆就非常危险了。如果横越停留机车、车辆，距离停留的机车、车辆过近，机车、车辆突然移动，极易造成人身伤亡事故。另外，车辆底部距离地面空间较小，车钩处还有制动软管和手制动机等配件，如果采用钻车方式横越停留车辆，将会因车辆下部空间受限，导致动作不灵活，车辆下部配件还可能刮住衣物等，延缓横越时间，一旦机车、车辆突然移动，横越人员将无法躲闪，造成人身伤害。

案例

2016 年 3 月 28 日 6 时 23 分，某铁路集团公司某运用车间出发场列检四班 1 分组，开始对 11 道 X22303 次始发列车进行技检作业。6 时 47 分，中部往南（2 号）检车员王某某 11 道作业完毕，自东向西返回中部待检室途中，遇 5 道停留车列。6 时 49 分，王某某从车列中部两车连接处车钩下方钻越过程中，车列突然启动，由北往南推进运行，王某某在车钩连接部下方随车移动。至车列被叫停时，王某某背部被车列推进方向第 26 位车辆的第 1 位转向架后的第 1、3 位车轮碾轧，当场身亡。

为避免横越停留机车、车辆线路中的人身安全风险，根据《铁路车站行车作业人身安全标准》《铁路电务安全规则》，制定预防措施：

1. 横越停有机车、车辆的线路时，先确认机车、车辆暂不移动，然后与其保持 5 m 以上距离绕行通过；严禁在运行中的机车、车辆前抢越。

2. 必须横越停留车辆时，先确认车辆暂不移动，再由车钩上方通过，手抓牢，脚踩稳，严禁踩踏钩锁、钩颈和折角塞门把手。禁止钻车。

四、与车同行

与车同行是指在铁路线路上人员行走方向，暂时与附近列车、调车列、机车走行方向一致的一种场景。与车同行时，个别人员总想贪图方便，非作业需要违章扒乘机车、车辆以车代步。以车代步易造成的后果是：一方面，在扒乘走行中的机车、车辆时，容易发生踩空、绊倒，肢体或衣物被机车、车辆拖挂或被地面设备碰挂等事故；另一方面，由于机车、车辆运行终点不是扒乘人员要去的地方，这就势必造成扒乘人员在机车、车辆运行中由车上跳下，造成坠落、摔伤事故。

案例

2007 年 2 月 3 日，某铁路局某工务段某线路车间巡道工杨某某，以车代步，扒乘通过的 10818 次货物列车前往换牌地点换牌，行至兰新上行线 K775+350 处不慎摔下，被车轮轧伤左脚，造成左小腿中部以下截肢。

为避免与车同行中的人身安全风险，根据《铁路车站行车作业人身安全标准》，制定预防措施：

严禁扒乘机车、车辆，以车代步。

违章模拟场景

违章模拟场景

五、站场行走

站内线路线间距一般最小为 5 m，而机车、车辆限界为 1.7 m，相邻线路有机车、车辆时，两线间只有 1.6 m 宽空间。在这狭窄的空间里，顺线路行走人员可能还会绕行灯桥支柱、接触网支柱、脱轨器标志等障碍物。所以顺线路行走时，如果不注意相邻线路机车、车辆和货物装载状态，就容易被装载的突出货物、车辆“涨帮”，或被其他突出物剐碰。另外，道心、枕木头均在机车、车辆限界以内，在道心、枕木头上行走时，因道心石砟和轨枕凸凹不平，行走人员必然要时刻注意脚下，很少观察前方和留意后方，特别是后方溜放或推送车组，声音很小，这就容易发生行走人员伤亡事故。同时，在钢轨面、道岔连接杆、尖轨上行走时，人员很难保持平衡，容易滑倒或扭伤腿脚，脚踏尖轨还容易被扳动的道岔带倒或挤伤。

案例

2007 年 5 月 25 日，某工务机械段岔枕大修车间准备进行卸料作业时，现场防护员翟某某进入线路，在道心行走，被后方开来的 T210 次客车撞伤，后经抢救无效死亡。

为避免站场行走中的人身安全风险，根据《铁路车站行车作业人身安全标准》，制定预防措施：

1. 顺线路行走时，应走两线路中间，并注意邻线的机车、车辆和货物装载状态。

2. 严禁在道心、枕木头上行走，不准脚踏钢轨面、道岔连接杆、尖轨等。

六、区间行走

案例

2010 年 8 月 19 日 13 时 35 分，某工务机械段机械清筛车间工长带领 3 名线路工，在滨洲线哈拉苏至卧牛河上行线检查前一天施工清筛后线路的整理情况，行走至 K427+500 处时，未执行不间断瞭望制度，导致从后方开来的 ML56 次货物列车与 3 人相撞。事故致 3 人当场死亡。

事故模拟场景

2015 年 2 月 13 日 1 时 42 分，某铁路集团公司某工务段某线路车间劳务工张某某，在沪昆上行线巡查线路作业至 K1411+100 处时，因背对来车方向行走，被 19002 次货物列车碰撞，当场死亡。

为避免区间行走中的人身安全风险，制定预防措施：

1. 在区间行走时，应走路肩。
2. 在道床上行走或工作时，应不断前后瞭望。
3. 在复线区间行走时，应逆列车运行方向行走，并不断前后瞭望。

七、现场休息

人们休息和使用手机时，容易忽视周围环境变化带来的安全风险。在铁路线路上，无论作业与休息，都存在被列车撞轧的风险。钢轨上、车底下、枕木头、道心均在机车、车辆运行限界之内，在这些地点乘凉、休息、看手机或躲避风、雨、雪等十分危险，稍有不慎，就会带来灭顶之灾。

据铁路部门不完全统计，近年来因在钢轨上、枕木头、道心内行走、坐卧、休息等，撞死撞伤的有 300 余人；因在车底下、车体旁休息、躲避恶劣天气，被突然启动的列车碾轧或车上坠落物砸死、砸伤的有 100 余人；因在线路上使用手机，听不见列车鸣笛和周围人员提醒，而被列车撞伤的有近百人。

案例

2015 年 1 月 20 日 22 时 48 分，某铁路局某工务段某线路工区新任职线路工孙某某在沪昆线上行 K1686+550 处左侧路肩上，使用手机打电话时，被 Z150 次旅客列车碰撞致死。

为避免现场休息情形下的人身安全风险，根据《铁路车站行车作业人身安全标准》，制定预防措施：

不准在钢轨上、车底下、枕木头、道心里、道床边坡上坐卧、站立、吸烟和使用手机等电子产品。

违章模拟场景

违章模拟场景

违章模拟场景

违章模拟场景

八、桥梁下、涵洞外休息

列车在线路上运行时，受线路条件、运行速度、司机操控和车辆装载状态因素影响，装载的货物如石砟、煤块等随时有可能滑落或坠落。人们在桥梁下、涵洞外乘凉休息时，极有可能被坠落物意外砸伤。

案例

2007 年 6 月 3 日 11 时，一列货物列车通过湖北省武汉市汉口太平洋铁路桥时，桥梁上的水泥块被震落，正巧砸在从桥下经过的市民陈某某右手上。其被送医院救治，缝合多针。

为避免桥梁下、涵洞外休息中的人身安全风险，制定预防措施：

禁止在边坡上、桥梁下、涵洞外坐卧、休息、乘凉。

违章模拟场景

违章模拟场景

九、上下机车

机车车梯位于机车底部，车体登乘支点空间和踏面较小，司乘、检修、添乘、检查等人员上下机车时，如果手持物件或背对机车上下，极有可能因握力不足，造成脱手、踏空，导致坠落伤害。

案例

2003 年 5 月 28 日 8 时 50 分，某铁路局某车站利用 41036 次本务机车进行调车作业。作业到货场 1 道挂 5 辆，牵引 34 辆返回站内 4 道途中，调车长邢某某摘掉调车灯显机控器，从正在以 26 km/h 运行的机车前端驾驶室右侧门携带机控器反面下车，不慎滑落。副司机卢某某发现后立即呼叫紧急停车，机车走行 65 m 后停稳，邢某某被轧断左臂，并挤伤头部和胸部，后经医院抢救无效死亡。

2019 年 5 月 7 日，某铁路局某机务段司机张某某，在包头西库内从机车司机室下车时摔伤，后经抢救无效死亡。

为避免上下机车中的人身安全风险，制定预防措施：

1. 上下机车时，应面向车门，手抓牢，脚踏稳。
2. 禁止背对车门上下或跳跃下车。

3. 上下机车时，不得手持物件。

4. 机车走行中，严禁人员上下。

●示范场景

●违章模拟场景

十、开关机车车门

机车车门主要有司机室门、机械间门、走廊重联门。为降低噪声、保证密封效果，一般采用厚重钢材制成，有的带有弹性自锁功能。应该说，开关车门是乘务员、检修和添乘检查等人员登乘机车时遇到的最简单、最频繁、最普通的一件事。但开关车门时，如果手握门扇边缘关门或抓扶门框借用惯性关门，都容易造成车门夹手事故；另外，在运行中，打开司机室门，还容易造成车上人员坠落事故。

案例

2013 年 11 月 17 日 15 时 20 分，某铁路公司机辆分公司运管中心，学习司机关某某下车签点时，左手握住手把杆，右手拽门边缘，利用惯性关门，发生挤压事故，造成其右手食指、中指粉碎性骨折。

2014 年 1 月 6 日 3 时，某铁路局某机务段值乘的 78494 次货物列车，在非操纵端搭乘着 1 名由曹妃甸西站上车准备前往大同的机车调度员。列车运行至大秦线菱角山至迁安间 K8+350 处时，该调度员擅自打开车门，自车上坠至线路坡下，造成死亡。

为避免开关机车车门中的人身安全风险，制定预防措施：

1. 开关机车车门时，应手握把手，全程不得松脱。
2. 关门时，不得用手抓扶门框。
3. 机车运行中，不得打开司机室门。

十一、站场使用交通工具

随着重载列车开行，车站到发线有效长度和车站“咽喉区”不断延长，作业人员一次作业行走时间无法满足运输组织需求，自行车、电动车、电瓶车等交通工具被逐步应用到现场作业中。但由于站场作业繁忙，机车、车列移动频繁，线间便道及路肩狭窄等环境因素，增加了作业人员的骑行难度，稍有不慎，极易造成骑行人员被机车、车辆拖挂、撞轧或因躲避机车、车辆产生恐惧心理，导致操控失稳坠落事故。

案例

1994 年 8 月 25 日 9 时 15 分，某铁路局某电务段，通信工刘某某骑自行车进入灵石至两渡区间进行同轴电缆巡视作业，在路肩上绕行公里标时，未控制好速度，连人带车从 5 m 多高的路肩上摔下，跌至与铁路并行的公路上，造成头部重伤。

事故模拟场景

为避免站场使用交通工具中的人身安全风险，制定预防措施：

1. 站场内使用配备的自行车、电动车等交通工具时，应有固定行走路线和存放地点，必要时应放倒存放。

2. 邻线过车时，禁止骑行。

3. 路肩、线间距小于 6.5 m 两线间、无硬化便道，严禁使用自行车、电动车等交通工具。

练习题

一、单选题

1. 严禁在（　　）上行走。

A. 路肩　　B. 道心、枕木头

C. 人行道　　D. 道砟

2. 上下机车时，不得（　　）。

A. 戴手套　　B. 与他人交谈

C. 携带物品　　D. 手持物件

二、多选题

1. 在铁路站场，顺线路行走时，应走两线路中间，并注意（　　）。

A. 邻线机车、车辆类型　　B. 邻线机车、车辆

C. 货物装载状态　　D. 道岔开通位置

E. 邻线人员作业情况

2. 在铁路线路上现场休息时，不准在（　　）坐卧、站立、吸烟和使用手机等电子产品。

A. 钢轨上　　B. 车底下

C. 枕木头　　D. 道心里

E. 道床边坡上

三、判断题

1. 行车有关人员接班前应充分休息，严禁饮酒。（　　）

2. 横越停有机车、车辆的线路时，先确认机车、车辆暂不移动，然后与其保持 5 m 以上距离绕行通过。（　　）

3. 线间距大于 6.5 m 两线间，严禁使用自行车、电动车等交通工具。（　　）

第二节　作 业 防 护

一、防护资质

为防止现场作业人员被机车、车辆撞轧，保障营业线作业人员人身安全，作业单位应针对作业任务、作业地点和作业环境等，设置驻站联络员、现场防护员和远端防护员，一般情况下统称为防护员。防护员岗位十分重要，如果随意指定防护员或由不具备资质的人员担当防护，以及防护人员不熟悉作业特点、影响范围、相关列车运行常识等，就很容易误判、错报、漏报列车运行信息，给作业人员带来安全风险，甚至造成群死群伤事故。

案例

2014 年 3 月 22 日 12 时 30 分，某铁路局某工务段雇用包工队在大秦线延庆至下庄区间军都山隧道内进行重车线清污作业，现场安排了未经培训的民工担任防护员。当本线来车时，防护员未能及时通知作业人员下道避车，导致 77155 次列车与 2 名作业人员相撞，其中 1 人经抢救无效死亡。

为避免防护资质不规范带来的人身安全风险，根据《铁路营业线施工安全管理办法》，制定预防措施：

1. 防护员包括驻站联络员、现场防护员和远端防护员等负责现场人身安全的专职防护人员。

2. 防护员应经本专业职业技能鉴定，并由路局或公司级有关部门培训考试，取得相应职业和岗位资格证书。

3. 实习生、临时工不得担任防护员。

4. 接触网作业防护员安全等级不得低于三级。

二、驻站联络员

驻站联络员是与行车指挥人员保持联系，及时了解列车运行动态，准确向作业现场通报列车运行信息，反馈现场作业情况的关键人员，是现场作业人身安全的第一道防线，驻站联络员一般设置在行车室。遇调度集中控制区段的无人值守站，驻站联络员一般设在调度所，又叫驻调度所联络员。本教材把驻站联络员或驻调度所联络员统称为驻站联络员。驻站联络员通过预报、确报和变更通知等形式通知现场防护员或负责人等。车站对作业区间办理闭塞时，驻站联络员应立即向现场防护员发出预报；如遇通过列车，则应提前一个车站（即邻站向本站发车时）发出预报。车站向作业区间发车时，驻站联络员应立即向现场防护员发出确报。预报、确报有变化时，驻站联络员应向现场防护员发出变更通知。作业地点距车站较近或作业条件较复杂，需要提前预报、确报时，作业负责人还应事先与驻站联络员商定明确，并通知全体防护及作业人员。驻站联络员在履行防护职责过程中，如果漏报、误报、错报列车运行信息，后果将不堪设想。

案例

2009 年 5 月 17 日，某劳务合作中心 17 名作业人员，在京沪线 K1314 ~ K1315 处清理清筛余土结束后，沿上行线路肩，返回驻地洛社站。当行走至洛社站东侧 4 号道岔附近时，因路肩堆有轨枕，现场防护员询问驻站联络员上行线列车运行情况，驻站联络员未确认控制台显示，也未与值班员联系，便盲目回复：“上行无车”。现场防护员随即指挥作业人员从砟肩绕行，当作业人员行走至 K1312+950 处，被通过的 D5420 次列车撞轧。事故造成 2 人死亡、3 人重伤。

为避免驻站联络员工作不规范带来的人身安全风险，根据《普速铁路工务安全规则》《铁路电务安全规则》，制定预防措施：

1. 区间或站内作业应设驻站联络员。驻站联络员负责办理施工、维修的登记、销记手续；向作业负责人传达调度命令。

2. 驻站联络员应从控制台或显示器、车机联控信息等渠道，及时准确掌握列车预报、确报、变更等信息，并向现场防护员和远端防护员通报列车运行情况。

3. 作业负责人应通过驻站联络员与车站值班员保持密切联系，设置好防护后方可作业。作业过程中应密切注意来车预报、确报等信号。

三、现场防护员

铁路营业线作业，按通过列车或调车车列给作业人员人身安全带来的危害等级，可分三种情况：一是在铁路线路上从事影响或不影响行车安全的施工和维修作业；二是在铁路建筑限界以外的路肩上或线路间距内从事有可能侵入铁路机车车辆限界的作业；三是在路肩外侧路基、坡脚、涵洞、护坡等区域作业，一般不超过铁路护网。第一种和第二种情况的作业人员不掌握列车运行信息提前下道避车，有可能被通过的机车、车辆撞轧；第二种和第三种情况的作业人员不掌握列车运行信息，不注意观察列车运行情况，有可能被通过的机车、车辆上的坠落物砸伤，或被固定货物的铁丝、绳索等漂浮物剐伤。所以，营业线作业现场应设防护员。如果不设现场防护员或现场防护员在防护过程中不履行职责，或现场防护员站位距离作业人员过近，被动听到作业人员交流语音，不由自主地观看作业情况，甚至主动帮忙、参与作业，这都有可能造成现场防护员在列车接近时不能提前发现，从而酿成撞轧或剐碰等事故，甚至造成作业人员群死群伤。另外，列车接近后，现场防护员发现人员、机具不能及时下道避车时，如果不果断采取紧急措施拦停列车，也有可能导致撞轧事故。

案例

2006年12月5日，某工务机械段清筛三车间整修防护工区，职工张某某带领 7 名民工在焦柳下行线 K664+700 处进行整理线路外观并封镐窝作业（因 12 月 4 日捣固后镐窝未封）。7 时 30 分上道作业，张某某带班兼防护，未设专职现场防护员。8 时 20 分，巡道工用对讲机呼喊王某某（在 K664+300 处检查线路），说 K663+100 处有一线路三角坑病害需处理，但王某某未答应去。民工头叶某某让张某某去处理，张某某离开 K664+700 处作业现场，造成现场作业无人防护。9 时 00 分，焦柳上行线 41086 次货车通过，作业民工未下道。9 时 01 分，下行线由西安开往宜昌的 N361 次列车接近，民工下道不及时，被 N361 次列车撞碰，造成 2 人死亡、4 人受伤。

2012 年 10 月 6 日 11 时 30 分，某铁路局某工务段某车间在渝怀线甘家坝至鱼泉间 K321+100 处进行线路补修作业。天窗结束后，现场未设专职防护员继续作业，构成“点内项目点外进行”。K191 次列车通过时，作业人员下道不及时，造成 4 人被撞轧身亡。

为避免现场防护员工作不规范带来的人身安全风险，根据《普速铁路工务安全规则》《铁路电务安全规则》，制定预防措施：

1. 在区间、站内侵入铁路建筑限界或邻近营业线作业时，应设现场防护员。

2. 现场防护员应站在作业地点附近，距离作业人员 10 m 以外，且瞭望条件较好的地方进行防护。

3. 现场防护员接到驻站联络员或远端防护员列车运行信息时，应及时通知现场负责人组织下道避车。遇有特殊情况，可直接通报车站值班员、机车乘务员或通知远端防护员拦停列车。

四、远端防护员

遇有现场防护员瞭望条件困难，与驻站联络员联系不畅，人员、机具、路料不能随时下道，设备不能随时恢复等情况，一般在现场设远端防护员。远端防护员应位于线路最大允许速度运行的列车紧急制动距离外方。当线路允许速度不超过 120 km/h 时，远端防护员距作业地点应不小于 800 m。如果远端防护员设置距离不足、不设远端防护员，或远端防护员不认真瞭望、不及时给现场防护员通报列车运行情况等，都有可能给作业人员带来安全风险。

案例

2010 年 1 月 31 日 21 时 56 分，某铁路局某供电段某接触网工区，接到京九线乐化站 21 号接触网支柱倾斜故障通知，作业人员乘接触网作业车到达乐化站后，还未来得及设置驻站联络员和远端防护员，4 名接触网工便匆忙下车，并携带照明灯具和检修工具沿上行道心赶赴故障现场。一行人行至北端岔区 K1442+310 处时，1 人发现来车跳下线路，其他 3 人被后方驶来的南昌至宁波 2532 次旅客列车以 110 km/h 速度撞轧，当场死亡。

2011 年 1 月 13 日 12 时 48 分，某工务段河口南线路车间华家山线路工区，在兰新线龙泉寺至大路间上行 K66+940 处瞭望不良地段作业，未设置远端防护员。当现场防护员发现乌鲁木齐开往上海的 T54 次旅客列车接近作业地点时，为时过晚，导致工长许某某被撞身亡。

为避免远端防护员工作不规范带来的人身安全风险，根据《普速铁路工务安全规则》，制定预防措施：

1. 遇有区间或站内封锁施工、使用轨道小车，人员、机具、路料不能随时下道，设备不能随时恢复时，现场作业应设远端防护员。

2. 远端防护员与现场防护员联系困难时，应增设中间防护员。

3. 远端防护员以瞭望防护为主，发现列车接近时，应及时通知现场防护员。

4. 远端防护员应与驻站联络员、现场防护员随时保持联系，接到现场防护员拦车指令后，应及时拦停列车。

五、防护作业

铁路营业线上作业时，作业人员精力主要集中于作业任务和作业质量，对来往列车和周围环境变化带来的安全风险，主要依靠防护员提供信息。驻站联络员、远端防护员、现场防护员，任何一种防护员在防护过程中，防护职能失效，都有可能给现场作业人员带来安全风险。比如防护员在防护过程中，与他人聊天、参与作业等延误或错失列车运行信息，现场作业人员人身安全就无法得到保障。

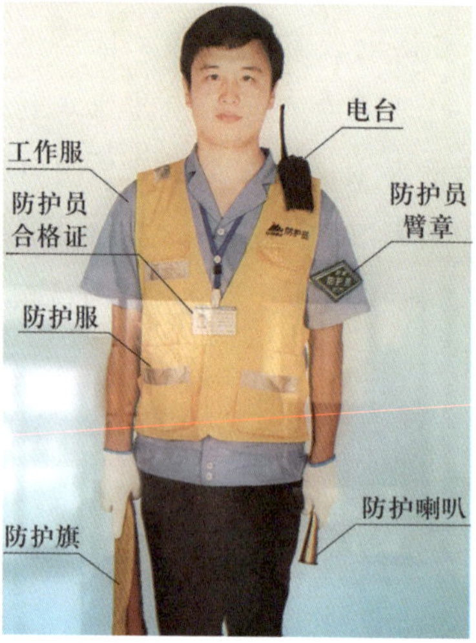

案例

2012 年 6 月 7 日 9 时 20 分，某铁路公司某工务段某工区的作业人员，利用列车运行间隔，在青藏线连湖至欧龙山下行线 K582+740 处进行捣固作业。现场防护员参与作业，防护失效，作业人员未发现 57097 次列车接近，导致 3 人未及时下道，被列车撞轧。事故造成当场死亡 2 人、重伤 1 人，重伤者在送往医院途中死亡。

为避免防护作业不规范带来的人身安全风险，根据《普速铁路工务安全规则》《铁路电务安全规则》，制定预防措施：

1. 防护员应持证上岗，按规定穿着防护服，佩戴标志，携带防护用品。

2. 防护期间防护员不得临时调换，不得与他人聊天、参与作业，不得做与本职工作无关的事项。

六、防护信息传递

防护信息传递是指驻站联络员、现场防护员、远端防护员以及作业负责人之间的信息传达，主要信息包括作业开始命令、作业地点、列车运行情况、作业结束恢复运行命令等。信息传递过程中，遇有现场环境噪声大、电台通信不良、用语不标准、不执行呼唤应答制度等，都有可能出现误听、误传信息，使安全防护信息不能及时、准确传递至现场作业人员，给现场作业带来安全风险。

案例

2010 年 5 月 22 日 14 时 29 分，某铁路局某工务段某线路车间，在成昆线 K165 ~ K168 处进行临时补修作业。驻站联络员通知现场防护员："44116 次列车接近！"但因现场环境噪声较大，现场防护员未能听到通知信息。当现场防护员发现列车接近时，匆忙通知作业人员下道，可惜为时已晚，最终造成 2 名劳务工被撞轧死亡。

为避免防护信息传递不规范带来的人身安全风险，根据《普速铁路工务安全规则》，制定预防措施：

安全防护信息传递，应使用标准用语，执行呼唤应答和复诵制度。

七、驻站联络员与现场防护员联系中断

防护通信设备受信号干扰、电池电量不足或受现场列车、机具等环境噪声影响，甚至现场防护员参与作业，可能会出现驻站联络员呼叫不到现场防护员或远端防护员，列车运行信息不能及时传达至现场作业人员的情况，导致现场作业人

员、机具不能及时下道避车，或恢复线路运行条件。此时，驻站联络员若不及时通报车站值班员、机车乘务员，采取关闭信号、变更进路、列车减速或非常停车等措施，就有可能导致现场作业人员人身伤亡事故。

案例

2016年12月10日，京广线安阳地区雾霾严重，能见度较低。某铁路局某电务段，安阳北信号检修工区利用列车运行间隔，在安阳站客场南岔区加装道岔融雪装置。9名作业人员到达下行正线166号道岔后，将发电机放置在道岔融雪装置线路东侧4～5 m处，并在南北侧各设1名现场防护员。9时35分，南侧防护员袁某某向室内驻站联络员曹某汇报了作业位置，作业负责人董某某带领6名劳务工开始作业。当车站值班员办理X103次列车接车作业时，室内驻站联络员分别在信号开放、列车接近、列车进站3个关键点先后向现场防护员预报，但在现场防护员没有应答的情况下，没有采取有效措施。9时41分，北京机务段SS_9—0045机车牵引X103次特快行包专列，以125 km/h的速度接近作业地点，机车乘务员发现运行前方有作业人员侵入限界，立即鸣笛并距作业地点93 m处采取紧急制动措施。在减速过程中，机车与作业人员相撞，造成信号工董某某、袁某某及劳务工魏某某、任某某、秦某某、孟某某共6人当场死亡。

为避免驻站联络员与现场防护员联系中断带来的人身安全风险，根据《普速铁路工务安全规则》，制定预防措施：

1. 驻站联络员应与现场防护员随时保持联系，每3～5 min至少联系1次。

2. 联系中断时，应采用其他通信方式通知现场作业人员，必要时应及时通知车站值班员采取措施。

八、现场防护员与驻站联络员联系中断

遇防护通信设备故障或驻站联络员闲谈、看书、离岗、从事与防护作业无关事项时，现场防护员可能呼叫不到驻站联络员，造成现场作业人员无法及时掌握

列车运行信息。此时，如果现场继续作业，列车通过时，极有可能因作业人员、机具下道晚，或不具备线路运行条件，导致撞轧或行车事故。

案例

2015年10月11日15时10分，某铁路局某工务段桥上线路车间组织作业人员9人，在侯月线桥上至翼城东的北沟隧道内下行K66+300曲线处，利用列车运行间隔使用便携式内燃捣固机、液压起道器等机具进行线路维修作业。现场仅在上行线28号避车洞内，设1名通话柱联络员兼任现场防护员，该处对下行线瞭望距离不足100 m，且未增设中间防护员和远端防护员。作业中，机械噪声较大，防护员未能听到列车运行通知信息。15时47分，53225次单机运行至该处，将正在作业的3名人员撞伤，后送医院抢救无效死亡。

为避免现场防护员与驻站联络员联系中断带来的人身安全风险，根据《普速铁路工务安全规则》《铁路电务安全规则》，制定预防措施：

1. 现场防护员应以瞭望为主，并与驻站联络员和远端防护员随时保持联系，每3～5 min至少联系1次。

2. 联系中断时，应立即通知作业负责人停止作业，人员、机具撤出线路，必要时将线路恢复到准许放行列车状态。

九、防护范围

防护范围是指作业人员能清晰听到现场防护员防护指令的有效距离。防护范围受周围环境影响较大，遇有邻线列车通过、站内作业繁忙、与公路并行或交叉地段，容易受到列车或机动车等环境噪声干扰。因此，现场防护员应控制作业区段长度，一旦作业人员超出防护范围而失去防护，极易造成人身伤害。

案例

2012年12月18日14时15分，某铁路局某工务段8名职工，在图佳线宝林站上行咽喉区域进行道岔除雪作业。由于现场人员分散，作业面广，当26313次货运列车通过上行咽喉区域时，1名线路工超出防护范围，未能听到防护员下道通知，被Ⅰ道通过的货运列车撞轧，当场死亡。

为避免防护范围不规范带来的人身安全风险，根据《普速铁路工务安全规则》，制定预防措施：

1. 作业地段不宜过长。一般情况下，现场防护员距离最远端作业人员不宜超过50 m，必要时，应增设现场防护员。

2. 不得指派人员到防护区段以外线路上作业。

十、移动作业防护

移动作业防护主要是针对线路上使用轻型车辆或小车作业的一种防护作业。这里所说的轻型车辆是指随乘人员能随时撤出线路外的轻型轨道车及其他非机动轻型车辆，小车是指轨道检查仪、钢轨探伤仪、单轨小车、吊轨小车等。执行移动作业防护时，现场防护员和远端防护员应保持与轻型车辆和小车速度同步，并以停车手信号防护。如果远端防护员与轻型车辆或小车距离过近，不能满足列车紧急制动的距离要求，就失去了对移动作业人员有效防护的作用。

案例

2014年5月13日4时05分，某铁路局某工务段衢州探伤工区作业组，6名作业人员在沪昆下行线，衢州至后溪街站K447+350处，利用天窗点进行探伤作业，被反方向运行的中铁电化局杭州维管段接触网作业车撞碰，造成2人死亡，1人重伤。

为避免移动作业防护不规范带来的人身安全风险，根据《普速铁路工务安全规则》，制定预防措施：

1. 利用列车运行间隔在区间使用能随时撤出线路的小车时，应设驻站联络员并办理登记手续。

2. 移动作业应在前后方向按线路最大速度等级列车的紧急制动距离要求，设置远端防护，并随车移动。

3. 现场防护员和远端防护员应显示停车手信号，并注意瞭望。

十一、配合作业防护

铁路结合部设备施工、检修等作业，通常需相关单位人员现场配合共同完成。由于配合单位不是施工、检修主体单位，一般只派少数专业人员到现场配合作业。配合作业往往人员少，作业面广，配合人员具有作业穿插、流动性大、行为约束力小等特点，再加上配合单位负责人通常不到现场或到达现场的负责人不能随时监督配合人员，易造成现场配合人员往往以完成任务为主，安全警戒放松。如果主体单位对配合人员疏于管理，就有可能发生配合人员伤亡事故。

案例

2011 年 1 月 10 日，某铁路局某电务车间信号工佟某某，在京广线北河店站 10 号道岔配合工务整修作业。现场防护员通知下道避车后，佟某某单人去岔后检查，侵入邻线，被通过的 K749 次旅客列车撞轧身亡。

2014 年 3 月 19 日 2 时 54 分，某电务段成都北信号工区，在成都北环下行线配合工务段大机捣固作业，1 名信号工前去北环下行线检查轨道电路接续线，行至达成线 K331+377 处道心，被通过的 CX614 次货物列车碰撞，当场死亡。

为避免配合作业防护不规范带来的人身安全风险，制定预防措施：

1. 配合人员的人身安全防护工作，应由作业主体单位负责。

2. 配合人员在配合作业过程中，应服从作业主体单位的防护指令。

十二、检查指导防护

在营业线上道或侵入限界检查、指导工作的领导干部及管理人员，往往

不掌握现场列车运行情况和作业环境安全风险，而且检查内容、检查地点也随时变化。特别是跨专业、多单位管理干部现场观摩指导时，防护主体不明确，现场作业单位容易依赖对方防护，思想麻痹，极易发生人身伤亡事故。

案例

1998 年 5 月 16 日，某铁路公司副段长朱某某，在南同蒲线襄汾至柴庄区间上行线弯道处检查自动闭塞改造施工进度时接听电话，且边接边走，单人进入下行线，现场防护员未能及时发现制止。2085 次列车从弯道驶来，朱某某躲闪不及，被当场撞死。

2013 年 4 月 10 日，某铁路局某工务段线路科 2 名干部陪同路局工务处 1 名干部前往京九线 K1455+350 维修作业现场检查工作，沿上行道心行走至 K1457+420 处时，被上行通过的 D118 次动车组列车撞轧，造成 2 人死亡、1 人重伤。

为避免检查指导防护不规范带来的人身安全风险，制定预防措施：

1. 检查指导人员进入作业现场，应由作业主体单位负责安全防护。

2. 检查指导人员进入非作业现场，由设备主管单位或管理人员所属专业单位负责安全防护。

十三、故障抢修防护

营业线行车设备发生故障时，一方面值班人员少，故障抢修时间紧，另一方面抢修人员顾虑故障抢修时间长，面临考核心理压力大。故障抢修过程中，抢修人员往往专注于故障分析、判断和应急处置，容易简化程序，甚至违章作业。如果不设专职防护员参与抢修，或间断防护，都会给故障抢修人员带来安全风险。

案例

1986年8月17日0时38分，京广线新安村至新乐区段，雷雨天气，区间2287信号机突然灭灯报警，正在值班的信号工区工长李某某，单人上道赶赴现场处理故障，未发现通过的7007次货物列车，被该列车撞轧身亡。

2009年10月8日13时18分，某铁路局溪辽甲线某电务段，本溪信号车间专组站工区，单人值班的信号工方某某在专组站下行接近区段K64+121处，查找轨道电路红光带故障时，被通过的49015次列车当场撞死。

为避免故障抢修防护不规范带来的人身安全风险，根据《铁路电务安全规则》《普速铁路工务安全规则》，制定预防措施：

1. 营业线设备故障抢修时，应设驻站联络员和现场防护员。

2. 邻线未封锁时，人员、机具、材料等不得侵入限界。

3. 故障抢修人员未下道，驻站联络员和现场防护员不得擅离岗位，参与故障抢修。

十四、灾害抢险防护

营业线发生自然灾害时，往往伴随着恶劣天气，灾害现场及周边环境复杂，危害程度随时变化，难于预测，极易发生次生灾害。特别是遇有洪水冲垮铁路桥梁、路基，或山体滑坡、泥石流掩埋铁路线路等严重水害，参加灾害抢险单位、人员、机械多，各单位都急于抢修线路、恢复设备，容易忽视人身安全。

案例

2009年7月29日4时22分，柳州地区连日持续强降雨，焦柳线古砦至寨隆K1568+261处，3 000～5 000 m^3山体滑坡，10多米高的挡土墙崩塌，掩埋线路。由襄樊开往湛江的1473次旅客列车运行至滑坡地点，机车及机后1～4位车辆脱轨，造成4名旅客死亡，50余名旅客受伤，焦柳线中断行车。6辆挖掘机和近2 000名救援人员参与抢险，抢险过程中，山体上方不断有土石滚落，十分危险。

为避免灾害抢险防护不规范带来的人身安全风险，根据《普速铁路工务安全规则》，制定预防措施：

1. 灾害抢险时，应封锁线路，设置停车信号防护，并通知车站，停止放行列车。

2. 灾害现场应单一指挥，统一协调，指定抢修范围，任何人不得擅自进入危险区域。

3. 指派专人调查水害现场及附近有无冲空、坍塌和其他异状，监护危险处所，发现险情要及时防护。

4. 使用重型机械时，应指派专人指挥，防止机械设备倾倒、滑落及碰伤人员。

5. 邻线未封锁时，应设警戒线，人员、机具、材料等不得侵入限界。

十五、鸣笛标、作业标防护

位于铁路营业线曲线处的声屏障、树木、山体、高大建筑物以及隧道等构筑物或建筑物，会限制机车乘务员的瞭望距离。列车通过这些地段时，一旦发现前方线路有人，即使采取紧急制动措施也避免不了人身伤亡事故发生。另外，在这些地段作业，线上人员瞭望视角受到限制，难以发现列车接近而提前下道避车，所以通常在上述地段运行前方设置有鸣笛标，工务专业在作业地段两端还设有作业标。如果这些标志缺失、字迹不清、位置错误等，就不能提醒列车乘务员加强瞭望、采取措施，给线上人员带来安全风险。

案例

2013年11月6日9时17分，某铁路局组织15人进入朔黄下行线K222+261处，在未设作业标防护的情况下，使用单轨小车收运旧枕。当4057次货物列车通过刘家沟隧道后，乘务员发现前方600 m左右线路上有大量人员作业，立即鸣笛并采取紧急制动措施，作业人员才慌忙下道避车，险些酿成群死群伤事故。

为避免鸣笛标、作业标防护不规范带来的人身安全风险，根据《铁路技术管理规程》《普速铁路工务安全规则》，制定预防措施：

1. 道口、大桥、隧道及视线不良地点作业，应在作业地点前方500～1 000 m处列车运行方向左侧设鸣笛标。

2. 在区间线路上进行不影响行车安全的作业，应在作业地点两端500～1 000 m处列车运行方向左侧设作业标。

十六、列车主动防护

鸣笛标、作业标、移动停车信号等是保障现场作业人员人身安全的重要措施。列车乘务员在运行中，如果不彻底瞭望，不及时按标志及信号指示采取措施，就有可能造成相撞事故。另外，列车运行至隧道内或遇有雨、雪、雾、霾等能见度不足天气，不开启头灯，现场人员会因瞭望困难，难以远距离发现列车，待到能看清楚列车时，就可能为时过晚，错过最佳下道避车时机，从而酿成相撞事故。

案例

2007年4月18日17时41分，某铁路局某工务段作业人员在南昆线K487+450处，利用列车运行间隔进行扣件紧固、螺栓涂油补修作业，设置好作业标后，便开始作业。作业中远端防护员和现场防护员参与作业，现场无人防护。自南宁方向开来的40233次货物列车运行至作业地点附近，乘务员间断瞭望，未能发现作业标。当列车驶离弯道，司机发现运行前方线路有人作业，立即采取鸣笛和紧急停车措施，列车制动过程中将慌忙下道的涂油人员撞飞，造成

4人死亡、1人受伤。

为避免列车主动防护不规范带来的人身安全风险，根据《铁路技术管理规程》，制定预防措施：

1. 列车通过鸣笛标、作业标时，应长声鸣笛，并注意瞭望前方人员、路料、机具等，必要时，采取鸣笛、减速或停车措施。

2. 列车发现移动停车信号时，应采取措施在移动停车信号前停车。

3. 列车在隧道内或遇有雨、雪、雾、霾等恶劣天气瞭望条件不良时，应开启头灯。

练习题

一、单选题

1. 防护员应经本专业职业技能鉴定，并由（　　）及以上安全管理单位培训考试，取得相应职业和岗位资格证书。

A. 公司或路局级　　B. 分（子）公司或段级

C. 车间级　　D. 班组级

2. 现场防护员应以（　　）为主，并与驻站联络员和远端防护员随时保持联系，每 3 ~ 5 min 至少联系一次。

A. 远端防护员通知　　B. 驻站联络员通知

C. 作业负责人通知　　D. 瞭望

二、多选题

1. 现场防护员接到驻站联络员或远端防护员发来的列车运行信息时，应及时通知现场负责人组织下道避车。遇有特殊情况，可直接通报（　　）拦停列车。

A. 车站值班员　　B. 机车乘务员

C. 作业人员　　D. 远端防护员

E. 作业负责人

2. 移动作业防护中，（　　）应显示停车手信号，并注意瞭望。

A. 作业人员　　B. 现场负责人

C. 现场防护员　　D. 驻站联络员

E. 远端防护员

三、判断题

1. 站内作业应设驻站联络员。　（　　）

2. 远端防护员与现场防护员联系困难时，应增设驻站联络员。　（　　）

3. 故障抢修人员未下道，现场防护员遇特殊情况应参与故障抢修。　（　　）

第三节　避　　车

一、避车横向距离

避车横向距离是指列车或车列通过时，人员、路料、机具等距离钢轨头部外侧的安全距离。列车运行速度越高，列车周围产生的气流负压区域就会越大，气流负压差也会越大。避车时，如果距离通过的列车过近，就容易发生碰撞，甚至被通过的列车产生的负压卷入车底而造成人身伤亡事故。

案例

2009年3月18日，某铁路局某工务段线路工程某某在滨绥线尚志站6号道岔处进行除雪作业。下道避车时，因地面冰雪较滑，距离线路较近，列车通过时受气流吸附，不慎摔倒，头部撞击在电务转辙机硬面化边棱上，后经抢救无效死亡。

为避免避车横向距离不足带来的人身安全风险，根据《普速铁路工务安全规则》，制定预防措施：

列车速度小于200 km/h，避车人员距钢轨头部外侧距离应不小于2 m。

二、本线来车避车

铁路线路允许速度是指根据工务、供电（有接触网设备时）、电务、房建等固定设备技术条件确定的列车通过铁路线路时的最高速度。线路允许速度和列车构造速度决定了不同种类列车的最高运行速度，列车最高运行速度是计算列车紧急制动距离的关键参数，运行速度越高，制动距离越长。本线来车避车是指作业线有列车或调车列通过时，作业线上人员、机具下道避车的行为。本线来车下道避车时机，或者说列车距离作业地点多远距离（避车纵向距离）开始下道避车，由线路运行的列车紧急制动距离决定。下道过早，作业时间就短，下道过晚，就有可能拦停列车。通过不同等级列车在相同速度下列车紧急制动后走行的距离分析发现：平坡上，单机 74 km/h 制动后走行 571 m，用时 49 s；万吨空车 76 km/h 制动后走行 419 m，用时 38 s；万吨重车 75 km/h 制动后走行 651 m，用时 52 s；在 4‰下坡道，2 万吨重车 78 km/h 制动后走行 690 m，用时 53 s。而实践中，人们发现列车开来到人开始动作一般需要 5 ~ 10 s，停止手中工作并收拾工具材料一般为 15 ~ 20 s，从线路下到路肩为 10 ~ 15 s，累计下道时间在 30 ~ 45 s。对于列车运行速度 120 km/h，按制动距离下道，时间仅有 30 s 左右。遇有机具、路料不能正常下道，施工负责人通知远端防护员向列车发出降速或停车信号时，远端防护员应处在列车乘务员瞭望视线内，也就是说此时远端防护员展示停车信号，列车紧急制动后不应越过远端防护员所处位置，即使越过也必须在作业地点前方停车。所以作业人员、机具、材料至少应在一个制动距离外方下道完毕，再考虑列车正常运行中司机发现并确认远端防护员停车信号至采取制动措施的预留时间，下道时间以提前 3 ~ 5 min 为宜。客货车共线的线路，客车与货车、客车与客车之间速度差异较大，列车速度不易掌握，列车运行最高速度（v_{max}）宜就高不就低。本线来车时如果不提前下道避车，遇有瞭望条件不良，机车乘务员采取停车措施不及时，或作业人员、机具、路料下道晚等情况，就会拦停列车，甚至造成相撞事故。

案例

2010 年 2 月 26 日 10 时 29 分，某铁路局某工务段贵溪线路车间 10 名工人，在沪昆线童家车站 2 号道岔处进行道岔综合整治作业。驻站联络员通知现场防护员 L8801 次旅客列车邻站开车，现场防护员通知作业组负责人 L8801 次旅客列车开过来了，但作业组负责人未及时要求作业人员下道避车，最终因避车不及，导致 1 名工人被列车以 95 km/h 速度撞轧，当场死亡。

为避免本线来车避车中的人身安全风险，根据《普速铁路工务安全规则》，制定预防措施：

1. 本线 v_{max} ≤ 60 km/h 时，应不小于 500 m 下道完毕。
2. 60 km/h< 本线 v_{max} ≤ 120 km/h 时，应不小于 800 m 下道完毕。
3. 120 km/h< 本线 v_{max} ≤ 160 km/h 时，应不小于 1 400 m 下道完毕。
4. 160 km/h< 本线 v_{max}<200 km/h 时，应不小于 2 000 m 下道完毕。

三、邻线作业或避车

邻线作业或避车是指列车或车列通过时，在线路间距小于 6.5 m 的相邻线路作业或避车的行为。营业线有列车特别是万吨和 2 万吨列车通过时，噪声大、持续时间长，而且通过列车速度越快，相邻线路形成的噪声就会越大。如果列车通过时，在相邻线路作业或避车，遇有作业或避车线有列车开来，作业人员受通过列车噪声影响，很难听到现场防护员和作业负责人的下道避车命令，以及听不见接近列车的鸣笛声，使现场作业或避车人员失去了应有的安全保障。所以，作业时邻线有车通过和列车通过时在邻线避车，往往是造成现场人员群死群伤的最危险的时刻。

案例

1993 年 4 月 11 日 15 时 23 分，某铁路局某电务段义棠信号工区，在义棠站内进行轨道电路检修作业。2025 次列车下行Ⅰ道正线通过时，信号工张某某进入上行Ⅱ道避车。此时，上行Ⅱ道正线通过的 K374 次旅客列车开来，张某某听不到现场防护员的下道防护命令和 K374 次列车鸣笛声，未能及时下道避车，最终被上行通过的 K374 次列车撞轧身亡。

2012 年 8 月 22 日，某铁路局某工务段郭家店养路工区代工长周某某，带领 9 名线路工，在区间下行线 K912+880 处进行撤板捣固作业。7 时 32 分，上行线 11102 次货物列车通过时，作业人员没有下道避车。此时，下行线 87021 次货物列车接近作业地点，作业人员无法听到防护员下道避车通知。待作业人员自己发现列车接近时，匆忙下道，结果导致列车以 81 km/h 速度撞上 1 名作业人员，制动过程中又撞上 2 人，其他 2 人在避车时摔伤。事故最终造成 3 死 2 伤。

为避免邻线作业或避车中的人身安全风险，根据《普速铁路工务安全规则》，制定预防措施：

1. 作业线通过列车时，禁止在邻线和两线中间躲避列车。

2. 站内正线或区间通过列车时，相邻线路作业人员应下道避车。

3. 站内非正线通过列车时，相邻线路应停止作业，加强瞭望，可不下道避车。

4. 速度小于 120 km/h 区段，瞭望条件大于 2 000 m 时，钢轨探伤仪、轨道检查仪作业，邻线来车可不下道，但应停止作业，加强瞭望。

●违章模拟场景

●违章模拟场景

四、本线封锁时邻线来车避车

区间或站内单线封锁施工时，施工线路虽然不会有列车通过，但相邻线路列车通过时，本线作业人员、机具随时有可能侵入邻线。特别是多家单位联合施工，人员多、机具多，作业人员往往关注于本线施工进度和质量，忽视邻线正常运行的列车。如果作业人员盲目侵入邻线，就很可能被邻线运行的列车撞轧；如果机具侵入邻线限界后被通过的列车剐碰飞起或滚动，很有可能伤及本线作业人员。

案例

2009 年 8 月 29 日，某铁路局工务机械段在沪昆线下行 K1930+（100 ~ 500）处，进行封锁点内单根抽换轨枕作业。劳务工宴某某、李某某 2 人忙于作业，侵入邻线限界，被邻线通过的 57020 次列车撞伤。

为避免本线封锁时邻线来车避车中的人身安全风险，根据《普速铁路工务安全规则》，制定预防措施：

1. 邻线 v_{max} ≤ 120 km/h 时，本线可不下道。
2. 120 km/h< 邻线 v_{max} ≤ 160 km/h 时，本线可不下道，但必须停止作业。
3. 邻线 v_{max}>160 km/h 时，本线必须下道，距离不小于 2 000 m。
4. 现场防护员应注意邻线列车运行状态，监视人员、机具处于不侵限位置。

五、进路不明或瞭望不良避车

由于站场岔区结构复杂、股道较多，调车和接发列车频繁，特别是遇有非正常接发列车时，作业人员和现场防护员难以辨认列车运行进路，不能给作业人员提前、准确通报列车运行信息，待能够准确判断列车运行线路时，往往会贻误最佳避车时机。另外，在区间或站内瞭望条件不良时，邻线列车运行状态难以观察，不能提前采取措施，这都给现场作业人员带来安全风险。

案例

2008 年 3 月 31 日 8 时 11 分，某铁路局某工务段，维修作业组 8 名人员在站场行走，现场防护员将 4 道通过的列车误判为 5 道通过，造成在 4 道行走的职工被通过的列车撞轧，导致 3 死 1 伤。

为避免进路不明或瞭望不良避车带来的人身安全风险，根据《普速铁路工务安全规则》，制定预防措施：

1. 列车进路不明时，应下道避车。

2. 瞭望条件不良，邻线来车时应下道避车。

六、桥梁、隧道避车

桥梁步行板、隧道水沟盖板距离钢轨头部外侧往往不足 2 m。为保障作业人员人身安全，铁路桥梁上设置有避车台，隧道内设置有避车洞。遇桥梁上或隧道内有车通过时，作业人员应进入避车台或避车洞避车，如果在桥梁步行板或隧道水沟盖板上避车，就极易被列车剐碰，或被列车上的坠落物砸伤。另外，在桥梁或隧道人行道板上行走时，遇有桥梁步行板、隧道水沟盖板或桥梁检查孔盖板等翘起、位移、塌陷、断裂、缺失等情况时，还容易发生行走人员踏空、摔伤，甚至坠落；如果这些道板上堆有钢轨、枕木等路料或机具，还容易造成行走人员绊倒、摔伤；如果作业人员较多，避车时集中涌向就近某一个避车台或避车洞，还有可能受避车台或避车洞空间限制，使部分人员不能完全进入，甚至过度拥挤造成避车台护栏断塌。此时，外方人员如果再奔向相邻其他避车台或避车洞，还有可能错过最佳避车时机，被列车剐碰、拖挂。

案例

2009 年 8 月 4 日，某铁路局某工务段巡道工甄某某，单人巡线至沪昆线狮子口隧道内 K2304+665 处时发现列车接近，未能提前进入避车洞内躲避列车，身体侵限，被通过的 K853 次列车撞伤致死。

1997 年投入使用的安徽某物流（集团）股份有限公司淮南铁路运输分公司潘谢铁路专运线西淝河特大桥上设有避车台，相邻两个避车台距离约 30 m，避车台入口处设有梁端检查孔，上面用尺寸为 990 mm × 980 mm × 60 mm，质量为 145 kg 的水泥盖板覆盖。因设计施工存在缺陷，该桥投入使用时，在梁端检查孔位置无防止盖板移动固定装置，桥梁长期振动导致梁端检查孔盖板发生移动，存在坠落安全风险。2016 年 10 月 13 日，按计划，工务段对钱庙至张北区间 K35 ~ K36+300 大机捣固封锁施工，现场负责人刘某带领曹某某、李某、成某某负责配合大机捣固平整道砟作业，副主任杨某某负责捣固车跟班作业，其余人员起道作业。施工前，人员列队沿西淝河特大桥上行方向左侧步行前往作业地点，跟班副主任杨某某走在队伍最前端，刘某、成某某、曹某某、李某分别跟随其后。6 时 39 分，捣固车由钱庙站进入封锁区间。6 时 45 分左右，队伍行至 K35+157 处，听到对讲机呼叫“下道避车”，作业人员随即由左侧跨越线路至右侧避车台避车。曹某某、李某先行进入避车台，刘某在接近避车台时脚踏梁端检查孔盖板，盖板突然脱落，其随盖板一起坠落至桥下地面，坠落高度达 11 m。刘某经抢救无效死亡。

为避免桥梁、隧道避车中的人身安全风险，根据《普速铁路工务安全规则》，制定预防措施：

1. 设有避车台的桥梁，应进入避车台避车；无避车台时，应在桥梁外方避车。

2. 设有避车洞的隧道，应进入避车洞避车；无避车洞时，应在隧道外方避车。

3. 避车时，人员应分散进入就近避车台、洞，避免人员过度集中、拥挤，并注意桥上护栏的稳固状态。

4. 在桥梁步行板、隧道水沟盖板等人行道板上行走时，应时刻注意脚下，及时躲避障碍物和失效、断裂、缺失的道板等。

七、机具、材料避车

随着现代工业技术发展和自动化程度的不断提高，铁路各专业现场作业使用的小型机械也日益增多，常用的小型机械有捣固机、发电机、机动扳手、切轨机、打磨机、钻孔机等。这些机具通常体积大、质量大，列车接近时，需要在较短时间内多人合作扛抬下道避车，这就可能造成机具下道不彻底而侵入限界，与机车、车辆相撞导致人身伤亡事故。营业线在施工和维修作业中，常用的笨重器材，如轨枕、钢轨、转辙机、扼流变压器等，下道避车时同样需要多人合作抬移，也存在同样的人身安全风险。作业人员较多时，遇有列车接近匆忙下道，线路上遗忘的工具、材料有可能在列车通过时被碰撞飞起，容易伤及周围人员。

案例

2009 年 8 月 17 日 9 时 50 分，某铁路集团公司某电务段中修一工区，在区间隧道内进行信号机地线焊接作业。当 T62 次列车接近时，作业使用的小型发电机未能彻底下道，侵入限界，被机车剐碰后，砸伤信号工马某某右腿。

为避免机具、材料避车不规范带来的人身安全风险，根据《普速铁路工务安全规则》，制定预防措施：

1. 人员下道避车时，应将机具、材料移出线路，并堆码牢固，不得侵入建筑限界。

2. 线间距小于 6.5 m 时，两线间不得放置机具、材料。

八、人员避车

人员避车时，应注意列车速度，观察车体及货物装载加固等列车运行状态，这通常也被称为观察运行。如果下道避车时不观察列车运行状态，列车装载物撒落、超限，车门开放，货物加固绳索、铁线余尾过长，篷布脱落等，都有可能造成避车人员人身伤害；遇有客车通过时，个别旅客向窗外抛掷杂物，也会伤及避车人员。

案例

2001 年 7 月 13 日 20 时 53 分，某铁路公司一辆装载着石油钻井设备的 29008 次货运列车，运行到营山至小桥间，捆绑钻井设备的铁丝断开，钻井摇臂向运行方向右侧转动倒下，倾倒部件超出车辆边梁 1 800 mm，最低处距轨面 440 mm，导致沿铁路线坐卧乘凉及行走人员被摇臂连续碰撞。事故造成 22 人死亡、16 人受伤。

2008 年 3 月 28 日 15 时 10 分，某铁路局某工务段永登线路车间在兰新线上行 K88+300 ~ K101+300 进行小机群捣固作业准备，已经下道的线路工董某某从兰新线上行 K97+715 处左侧路肩接触网支柱东侧突然上道，被本线通过的 T70 次客车撞出线路，后经抢救无效死亡。

为避免人员避车中的人身安全风险，根据《普速铁路工务安全规则》，制定预防措施：

人员避车时，应面向列车认真瞭望，防止列车上的抛落物、坠落物或绳索伤人。

练习题

一、单选题

1. 列车速度小于 200 km/h，避车人员距钢轨头部外侧距离应不小于（　　）m。

A. 1　　B. 2　　C. 3　　D. 5

2. 本线来车，当 120 km/h< 本线 v_{max} ≤ 160 km/h 时，避车人员应不小于（　　）m 下道完毕。

A. 500　　B. 800　　C. 1 400　　D. 2 000

二、多选题

1. 作业人员在桥梁步行板、隧道水沟盖板等人行道板上行走时，应时刻注意脚下，及时躲避（　　）等。

A. 障碍物　　B. 电缆沟

C. 失效道板　　D. 断裂道板

E. 缺失道板

2. 列车在隧道内或遇有（　　）等恶劣天气瞭望不良时，应开启头灯。

A. 雨　　B. 雪

C. 雾　　D. 霾

E. 微风

三、判断题

1. 作业线有列车通过时，作业人员应在邻线躲避列车。（　　）

2. 铁路线路上作业，遇瞭望条件不良，邻线来车时应停止作业。（　　）

3. 作业人员下道避车时，应将机具、材料移出线路，并堆码牢固，不得侵入建筑限界。（　　）

第四节　营业线作业登记、销记

一、作业准备

在铁路营业线上进行行车有关设备检修、施工等作业，时间较短时，可利用列车运行间隔时间进行；任务较大、用时较长时，一般需要调整列车运行间隔或利用天窗进行，这些作业都必须在行车人员发布的调度命令或批准时间内进行。但现场往往有部分工务、电务、供电等设备单位或施工单位作业人员，为赶进度、省时间，给后续作业做准备等，臆测行车组织，主观判断现场设备使用情况，在行车人员未发布调度命令或签字批准时，擅自进入营业线提前进行作业准备，人为造成抢点作业。抢点作业在影响行车安全的同时，给作业人员带来很大风险，极易造成相撞、电击等人身伤亡事故。

案例

2009 年 6 月 12 日 21 时 53 分，某工务段潍坊客专线路车间潍坊线路作业工队，班长曹某某带领 4 名职工在胶济客专潍坊至昌邑下行 K160+70 处，准备按天窗维修计划进行钢轨打磨作业。在封锁命令未下达的情况下，曹某某不听防护员劝阻，擅自带领职工提前进入栅栏并上道作业，其被开来的 D61 次列车撞轧，后经抢救无效死亡。

2010 年 3 月 2 日，某工务机械段 25 名职工和某劳务公司 120 名劳务工，在沪昆线下行 K2063+（700 ～ 800）处换轨作业。车间副工长马某某考虑当天施工前拆卸轨距杆工作量大，且自认为作业不影响行车，安排人员提前拆卸轨距杆和散发新配件。10 时 18 分，武昌至昆明的 L965 次列车与上行的 K9464 列车交会时，发现前方有大量人员作业，列车虽紧急制动，但仍与 3 名作业人员相撞，另有 2 名作业人员在避车时摔伤。事故最终造成 3 人死亡、2 人受伤。

为避免作业准备环节违章作业带来的人身安全风险，根据《铁路技术管理规程》，制定预防措施：

1. 未经批准，任何人员不得擅自进行影响运用中设备的作业。
2. 调度命令下达前，严禁施工人员进入铁路建筑限界以内活动。

二、登记

登记要点是铁路营业线行车设备从正常使用变更为暂时停用模式的关键环节，批准的起止时间决定了停用时间的长短。作业主体单位作业前，应在车站

《行车设备检查登记簿》上登记起止时间、作业地点、设备名称、作业内容、影响范围以及作业完毕运输条件等，需相关单位配合作业时，配合人员签字确认，最后经车站值班员（调度员）签字同意后方可作业。事实上，登记要点就是设备管理单位或由设备管理单位委托的施工单位与行车设备使用单位签订的一种双方或多方特殊“合同”。如果不登记或登记内容不准确，直接动用使用中的行车设备，就会破坏设备使用单位和作业单位之间的配合默契，也会影响正常铁路运输组织，甚至导致车务人员使用正在维护、施工的行车设备，造成现场作业人员被转换的道岔挤伤或被通过的列车撞轧。

案例

2008 年 1 月 23 日 20 时 48 分，某铁路局胶济线安丘至昌邑间 K131+200 处，某单位施工作业人员虽然已经在《行车设备检查登记簿》上登记要点，但在慢行命令未下达，车站值班员还未签字同意，施工负责人、监理、设备管理部门及建设单位现场监控人员还没有到位的情况下，先期到达的作业人员砸开防护栅栏门锁，强行进入营业线擅自作业，被以速度为 200 km/h 通过的 D59 次列车撞轧。事故造成 18 人死亡、9 人受伤。

2009 年 10 月 20 日，某铁路局南京桥工段南京大桥车间，桥北线路工区 19 人分成 3 组，利用维修天窗进行单根抽换失效轨枕作业。驻站联络员还未到行车室办理作业登记要点手续，现场各组就已经开始做更换轨枕前的准备工作。此时，车站排列了下行Ⅰ道 D3017 次列车通过进路，驻站联络员在去往车站行车室途中发现列车通过，立即通知现场作业人员注意避车，但 1 人避车不及，被撞身亡。

2017 年 11 月 20 日 8 时 07 分，某铁路局某工务段在汉丹线吴家山至新沟间 K23+870 处上行天窗作业期间，利用列车运行间隔组织人员在下行线使用内燃冲击镐进行捣固作业，下行 D5281 次列车通过作业地点时将 2 名线路工撞伤，后经抢救无效死亡。

2022 年 1 月 4 日，某铁路集团有限公司某工务段青白江线路车间大弯镇线路维修工区职工张某某，在排班点名结束、作业尚未开始时，擅自进入宝成线天回镇车站，在远离作业区域的地点突然上道，与运行中的列车发生相撞事故导致死亡。

为避免登记不规范带来的人身安全风险，根据《铁路技术管理规程》，制定预防措施：

1. 上道作业或影响营业线行车设备性能、状态或使用的作业，作业主体单位应在《行车设备检查登记簿》上登记起止时间、作业地点、作业内容、影响范围以及作业完毕的运输条件。

2. 设备维护单位和相关单位，应共同签字确认登记内容。

3. 经车站值班员审核签字后，方可进行作业。

4. 监理、相关配合人员等发现超范围施工，应立即制止。

三、销记

销记是铁路营业线上行车有关设备检修、施工等作业任务结束，设备测试、试验良好，具备行车条件交付车务人员正常使用的重要工序，主要由作业主体单位登记销点内容，配合单位签字确认，调度员确认发令或车站值班员签字确认几个环节组成。销记时间是行车有关设备由检修、施工状态转变为使用状态的重要时间节点，销记后车务人员为将检修、施工等作业影响的运输任务补上，所以会立即放行列车或组织调车作业。但在作业现场，往往会有人员自认为刚刚销记，短时间内不会有列车通过作业地点或接触网不可能马上送电等，常常导致出现以下 3 种人身安全风险：靠惯性思维继续作业；继续在原作业区域处理作业中遗留的设备问题；因点内施工任务大或组织不力，导致施工延时，又因顾忌考核，提前消令，导致作业人员滞留在原作业区域作业或进行收拾工具、材料等收尾工作，这都给作业人员人身安全和行车安全埋下了事故隐患，很容易发生作业人员被撞轧或被电击事故。

案例

2008 年 7 月 15 日 2 时 26 分至 4 时 30 分，某铁路局某工务段在京沪上行线戚墅堰至湾城站间 K1297+000 ~ K1293+700 处进行钢轨调边、焊接封锁施工。施工结束时，驻站防护员在不掌握现场情况、不确认施工开通条件、现场还有人员继续作业的情况下，盲目按施工封锁点的时间申请开通。4 时 32 分，首列 87552 次列车由戚墅堰站开出进入施工区间，驻站防护员忙于将开通命令抄写在防护员手册上，直到列车接近时才匆忙呼叫现场。现场作业人员在施工封锁区段开通后，也自认为首趟列车运行速度缓慢，且作业地点距列车较远，当发现 87552 次列车时，才慌忙下道，施工小车来不及撤出线路。列车在制动过程中于 K1294+500 处撞上施工小车，险些造成人员伤亡。

2014 年 10 月 27 日 1 时 43 分，某铁路局某工务段武威南线路车间头坝河线路工区，天窗点内完成兰新线头坝河站 2 号道岔短轨焊复后，已经销点恢复列车运行，但作业人员没有及时撤离施工现场，仍滞留在原作业区继续搬运更换下的旧钢轨。当 K170 次旅客列车通过头坝河站作业地点时，2 名作业人员被列车撞轧死亡。

2015 年 3 月 24 日 1 时 05 分，某电务段丰台南信号工区，现场 4 名作业人员在站内进行天窗设备检修作业。1 时 45 分，工区办理了销记手续。1 时 48 分，工长张某某将现场 4 名作业人员分为 2 组，继续组织更换轨道变压器箱内检修测试记录卡。张某某兼职现场防护员和见习生王某某分为一组。2 时 15 分，张某某在使用的无线电台电池无电的情况下仍继续作业。2 时 32 分，见习生王某某在 21 号道岔处更换轨道变压器箱内检修测试记录卡时侵入限界，被上行通过的 K7704 次机车刮撞头部，后经抢救无效死亡。

为避免销记不规范带来的人身安全风险，制定预防措施：

1. 检修、施工等作业任务完成，作业人员、机具、材料等完全撤离现场后，方准登记销点。

2. 不具备开通条件，不得履行销记手续。

3. 销记后，禁止人员再次上道作业。

练习题

一、单选题

1. 铁路营业线作业登记，经（　　）审核签认后，方可进行作业。

A. 助理值班员　　B. 车站值班员

C. 驻站联络员　　D. 施工负责人

2. 铁路营业线上，监理、相关配合人员等发现超范围施工，应立即（　　）。

A. 通知作业人员　　B. 通知现场负责人

C. 制止　　D. 提醒

二、多选题

1. 上道作业或影响营业线行车设备性能、状态或使用的作业，作业主体单位应在《行车设备检查登记簿》上登记（　　）以及作业完毕的运输条件。

A. 起止时间　　B. 作业地点

C. 作业内容　　D. 影响范围

E. 作业人员数量

2. 铁路营业线上检修、施工等，作业（　　）后，方准登记销点。

A. 任务完成　　B. 人员完全撤离现场

C. 助理值班员撤离现场　　D. 机具完全撤离现场

E. 材料完全撤离现场

三、判断题

1. 未经批准，任何人员不得擅自进行影响运用中设备的作业。（　　）

2. 调度命令下达前，施工人员只能在铁路营业线上做准备工作。（　　）

3. 铁路营业线作业销记后，发现遗留隐患应立即上道处置。（　　）

第五节　特殊天气作业

一、恶劣天气作业

遇有大雾、暴风、雨雪、扬沙等恶劣天气，能见度较低，防护人员瞭望困难，不能及时发现接近列车，提前通知作业人员下道避车。所以遇恶劣天气一般规定不得上道作业。但遇有故障处理、事故抢险或特殊任务等必须上道作业时，如果不采取增设远端防护、登记停用设备等特殊防护措施，作业人员盲目上道，就很可能被列车撞轧，甚至造成群死群伤事故。

案例

2007 年 11 月 26 日 8 时 11 分，某铁路集团公司焦柳线周家寨车站，大雾天气，能见度不足 10 m。某工务段吉首线路车间，在未设远端防护员的情况下，7 名职工在 I 道进行点油和修整外观作业。8 时 19 分，驻站联络员通知现场负责人兼现场防护员谢某某“13019 次货物列车接近”。但正在参与作业的谢某某在大雾中未发现来车，也未组织人员下道避车。8 时 23 分，从雾中驶来的 13019 次列车将正在作业的 2 名职工当场撞死。

2021 年 11 月 7 日 0 时 10 分，某铁路局管内韩原线临时加开动车组 0060 次（太原车辆段 CRH5A-5095 号），列车运行至 K152+835 处通过岗上线路所弯道时，因风雪天气瞭望条件不良，将 2 名正在处理道岔故障的信号工撞轧致死。

为避免恶劣天气作业中的人身安全风险，根据《普速铁路工务安全规则》，制定预防措施：

1. 遇有大雾、暴风、雨、雪、霾、扬沙等恶劣天气影响瞭望时，应停止线上作业和上道检查。

2. 恶劣天气必须作业时，应采取特殊安全措施，以保证来车之前按规定距离及时下道。

二、雷雨天作业

乌云密布、电闪雷鸣、狂风暴雨通常被人们称为雷雨天气。在铁路线路上作业时，遇到雷雨天气，人们的第一反应是寻找避雨场所。但由于铁路线路空旷、暴露，无法避雨，作业人员往往会寻找附近大树、车体、涵洞或高大建筑物等避雨，慌乱中就很可能造成触电、雷击，或被列车撞轧等人身伤害，甚至到涵洞内避雨，被洪水淹没。另外，雷雨、大风天气往往会撕裂活动板房，吹起彩钢板、广告牌等加固不牢的物料，砸死、砸伤周围人员。遇有连续暴雨还可能造成洪涝灾害，导致低洼处所工作或生活的人员被淹没、冲走。

案例

2004 年 6 月 26 日，浙江省临海市杜桥镇，村民们在田间劳作，一片繁忙景象。14 时 20 分，突然狂风大作，电闪雷鸣，暴雨袭来，村民们放下手中农活，急忙奔向 4 棵大水杉树下避雨。此时，一道闪电从天而降，击中大树，结果造成树下 15 人被雷击身亡、15 人伤残。

为避免雷雨天作业中的人身安全风险，根据《电气化铁路有关人员电气安全规则》《普速铁路工务安全规则》《普速铁路接触网安全工作规则》《铁路电务安全规则》，制定预防措施：

1. 雷雨季节，应对活动板房、彩钢板、广告牌等易被风吹起或吹落物料提前采取加固措施，低洼积水地带人员应提前撤离。

2. 可见闪电或可听到雷声时，即为雷电天气，雷电天气禁止高处作业。

3. 雷雨天气，严禁在接触网支柱旁、电杆旁、大树下、铁塔下和涵洞内躲避。

4. 雷雨天气巡视检查时，不准靠近避雷针、避雷器。

5. 雨天作业时，应远离接触网支柱、接地线、回流线等设备；禁止进行避雷器、地线维护工作。

三、暑期作业

暑期气温高，空气干燥，人体水分消耗大，室外长时间作业易引起犯困、头晕，甚至导致中暑。另外，暑天炎热，人员穿着衣物较少，甚至个别作业人员在作业中不穿防护服、绝缘鞋，一旦操作失误，就很容易造成触电、烫伤、外力碰伤等人身伤亡事故。

案例

2002 年 8 月 2 日 15 时，中原地区骄阳如火，闷热难耐，某铁路局某供电段接触网工区，在陇海线铁门至新安县区间，进行接触网断杆事故抢修。事故现场安全员钟某某连续在烈日下暴晒 3 h 后，脸色发白、嘴唇发紫、浑身冒汗，中暑晕倒在路基上。后被段领导发现，急忙组织人员将其抬到阴凉处，解开衣扣，紧急施救。钟某某休息 40 min 后，才勉强恢复能站立行走。

为避免暑期作业中的人身安全风险，根据国家铁路局相关标准和《铁路技术管理规程》，制定预防措施：

1. 暑期应配齐防暑药品和清凉饮料等防暑用品。
2. 作业前应充分休息，作业中应按规定着装，佩戴防护用品。
3. 除施工、天窗、故障处理等必须作业外，应尽量避免高温时段室外作业。
4. 高温天气期间作业，应符合下列规定：

（1）日最高气温达到 35 ℃以上、37 ℃以下时，应采取换班轮休等方式，缩短连续作业时间，并不得安排室外露天作业劳动者加班。

（2）日最高气温达到 37 ℃以上、40 ℃以下时，室外露天作业时间累计不得超过 6 h，且在气温最高时段 3 h 内不得进行室外露天作业。

（3）日最高气温达到 40 ℃以上，应停止当日室外露天作业。

5. 禁止下池塘、河流游泳。

四、冬季作业

冬季天气寒冷，特别是我国北方地区冬季多雪，气温较低、寒风刺骨。人们为保暖御寒，往往穿得厚、捂得严，行动十分不便。作业人员上道作业，很容易被运行中的机车车辆拖挂、刷伤。如果线上作业人员戴无耳孔防寒帽或忘记打开耳孔，以及使用围巾包裹头部、面部等，就会导致听力下降，难以发觉危险情况而被列车撞轧。如果室外作业不戴防寒手套，直接抓握露天金属设备、机具等物件，还容易发生粘连冻伤，造成人身伤害。如果在密闭室内用火炉取暖，则容易发生煤气中毒事故。

案例

2009 年 2 月 21 日 7 时 23 分，某铁路局某车务段浑河站支部书记、值班站长和某电务段浑河信号工区工长 3 人，在浑河站 4 号道岔岔心除雪作业时，因戴无耳孔防寒帽而没有听见列车鸣笛，被通过的沈阳北至大连 N120 次旅客列车以 111 km/h 速度碰撞，造成 2 人当场死亡，另 1 人受伤送医院后经抢救无效死亡。

为避免冬季作业中的人身安全风险，根据《铁路技术管理规程》，制定预防措施：

1. 冬季室外作业人员，应按规定着装。

2. 防寒帽应有耳孔，上道作业时耳孔应打开。

3. 防寒大衣应扎紧，安全带应扎在大衣外面。

4. 工作处所及走行道上不得泼水，积雪应随时清除，必要时铺撒垫层，防止滑倒摔伤。

5. 室内火炉取暖时，火炉周围不得堆放易燃、易爆物品，并采取留通风口、烟囱小头朝外顺序安装密封、烟囱出口加装防风帽等防煤气中毒措施。

五、道岔除雪作业

北方地区冬季多风，气温较低，遇有降雪，室外道岔滑床板、连接转换通道、密贴杆调整余量和尖轨与基本轨之间等转换部位往往被积雪覆盖，甚至结冰，影响道岔正常使用。对上述部位清扫除冰作业，通常称为道岔除雪作业。道岔除雪作业一般由车务人员担任，遇有大雪，还会有电务、工务等其他人员参加。除雪时，现场应设防护员，室内应设驻站联络员。车务人员除雪时，驻站联络员职责一般由值班员或信号员兼任。除雪时，作业人员通常携带笤帚、小铲、除冰铲、风力除雪机等设备上道作业，易造成一些事故隐患。一方面，作业人员容易横越或侵入其他线路；另一方面，风力除雪机噪声大，导致作业人员难以听到机车鸣笛和防护人员通知。如果除雪作业不设现场防护员和驻站联络员，或使用风力除雪机不执行“一机一人”防护，除雪人员就容易被通过的机车、车辆撞轧，造成人身伤亡事故。

案例

2012 年 11 月 14 日 8 时 51 分，某铁路局红旗营站，副站长林某和助理值班员孙某某在清扫 6 号道岔积雪作业时，联控值班员王某某用车站专用频道电台呼叫：“T310 次Ⅱ道通过，1343 次Ⅰ道通过，南北头扫雪人员请下道！”携带背式除雪机正在除雪的林某未听见电台呼叫，被Ⅱ道通过的 T310 次列车撞出线路，后经抢救无效死亡。

为避免道岔除雪作业中的人身安全风险，制定预防措施：

1. 道岔除雪前，应得到车站值班员或有关人员同意；作业完毕，应及时报告。

2. 除雪作业时，应设现场防护员，非车务人员除雪作业时，还应设驻站联络员。

3. 使用机械除雪时，应执行“一机一人”防护，防护人员随时与现场防护员保持联系，并注意机车车辆动态。

4. 严禁将手、脚置于尖轨与基本轨之间或道岔连接杆等活动部位。

练习题

一、单选题

1. 雷雨天气巡视检查时，不准靠近（　　）。

A. 建筑物　　B. 构筑物

C. 避雷针、避雷器　　D. 涵洞

2. 高温天气期间，日最高气温达到 40 ℃以上，应（　　）作业。

A. 减少当日室外露天　　B. 停止当日室外露天

C. 不得超过 6 h　　D. 采取换班轮休方式

二、多选题

1. 暑期作业，企业应为从业人员配齐（　　）等防暑用品。

A. 遮阳帽　　B. 防暑药品

C. 水壶　　D. 清凉饮料

E. 凉鞋

2. 雷雨季节，应对（　　）等易被风吹起或吹落物料提前采取加固措施，低洼积水地带人员应提前撤离。

A. 活动板房　　B. 涵洞

C. 彩钢板　　D. 广告牌

E. 桥体

三、判断题

1. 铁路营业线上，遇有恶劣天气必须作业时，应采取特殊安全措施，保证来车之前按规定距离及时下道。（　　）

2. 冬季作业时，防寒大衣应扎紧，安全带应扎在大衣里面。（　　）

3. 铁路营业线道岔除雪前，应得到车站值班员或有关人员同意；作业完毕，应及时报告。（　　）

第六节　电气化区段作业

一、安全距离

电气化铁路接触网电压为27.5 kV，带电的接触网周围会有很强的电磁场。当人体或人体经导体接近接触网时，接触网高压会使空气电离，形成导体，通过人体对地产生弧光放电，致人受电击伤亡。

案例

2001年12月20日，某铁路局某工务段赵某某、张某某等4名技术人员，在陇海线跨桥上测量桥底面距接触网垂直距离。赵某某手捧卷尺盒，张某某单腿跪地将卷尺伸向接触网。当卷尺触及承力索时，发生放电，烧断承力索，两人触电受伤，被立即送往就近医院。张某某经抢救无效死亡。

2014年12月24日13时18分，承揽成都车站保洁任务的某保洁服务有限公司，保洁员吴某某在所属新津站二站台使用伸缩清洁器清扫雨棚。作业中清洁器与线路上方接触网反定位管发生碰触，吴某某被高压电击伤致死。

为避免安全距离不足带来的人身安全风险，根据《电气化铁路有关人员电气安全规则》《铁路电务安全规则》，制定预防措施：

1. 任何人员及所携带物件、作业工器具、设备、设施与牵引供电线、正馈线、接触线、承力索等高压带电部分应保持 2 m 以上距离，与回流线、架空地线、保护线等应保持 1 m 以上距离。距离不足时，牵引供电设备应停电。

2. 必须在距离接触网带电部分不足 2 m 处作业时，接触网应停电，并由接触网人员验电、接地后，在接触网人员现场监护的情况下，方可作业。地线拆除后，禁止再进行作业。

二、跨步电压

跨步电压是指电气设备发生接地故障时，在接地电流入地点周围电位分布区，行走人员两脚之间的电位差。当接触网导线、承力索或高压供电线断线落地时，高压电流从落地点流入大地返回变电所，形成以落地点为中心的电势分布区域，距离落地点越近，电流越集中，地面电势也越高，行走人员两脚之间的电压也越高。如果人员在落地点 10 m 内行走，就会因跨步电压过高，流经两腿之间电流过大，致人倾倒，肢体落地，引发电击伤亡事故。目前，电气化铁路接触网一般都安装有过流保护装置，该装置能在接触网大电流入地瞬间使接触网断电，但在断电后 2 s 左右，接触网自动重合闸装置会自动合闸送电 1 次。另外，在查找处理接触网接地故障时，也有可能采用人工强送电使接触网带电，这都会在断线落地点周围形成跨步电压，给周围人员带来电击风险。

案例

2014 年 9 月 17 日，某电网公司日月湾线 35 kV 线路受大风影响，12 号耐张杆导线抽脱落地，保护装置未能跳闸断电。员工胡某某前往现场巡查处理，在距离供电导线落地点 5 m 处，被跨步电压击倒，后经抢救无效死亡。

为避免跨步电压带来的人身安全风险，根据《电气化铁路有关人员电气安全规则》，制定预防措施：

1. 发现牵引供电设备断线及其部件损坏，或挂有线头、绳索等异物，均不得与之接触，应立即通知附近车站及相邻设备单位。

2. 牵引供电设备检修人员未到现场采取措施前，任何人员应与已断线索或异物保持 10 m 以上距离，并对现场进行监控。

3. 已进入断线点 10 m 以内范围时，应单足或双足并拢跳离危险区。

三、攀登车顶

攀登车顶特指电气化铁路行车有关人员根据作业需要登上机车或车辆顶部的行为。比如，通信人员检修或更换车顶无线电台天线；机务检修人员或乘务员登上车顶擦拭绝缘、检修受电弓或在途中处理弓网故障损坏的受电弓；车务人员登上车顶对车辆装载物加固、检查等。如果在电气化铁路接触网未停电和停电后未采取保护接地措施的情况下，人员登上机车、车辆顶部，有可能导致电击伤害。

案例

2008 年 4 月 27 日，某铁路局石太线程家站基地货 7 道，某工务机械段组织对停留施工机械车列进行保养作业。在接触网未停电的情况下，职工李某某盲目登上车辆顶部，侵入 27.5 kV 接触网限界，被电击伤，后经抢救无效死亡。

2013 年 9 月 7 日 22 时 45 分，由贵阳至烟台的 K1202/3 次旅客客车在徐州站 7 道停车后，车站反映 5 号车厢顶部有人。办理停电手续后，该站 4 名工作人员登上列车顶部处置扒乘人员，被感应电击中坠落车下，造成 1 人死亡，3 人受伤。

为避免攀登车顶作业中的人身安全风险，根据《电气化铁路有关人员电气安全规则》，制定预防措施：

电气化区段接触网设备未停电，未办理安全防护措施，禁止任何人员攀登到机车、动车及各种车辆顶部或车辆装载物上。

四、牵引回流

电气化铁路 27.5 kV 机车牵引高压从变电所输出至接触网上，通过电力机车受电弓、牵引电机、机车轮对、钢轨、引接线、扼流变压器、中心连接板、吸上线、回流线等设备再返回变电所接地点，形成电气化铁路机车牵引电路。通常把机车牵引电机负极至返回变电所接地点之间设备通过的电流称为牵引回流，其涉及机务、工务、电务、供电等专业设备。当牵引回流通道中断时，人体接触回流通道中的导体，牵引回流会通过人体流入大地，或通过人体构成回流通道，造成人员电击伤害。

案例

2023 年 7 月 15 日 9 时 12 分，某工务段进行更换钢轨施工，在移动钢轨过程中将回流吸上线碰断，劳务工贾某某擅自接续修复，结果被电击身亡。

为避免牵引回流带来的人身安全风险，根据《电气化铁路有关人员电气安全规则》，制定预防措施：

牵引供电设备、支柱及各部接地线损坏，回流吸上线与钢轨或扼流变压器连接脱落时，禁止非专业人员与之接触。

五、断开牵引回流作业

电气化区段轨道电路是牵引回流的主要通道，工务更换钢轨、夹板等，电务更换扼流变压器、中心连接板、横向连接线等，都会断开牵引回流，在断开处会形成电位差，产生电弧放电。如果人体与之接触，极易导致人员触电伤害。

案例

2001 年 12 月 16 日 14 时 20 分，某铁路局某工务段在更换重伤钢轨时，作业人员用两根撬棍代替连接线。当夹板拆开准备拨钢轨时，作业人员宋某某将一根撬棍抽出，参与拨轨，结果在拨开的轨端处产生电弧强光，将轨端熔化，险些造成人身伤害。

为避免断开牵引回流作业中的人身安全风险，根据《电气化铁路有关人员电气安全规则》《普速铁路工务安全规则》，制定预防措施：

1. 工务更换钢轨、拆换接头夹板、调整轨缝，电务更换扼流变压器、中心连接板、引接线、站内横向连接线等设备时，应按规定安装截面积不小于 70 mm^2 的铜连接线，连接可靠后，方可开始作业。

2. 断开更换一股钢轨时，应在断开处钢轨两端，横向各设 1 条连接线，如图 3-1 所示。

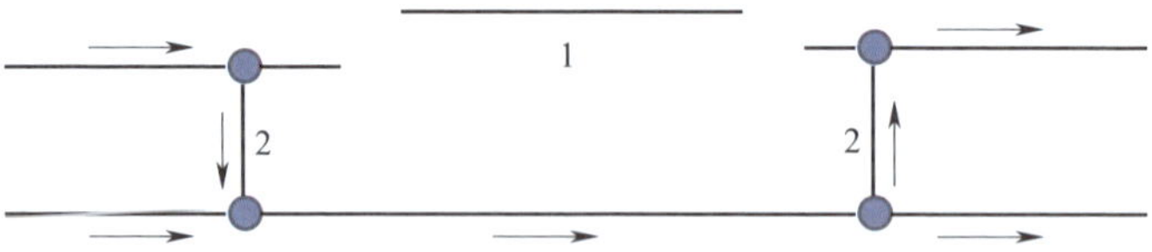

图 3-1　更换一股钢轨

1—被更换的钢轨；2—横向连接线

3. 两股钢轨同时断开更换时，应在断开处两端横向各设 1 条连接线，纵向设 1 条连接线，如图 3-2 所示。

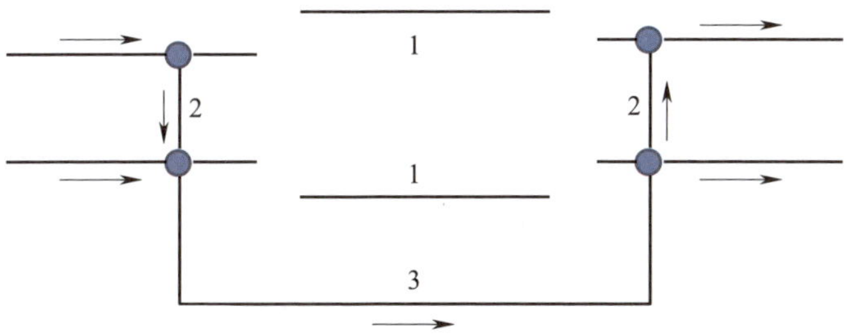

图 3-2　更换两股钢轨

1—被更换的钢轨；2—横向连接线；3—纵向连接线

六、电气化区段电缆切割作业

电气化铁路区段变电所牵引电路，一端送至接触网上，一端在所内接地。在牵引回流通过钢轨时，会对大地形成泄漏电流，这部分电流通过大地返回变电所。途中，因敷设于电气化铁路两侧的通信、信号和电力等电缆金属护套、屏蔽层属于导体，其电阻值比大地电阻小很多，所以，牵引回流会汇集在这些导体上返回变电所，这也就构成了电力机车牵引电流返回变电所的另一条通道。也就是说，电气化铁路区段牵引回流在现场会有三条回路：一是回流线，二是大地，三是线路附电缆金属护套、金属桥体等导体。接触网供电臂内线路坡度、牵引总质量、机车数量、机车牵引状态，决定了牵引总回流大小；各回路电阻率随温度、湿度等因素的变化情况，决定了每个回路中的动态电流大小。如果将电缆金属护套或屏蔽层断开，就会破坏各回流通道电流平衡，在断开点产生高压对人体放电，引发电击伤害。

案例

2023 年 8 月 22 日，某通信段电气化区段正在进行故障抢修。通信工胡某某在电缆两端未接好地线的情况下，使用钢锯切割电缆，电缆钢带断开瞬间拉弧放电，其被电击昏迷。

为避免电气化区段电缆切割作业中的人身安全风险，根据《电气化铁路有关人员电气安全规则》《铁路电务安全规则》，制定预防措施：

1. 作业人员应穿高压绝缘靴，戴绝缘手套。

2. 电缆钢带和屏蔽层断开前，应在断开处两端接地。

3. 电缆整修前，应确认电缆金属外皮与电缆屏蔽地线连接牢固，同沟内数条电缆金属外皮接触良好。

七、隔离开关操作

隔离开关是电气化铁路区段断开或闭合接触网的带电操作设备，一般安装在机车整备线和车站货物装卸线等线路连接处，以满足接触网局部停送电需求。操作隔离开关时，动触头与静触头间会瞬间拉弧放电，使隔离开关装置连接杆和操作手柄带电。此时，如果作业人员不使用防护用品或不按程序操作，就有可能造成触电伤亡。另外，如果作业人员不确认隔离开关编号，盲目操作隔离开关，还会使不该送电的接触网区段带电，造成他人伤害，或者自己认为隔离开关已打开，接触网已经停电，作业开始后导致自身电击事故。

案例

2015 年 11 月 15 日 23 时 27 分，某机务段电力机车司机殷某某，在段内 3 道机车整备作业。办完打开 3 道隔离开关申请登记手续后，殷某某未认真确认隔离开关股道标识，在无人监护的情况下，错误地打开了 2 道隔离开关，并挂接好地线，然后登上停在 3 道的机车车顶，造成触电死亡。

为避免隔离开关操作中的人身安全风险，根据《电气化铁路有关人员电气安全规则》，制定预防措施：

1. 隔离开关操作人员应经培训，并取得由供电设备管理单位颁发的安全操作合格证。

2. 隔离开关操作，必须执行“一人操作，一人监护”制度。

3. 操作人员必须按规定穿戴好绝缘靴和绝缘手套，确认开关及其操作机构正常，接地线良好，方准按程序操作。

4. 严禁带负荷操作隔离开关。

5. 遇雷雨天气时，禁止操作隔离开关。

八、通过道口

电气化铁路接触网导线距离钢轨轨面高度通常设计为 6 m，区间最低为 5.7 m，遇有隧道或其他构筑物等特殊地段，受净空高度限制最低可达 5.5 m。如果通过电气化铁路平交道口的人员手持长大物件，或通过铁路平交道口的公路车辆上部乘坐、站立人员，就有可能侵入 27.5 kV 接触网的安全限界，造成电击伤害。

案例

2012 年 4 月 5 日 7 时 24 分，某铁路局在朔黄铁路公司肃宁北站扩能改造施工中，一辆车牌号为“FD0601”的自卸汽车卸土后，料斗未落下，通过无人看守道口，将联 7 线 599 ~ 605 号支柱间接触网导线扯断，汽车轮胎受电击爆炸，车辆失控，险些造成人员伤亡。

事故现场车辆状态

事故现场挂断的接触网

为避免通过道口中的人身安全风险，根据《电气化铁路有关人员电气安全规则》，制定预防措施：

1. 车辆通过电气化铁路平交道口时，车辆及装载物高度从地面算起不得超过 4.5 m，超过时，应绕行立交道口或货物倒装。

2. 车辆通过电气化铁路平交道口时，车辆或装载物高度从地面算起超过 2 m 的，车辆上部及装载物上严禁坐人。

3. 行人持有长大、飘动等物件通过电气化铁路平交道口时，不得高举挥动，应与牵引供电设备带电部分保持 2 m 以上距离。

练习题

一、单选题

1. 电气化铁路区段，任何人员及所携带物件、作业工器具、设备、设施与牵引供电线、正馈线、接触线、承力索等高压带电部分应保持（　　）m 以上距离。

A. 1　　B. 2　　C. 5　　D. 10

2. 电气化铁路区段，发现牵引供电设备断线，已进入断线点 10 m 以内范围时，应（　　）危险区。

A. 迅速撤离　　B. 原地停留在

C. 单足或双足并拢跳离　　D. 大步撤离

二、多选题

1. 电气化区段接触网设备未停电，未办理安全防护措施，禁止任何人员攀登到（　　）。

A. 机车顶部　　B. 动车顶部

C. 各种车辆顶部　　D. 车辆装载物上

E. 平板车上

2. 电气化铁路区段，隔离开关操作人员应按规定穿戴好（　　），确认开关及其操作机构正常，接地线良好，方准按程序操作。

A. 工作服　　B. 绝缘靴
C. 绝缘手套　　D. 安全带
E. 线手套

三、判断题

1. 电气化铁路区段，牵引供电设备、支柱及各部接地线损坏，发现者应立即修复。（　　）

2. 电气化区段断开更换一股钢轨时，应在断开处钢轨两端，横向各设一条连接线。（　　）

3. 电气化铁路区段，回流吸上线与扼流变压器连接脱落时，禁止非专业人员与之接触。（　　）

第四章　铁路综合劳动工伤预防

幸运总会眷顾那些实事求是和遵守秩序的人，这是一种高深的生活智慧，足以使人受益终身。

第一节　安 全 培 训

一、实习、学习人员

实习人员一般是指未与企业签订劳动合同的在校学生；学习人员是指与企业签订劳动合同，但未任职顶岗的新员工。这些人员的共同特点是对企业的生产、经营和安全管理制度不了解，对生产环境和作业过程风险不清楚，特别是对电气化铁路区段人身安全风险不清楚。如果实习、学习人员进入生产现场前，不经过专门安全培训，或虽经过培训但无在岗人员指导而独立作业，都会带来人身安全风险。

案例

2003 年 8 月 22 日，某铁路局某机务段，SS_1 型 187 号机车司机、副司机和学习副司机担当 21045 次货物列车值乘任务。当日 20 时 51 分，3 人在保定南站 3 道开始整备作业。21 时左右，司机和副司机上机车后未见到学习副司机，便立即寻找。最终，发现学习副司机已被下行 Ⅰ 道通过的 T77 次列车撞轧身亡。

2015 年 2 月 6 日 18 时 42 分，某铁路局新丰镇站在调车作业过程中，学习制动员孙某某下车时身体侵限，被调车车辆车梯剐碰，后经抢救无效死亡。

为避免实习、学习人员人身安全风险，根据《中华人民共和国安全生产法》《生产经营单位安全培训规定》《企业安全生产标准化基本规范》《铁路技术管理规程》，制定预防措施：

1. 实习、学习人员应经段或分（子）公司、车间、班组三级安全教育培训，考试合格后，方准进入作业现场。

2. 学习人员应签订师徒合同，学习期间，不得单独作业。

3. 实习、学习人员应在正式值乘、值班或本岗位人员的亲自指导和负责下，方准作业。

二、新任职、提职、改职人员

《中华人民共和国安全生产法》规定，生产经营单位应当对从业人员进行安全生产教育和培训，保证从业人员具备必要的安全生产知识，熟悉有关的安全生产规章制度和安全操作规程，掌握本岗位的安全操作技能，了解事故应急处理措施，熟悉自身在安全生产方面的权利和义务，未经安全生产教育和培训合格的从业人员，不得上岗作业。新任职、提职、改职人员，往往对新岗位技术标准、规章制度、安全基础知识掌握不够，操作技能不熟，对设备运行环境和作业过程风险缺乏认知。如果不对新任职、提职、改职人员进行岗位资格性培训，或考核不合格允许其单独上岗作业，就很容易造成人身伤亡事故。

案例

2010 年 1 月 27 日，某铁路局某供电段，新改职的电力工孙某某和翟某某在供电车间院内练习横担安装。孙某某上杆后，在未检查围杆带挂钩与半圆环是否连接牢固、是否推上保险闭锁的情况下，盲目松开双手。结果围杆带挂钩与半圆环脱开，孙某某从杆上 3.5 m 处坠落，导致左胸、腰部和右足软组织挫伤。

为避免新任职、提职、改职人员人身安全风险，根据《铁路技术管理规程》，制定预防措施：

1. 铁路行车有关人员在任职、提职、改职前，应进行拟任岗位资格性培训，并经职业技能鉴定和考试考核，取得相应职业资格证书和岗位培训合格证书，改职人员还应经段或分（子）公司级安全和技能培训，考试合格后，方可任职。

2. 其他从业人员在任职、提职、改职前，应根据拟任岗位安全生产知识和技能要求进行培训，经段或分（子）公司级考试合格后，方可任职。

3. 从业人员在任职期间，应定期参加岗位适应性培训和业务考试，考试不合格，不得继续履职。

三、在职人员

随着企业设备、设施、列车编组、运行方式以及检测、维护、施工等作业和环境因素的不断变化，作业人员的劳动安全风险也会随之发生变化，如果只在任职前对其进行一次安全培训，则不能保障作业人员在面临新风险时能有效规避。另外，如果对作业人员不进行经常性安全教育和警示，特别是较长时间未发生险情或事故后，部分人员就可能淡忘安全规章、遗忘事故教训或在作业中贪图省事，简化程序，“经验做法”和“技术违章”在大脑中逐渐蔓延，居安思危的安全意识逐渐消退，很可能因不安全行为导致险情或人身伤亡事故。

案例

2011 年 2 月 18 日 2 时 52 分，某铁路局某工务段 3 名职工在去作业现场途中，行至昌九城际、庐山城际场北部 101 号道岔处，被列车撞轧身亡。

2011 年 5 月 30 日 0 时 11 分，某铁路局某工务段职工张某某，在兰新线永登站 13 号道岔处，准备进行天窗维修作业时，被 83989 次货物列车碰撞身亡。

为避免在职人员人身安全风险，根据《中华人民共和国安全生产法》《铁路技术管理规程》，制定预防措施：

1. 段或分（子）公司级应对电气化区段作业人员、特种作业人员、驻站联络员、现场防护员、远端防护员、隔离开关操作人员、汽车驾驶员等进行安全培训，考试合格后方能上岗。

2. 段或分（子）公司级应每年对员工进行防洪、防寒人身安全培训和考试。

3. 段或分（子）公司级应建立员工安全生产教育和培训档案，如实记录安全生产教育和培训的时间、内容、参加人员以及考试、考核结果等情况。

四、待岗、长期离岗人员

待岗和长期离岗人员恢复原工作岗位时，往往对岗位标准化作业程序和作业技能生疏；对新知识、新技术、新工艺以及新的安全管理制度没有持续培训学习，原有风险控制和应急处置能力不能满足新岗位需求。如果待岗和长期离岗人员未经培训盲目上岗，就有可能导致人身伤亡事故发生。

案例

1996年2月7日12时50分，某铁路局某机务分段外勤值班员王某某因病休假1年7个月。休假结束上岗后，王某某和扳道员郭某某在库内4道操纵3306号机车连挂7211号机车。3次连挂失败后，郭某某进入两机车间调整钩位，王某某在未得到连挂信号的情况下，盲目动车连挂，将横跨地沟正在调整钩位的郭某某挤在两车钩之间。郭某某因伤势过重，在送往医院途中死亡。

为避免待岗、长期离岗人员人身安全风险，根据《生产经营单位安全培训规定》《牵引变电所安全工作规程》《铁路电力安全工作规程》和《普速铁路接触网安全工作规则》，制定预防措施：

1. 牵引变电所、电力运行和检修人员，待岗、长期离岗3个月以上重新上岗时，应经车间、班组级安全和技能培训，考试合格后，方可上岗作业。

2. 普速铁路接触网运行和检修人员，待岗、长期离岗6个月以上重新上岗时，应经车间、班组级安全和技能培训，考试合格后，方可上岗作业。

3. 其他人员待岗、调整工作或离岗1年以上重新上岗时，应经车间、班组级安全和技能培训，考试合格后，方可上岗作业。

五、特种作业人员

特种作业是指容易发生事故，对操作者本人、他人的安全健康及设备、设施的安全可能造成重大危害的作业。国家应急管理部门对特种作业范围有明确规定。其中，铁路行业涉及的特种作业有焊接与热切割作业、电工作业、高处作业、制冷与空调作业等。如果从事特种作业的人员不经安全技术培训，就不能掌握特种作业的基本知识和操作安全要求，作业中很容易导致人身伤亡事故发生。

案例

2014年11月24日14时左右，浙江省温州市瓯海区郭溪街道，金某某带着铁管、废铁、电焊机，到朋友郑某某的五金店里帮忙搭雨棚。因金某某没有电焊证，也未经过任何培训，焊接铁架时，电焊火花掉下，引燃北面隔墙上的塑料布，火势很快蔓延到塑料布下面皮鞋厂后院堆放的海绵等鞋料。虽经扑救，但火势难以控制，大火从皮鞋厂的一楼烧至五楼。大火扑灭后，人们在仓库里发现员工占某、田某、郑某的尸体。经鉴定，3人都是在燃爆过程中，被烟熏致死。

为避免特种作业人员作业风险，根据《中华人民共和国安全生产法》《特种作业人员安全技术培训考核管理规定》，制定预防措施：

1. 特种作业人员应经专门的安全技术培训并考核合格，取得特种作业操作证后，方可上岗作业。

2. 离开特种作业岗位6个月以上的特种作业人员，应当重新进行实际操作考试，经确认合格后方可上岗作业。

3. 特种作业操作证有效期为6年，每3年复审1次。

4. 生产经营单位应建立健全特种作业人员培训、复审档案，做好申报、培训、考核、复审的组织工作和日常检查工作。

六、特种设备作业人员

除从事房屋建筑工地和市政工程工地起重机械、场（厂）内专用机动车辆作业及其相关管理人员外，锅炉、压力容器（含气瓶）、压力管道、电梯、起重机械、客运索道、大型游乐设施、场（厂）内专用机动车辆等特种设备的作业人员及其相关管理人员统称为特种设备作业人员。特种设备作业人员的作业种类与项目目录由国家市场监督管理部门统一发布。铁路行业涉及的特种设备有电梯、锅炉、救援吊、轨道吊、航吊、挖掘机、装载机等。在生产过程中，如果从事使用、维护和管理特种设备的人员，不经过专门的安全培训，作业中就很容易违反操作规程或违章指挥，引发爆炸、挤压、坠落等人身伤亡事故。

案例

2013年1月29日，浙江省慈溪市施山社区某制面店，因司炉工回河南老家，面店老板为维持正常营业，临时指派无锅炉操作资质的王某替代司炉工作。锅炉运行中，王某未察觉锅炉升温过快、持续超压，5天后锅炉突然爆炸，造成5人死亡、6人受伤。

为避免特种设备作业人员作业风险，根据《中华人民共和国特种设备安全法》《特种设备作业人员监督管理办法》，制定预防措施：

1. 特种设备作业人员应经专门的安全技术培训并考核合格，取得特种设备作业人员证，方可上岗作业。特种设备作业人员证每4年复审一次。

2. 用人单位应制定特种设备操作规程和有关安全管理制度，建立特种设备作业人员管理档案，并为其提供必要的安全作业条件。

3. 特种设备作业人员应持证上岗，严格执行特种设备操作规程和有关安全规章制度；发现事故隐患或不安全因素，应当立即向现场管理人员和单位有关负责人报告；特种设备运行不正常时，应拒绝违章指挥，按操作规程采取有效措施保证安全。

4. 特种设备经营、使用单位及其主要责任人，对其经营、使用的特种设备安全负责，不得随意改装。

七、新工艺、新技术、新材料、新设备设施使用人员

随着科技发展，各种新工艺、新技术、新材料、新设备设施（“四新”）不断投入使用，现场作业人员短时间内不能全面掌握新技术、新规则的要求，难以了解“四新”带来的人身安全风险，在生产使用维护过程中，容易出现操作不适应、不熟练。如果惯性沿用传统经验和方法作业，不仅可能损坏设备，甚至危及行车和人身安全。

案例

2011年7月23日19时30分，某铁路局甬温线温州南站，沿线铁路牵引供电接触网或附近大地遭雷击后，通过大地阻性耦合或空间感性耦合，在信号电缆上产生浪涌电压。在多次雷击浪涌电压和直流电流共同作用后，新投入运用的通号集团LKD2—T1型列控中心设备采集驱动单元采集电路电源回路中的熔断器F2熔断。熔断前，温州南站列控中心管辖区间轨道无车占用，因温州南站列控中心设备严重缺陷，导致后续时段实际有车占用，列控中心设备仍按熔断前无车占用状态控制输出，致使温州南站列控中心设备控制的区间信号机错误升级保持绿灯状态。此次雷击造成的信号设备升级，使永嘉至温州南区间由杭州开往福州南站的D3115次列车在故障区段前停车7 min后转目视模式继续运行，在占用闭塞分区的情况下，向后续追踪的北京南开往福州站的D301次列车发送区间空闲码，调度指挥人员也未能及时提醒后续追踪的D301次列车注意运行，导致D301次列车以99 km/h速度与前方16 km/h速度运行的D3115次列车在永嘉站至温州南站K583+831处发生追尾。事故造成40人死亡、172人受伤。

事故现场

为避免新工艺、新技术、新材料、新设备设施使用人员作业风险，根据《中华人民共和国安全生产法》《安全生产培训管理办法》《企业安全生产标准化基本规范》和《铁路技术管理规程》，制定预防措施：

1. 生产经营单位采用新工艺、新技术、新材料或者使用新设备设施（“四新”），应了解、掌握其安全技术特性，采取有效安全防护措施。

2. “四新”投入应用前，企业应根据新的操作规程、竣工图纸等技术文件，制定作业办法，设备维护、应急处置办法和管理细则等。

3. “四新”投入应用前，企业应对有关作业人员进行专门的安全生产和职业卫生教育培训，确保其具备相应的安全操作、事故预防和应急处置能力，未经培训或培训不合格，不得上岗作业。

八、临时聘用、业务外包人员

临时聘用人员是指为完成临时或特定任务，与企业签订短期合同的劳动者；业务外包人员是指受外包单位或机构派遣参与企业正常生产经营活动，与企业自身未直接签订劳动合同的劳动者。这些人员虽掌握一定技术，能熟练操作一些设备，但对企业规章制度和作业方法不熟悉，特别是临时聘用的农民工，对铁路标志标识、设备设施、生产过程、安全注意事项和应急救护知识有可能一无所知。如果对临时聘用和业务外包人员不进行针对性安全培训，直接安排其上岗，极易导致人身伤亡事故发生。另外，铁路企业为处置突发事件或完成事故抢险救援等任务，往往在现场会临时雇用农民工和具有特种技能的人员参与抢险，这种情况虽然来不及签订劳动合同，但在口头劳动报酬等约定上已经构成了雇佣关系。如果对这些人员不讲清任务风险和突发情况时的应急逃生预案，直接安排进入作业现场，同样存在人身安全风险。

案例

2014年11月25日17时25分，某铁路局青荣城际铁路莱阳至海阳北区间，业务外包单位临时聘用的2名农民工，在无正式员工带班的情况下，擅自打开栅栏门上道补砟。D5232次试验列车通过时，将这2名农民工当场撞死。

为避免临时聘用和业务外包人员作业风险，根据《中华人民共和国安全生产法》，制定预防措施：

1. 临时聘用和业务外包人员，应经段或分（子）公司级安全和技能培训，考试合格后，方可上岗作业。

2. 临时聘用但未签订合同人员，应经现场安全培训，并在在职人员带领或监护下作业，严禁单独作业。

九、承包商（含供应商）人员

承包商、供应商是指合同中的供方（以下统称承包商）。铁路企业为提升运输效率、提高设备质量、增强安全保障和应对突发事件，需要承包商完成设计、施工、监理、科研试验、设备安装和调试、参与事故抢险救援等任务。如果承包商对铁路企业安全规章和运输组织不熟悉，人员素质参差不齐，特别是承包商雇用的农民工安全防范意识不强、自我约束能力差，作业现场很容易出现违章指挥、违章作业，甚至发生人身伤亡事故。所以，对承包商相关人员进行安全培训至关重要。

案例

2014 年 4 月 26 日，河南省安阳市某工程公司承揽京广线汤阴站防护栅栏工程后，某铁路局某建筑段未对施工单位相关人员进行安全培训，擅自批准并配合施工单位在南岔区西侧进行栽桩作业。16 时 51 分，1 名劳务工横越线路时，被通过的 K630 次旅客列车撞轧身亡。

2003 年 11 月 15 日 9 时 50 分，某铁路建设集团公司在京广线内邱至官庄间 K358+674 ~ K359+871 处进行提速改造施工。施工前承建单位安全培训不到位，培训流于形式。施工间歇期间，4 名作业人员回驻地拿东西，在穿越下行线时，被通过的 T91 次列车撞轧。事故造成 3 人当场死亡、1 人重伤。

为避免承包商人员作业风险，根据《中华人民共和国安全生产法》《建设工程安全生产管理条例》，制定预防措施：

1. 承包商项目经理、副经理，安全、技术、质量等主要负责人和监理人员，应由项目建设单位每年组织 1 次安全培训、考试，合格后方可任职。

2. 承包商安全员、防护员、联络员、工班长和带班人员，应由设备管理单位每年组织 1 次培训、考试，合格后方可上岗。

3. 承包商全体人员（含雇用人员），应执行先培训后上岗制度，由承包商每年至少组织 1 次安全教育培训，经考核合格后方可进入作业现场。

4. 建设单位和设备管理单位，应对承包商全体人员（含雇用人员）安全培训考试情况进行监督抽查、督办整改。

5. 承包商雇用人员，应在与承包商签订劳动合同的人员带领或监护下作业，严禁单独作业。

十、检查、学习、指导等外来人员

外来人员是指短期进入生产区域进行检查、学习、指导、参观、技术服务等现场活动的非本单位人员。铁路生产区域主要是指铁路线路、车站行车室、机车检修库、变配电所、信号机械室、通信机房、易燃易爆危险品库房等。外来人员进入生产区域前，如果不把安全注意事项及应急预案等告知他们，就可能给他们带来人身安全风险。

案例

2005 年 2 月 1 日，某铁路局宁西线某变电所，铁路驻站民警协同当地派出所一行 4 人，到变电所就治安问题进行走访。变电所值班员只告知来访者禁止进入触电区域，未提醒注意通道障碍。走访结束后，当地派出所民警陈某某在出变电所控制室时，被门口防鼠挡板绊倒，导致腿部及右手摔伤。

为避免检查、学习、指导等外来人员人身安全风险，根据《中华人民共和国安全生产法》《企业安全生产标准化基本规范》《用人单位劳动防护用品管理规范》，制定预防措施：

1. 了解外来人员意图，办理登记等手续。

2. 向外来人员介绍企业生产情况，告知安全规定、危险有害因素、应急知识等。

3. 为外来人员提供个体防护用品，并指导其正确使用。

4. 指定路线，专人引领，全程监护。上线路时，应设专职防护员。

练习题

一、单选题

1. 承包商全体人员（含雇用人员），应执行先培训后上岗制度，由承包商（　　）至少组织一次安全教育培训，经考核合格后方可进入作业现场。

A. 每年　　B. 每半年　　C. 每季度　　D. 每月

2. 离开特种作业岗位（　　）以上的特种作业人员，应重新进行实际操作考试，经确认合格后方可上岗作业。

A. 3 个月　　B. 6 个月　　C. 1 年　　D. 2 年

二、多选题

1. 铁路行车有关人员在任职、提职前，应进行拟任岗位资格性培训，考试合格，并经职业技能鉴定和考试考核，取得相应（　　）后，方可任职。

A. 上岗证　　B. 合格证

C. 作业许可证　　D. 职业资格证书

E. 岗位培训合格证书

2. 检查、学习、指导等外来人员进入生产区域，应（　　）。

A. 指定路线　　B. 自主参观

C. 专人引领　　D. 全程监护

E. 自行监护

三、判断题

1. 生产经营单位员工在任职期间，应定期参加岗位适应性培训和业务考试，考试不合格，不得继续履职。（　　）

2. 特种作业人员应经专门的安全技术培训并考核合格，方可上岗作业。（　　）

3. 承包商雇用人员，应在与承包商签订劳动合同的人员带领或监护下作业，严禁单独作业。（　　）

第二节　劳 动 保 护

一、职业危害因素

职业危害因素是指在职业活动中，危害劳动者身体健康的物理性、化学性、生物性等各种有害因素的总称。铁路企业常见的职业危害因素有粉尘、噪声、电磁辐射、有毒有害气体等。长期在危害场所作业的人员，面临罹患职业病的风险。

案例

2003 年 9 月 15 日，广东省深圳市某五金制品厂，三氯乙烯清洗车间安装有降低有害气体浓度的工业排风扇，但冲压车间无相应劳动防护措施。厂方盲目加快生产进度，违规将清洗作业从清洗车间移至冲压车间，生产中导致 4 名女工中毒。

为避免职业危害因素带来的人身安全风险，根据《中华人民共和国职业病防治法》，制定预防措施：

1. 用人单位应采用有效的职业病防护设备设施，提供防护用品，定期对工作场所职业危害因素进行检测、评价。

2. 从业人员应遵守操作规程，正确使用劳动防护设备设施和防护用品。

3. 用人单位应组织从事接触职业病危害的从业人员，在上岗前、在岗期间和离岗时进行职业健康检查，并书面告知检查结果。

二、班中着装

按规定穿工作服和使用劳动防护用品是铁路员工劳动保护的重要措施。根据工作性质，铁路各专业都设计配备了符合自己专业安全特点的工作服和劳动防护用品。另外，铁路管理部门为现场作业人员还专门制作了防护服。铁路防护服在设计上采用了橙、黄两种颜色，夜间具有反光功能，这主要是为便于作业中遇紧急情况时及时发现、采取措施，避免造成人身伤害。

案例

2014年8月17日3时38分，某铁路局天津电务段管内，京沪线南仓站111号道岔反位无表示。在处理故障中，南仓信号工区工长孙某某在防护服外套穿了没有反光警示标志的老式雨衣后，赶赴现场，单人上道处理故障。电务驻站联络员到达行车室后，忙于道岔扳动实验和机械室检查，未及时通知现场列车运行情况。3时46分，K52次列车通过南仓站时，将正在处理故障的孙某某撞轧致死。之后，列车连续通过北仓、汉沟镇、杨村站，到廊坊北站技术停车时乘务员才发现机车前端有被撞轧人员。

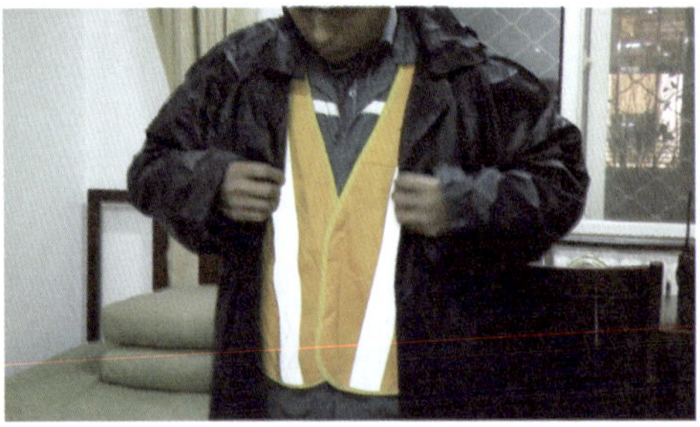

事故模拟场景

事故模拟场景

为避免班中着装不规范带来的人身安全风险，制定预防措施：

1. 行车有关人员执行任务时，应按规定着装，佩戴劳动防护用品。
2. 作业中工作服应着装整齐、扣紧纽扣、紧身利落。
3. 作业不得穿高跟鞋、凉鞋、拖鞋、塑料底鞋和带钉子的鞋。

三、劳动防护用品选择与采购

劳动防护用品是用人单位为从业人员配备，使其在劳动过程中免遭或减轻事故伤害及职业病危害的个体防护装备。《用人单位劳动防护用品管理规范》规定，劳动防护用品应由用人单位提供；用人单位使用的劳务派遣工、接纳的实习学生应纳入本单位人员统一管理，并配备相应的劳动防护用品；对处于作业地点的其他外来人员，应按照与进行作业的劳动者相同的标准，正确佩戴和使用劳动防护用品。劳动防护用品质量直接关系着从业人员的安全与健康，选择适合劳动的防护用品，采购符合国家和行业标准的劳动防护用品，是保障从业人员职业健康的重要环节。如果用人单位劳动防护用品选择不当，配备标准不满足作业现场需求，甚至采购未经检验、鉴定、不符合标准的劳动防护用品，就不能保证从业人员的安全与健康。

案例

2011 年 6 月 20 日 13 时 58 分，贵州省都匀市某建筑工地，钢筋工娄某某和黄某某一起去伙房吃饭，经过工地水龙头时，突然从建筑物上掉下一块木板，正好砸在黄某某头部，安全帽瞬间被砸成碎片。黄某某鲜血直流，头骨破裂。后经调查发现，该工地负责人为节约成本，所购置的安全帽都是伪劣产品。

为避免劳动防护用品选择与采购不规范带来的人身安全风险，根据《用人单位劳动防护用品管理规范》，制定预防措施：

1. 用人单位应根据工作场所危险、有害因素种类及危害程度、劳动环境条件、防护用品有效使用时间，制定适合本单位的劳动防护用品配备标准。

2. 按照识别、评价、选择的程序，结合作业方式和工作条件，选择防护功能和效果适用的劳动防护用品。

3. 不得选择和采购无安全标志、生产许可证、产品合格证，不符合国家和行业标准的劳动防护用品。

四、劳动防护用品使用一般要求

铁路劳动防护用品是指铁路从业人员在生产过程中保障人身安全与健康所必备的防御性装备，它对于减少职业危害起着十分重要的作用。铁路行业常用的劳动防护用品有安全带、安全绳、绝缘手套、绝缘鞋、安全帽、防毒护具等。如果使用前不检查劳动防护用品的状态，不按规定周期对劳动防护用品进行检测试验，作业中劳动防护用品不正确使用、超寿命周期使用等，都将使劳动防护用品失去安全保障作用，使从业人员面临职业危害风险。

案例

2012 年 8 月 13 日，某铁路局在肃宁西站组织接触网施工作业，职工张某某未正确佩戴安全帽，在梯车上挂安全带时，身体未保持好平衡，不慎从梯车上坠落，后经抢救无效死亡。

●事故模拟场景

●事故模拟场景

为避免劳动防护用品使用不规范带来的人身安全风险，根据《用人单位劳动防护用品管理规范》《劳动防护用品配备标准》，制定预防措施：

1. 劳动防护用品使用前，应仔细检查是否有效，不得超过出厂标示的有效期使用。

2. 进入生产场所的人员，应按规章制度和劳动防护用品使用规则正确佩戴和使用劳动防护用品。

3. 绝缘手套、绝缘鞋除按期更换外，每半年应检测一次绝缘性能；安全带、安全绳每年应进行一次拉力试验。

4. 用人单位应定期对劳动防护用品使用情况进行检查。

5. 公用劳动防护用品应由车间或班组统一保管、定期维护。

6. 用人单位应对劳动防护用品进行经常性维护、检修，定期检测其性能和效果，保证其完好有效。

7. 安全帽、呼吸器、绝缘手套等安全性能要求高、易损耗的劳动防护用品，应按有效防护功能最低指标和有效期，到期强制报废。

五、安全帽使用

合格的安全帽能缓冲、分散瞬间冲击力，避免或减轻头部直接伤害，是防止冲击物伤害头部的主要劳动防护用品。如果在头部可能受到伤害的作业环境下，不戴安全帽或不正确使用安全帽，将使作业人员面临头部被砸、被撞击致伤，甚至失去生命的危险。

案例

2023年5月26日，某供电段变电检修车间进行变电所断路器检修作业。由于天气较热，职工王某某坐在断路器的背阴面休息，将安全帽取下放到地上。另一职工张某在杆顶紧固断路器线夹时，由于用力过猛，不慎将扳手掉落，正好砸在王某某头上，造成其重伤。

为避免安全帽使用不规范带来的人身安全风险，根据国家标准《安全帽》规定，制定预防措施：

1. 遇有高处作业、有限空间作业、有飞来或坠落物体场所，头部可能碰撞到尖锐、坚硬物体等可能受到伤害处所，应戴安全帽。

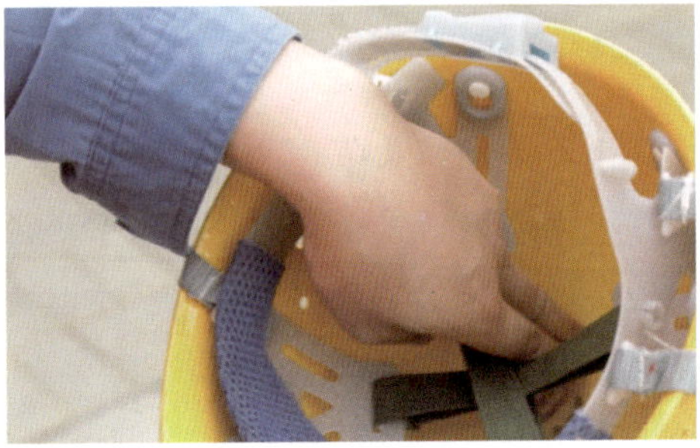

2. 安全帽使用前，应确认外部完整无损，内部帽衬顶端与帽壳内顶保持 25 ~ 50 mm 间隙。发现安全帽有开裂、下凹、老化、裂痕和磨损等情况，不得使用。

3. 安全帽使用时，应戴稳戴正，并调整好帽箍，系紧下颏带。

六、安全带使用

安全带是防止高处作业人员发生坠落或发生坠落后将作业人员安全悬挂的个体防护装备。作业人员有时因作业时间短或嫌麻烦、图省事，心存侥幸，往往在高处作业中不使用安全带，这就失去了对高处作业的安全保障作用，面临高处坠落风险。另外，如果在高处作业中，“低挂高用”安全带，就会人为突破安全带有效保护行程，坠落时重力加速度会增加安全带冲击负荷，使安全带断裂；受力瞬间还会使作业人员腰部受伤，或在空中摆动撞击，造成其他部位伤害。因此，安全带使用应遵循“高挂低用”原则。

低挂高用与高挂低用对比

案例

2000 年 6 月 1 日 9 时 55 分，某变电所员工谷某和孟某某，共同清扫 1 号主变压器门型架绝缘子。当清扫完第一串绝缘子，谷某解开安全带，在安全带还没有重新系牢的情况下，便向第二串绝缘子移动。在移动过程中，谷某身体突然失去重心，从 6 m 高的门型架上坠落，当场死亡。

为避免安全带使用不规范带来的人身安全风险，根据国家标准《安全带》，制定预防措施：

1. 坠落高度 2 m 及以上作业应系安全带，作业中不得以任何理由停止或间断使用安全带。

2. 安全带使用前，应确认外观完好，保险环功能有效。

3. 安全带使用时，应正确佩戴，连挂牢固，扣好保险环。

4. 一般情况下，安全带应“高挂低用”，防止摆动。

七、绝缘手套使用

绝缘手套由橡胶、乳胶、塑料等材料制成，具有防电、防水、防化、防油、耐酸碱等功能，是间接带电作业中的辅助性劳动防护用品。有作业人员认为间接带电作业已经有了主要防护措施，绝缘手套只是冗余措施，作业时戴上绝缘手套很不方便，也不习惯。事实上，如果现场间接带电作业不使用绝缘手套，就很有可能造成作业人员电击伤害。

案例

1987 年 9 月 22 日，云南省滇南地区连续降雨，空气潮湿，某变电站助理值班员于某某在准备清扫 1 号主变压器时，未对绝缘手套进行气密性检查，便直接戴上已经破损的手套去手动断开 1011 隔离开关。在 1011 隔离开关刀闸分离瞬间，泄漏电流通过隔离开关传动杆将于某某右手部严重电伤。

为避免绝缘手套使用不规范带来的人身安全风险，根据《普速铁路接触网安全工作规则》《牵引变电所安全工作规程》，制定预防措施：

1. 隔离开关手动倒闸及利用绝缘杆等间接带电作业时，应戴绝缘手套。

2. 绝缘手套使用前应进行外观检查，如有发黏、裂纹、破口、气泡、发脆等情况，禁止使用。

3. 绝缘手套使用前应进行气密性检查。具体方法为将手套从口部向上卷，用力将空气压至手掌及手指部位，检查有无漏气，如有漏气禁止使用。

4. 使用绝缘手套时，应将上衣袖口套入手套筒口内。

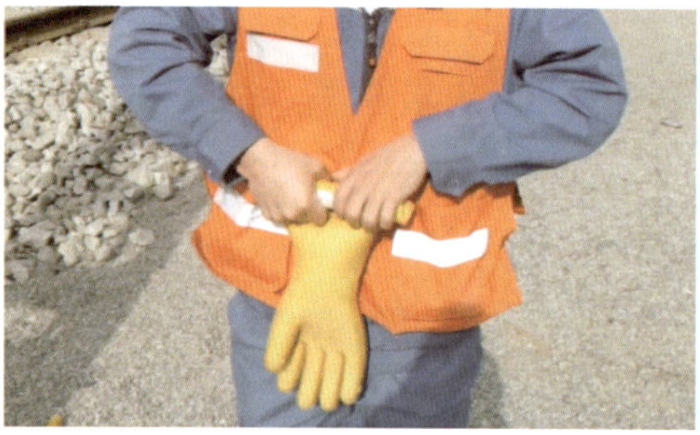

八、女职工劳动保护

女职工在月经期、怀孕期和哺乳期，作业环境和作业强度等因素带来的安全风险可能会使女职工自身及孕婴健康受到伤害。因此，在此期间女职工应享有与其他从业人员不同的劳动待遇。

案例

2015 年 2 月，浙江某服装店生意兴隆，工作繁忙，员工每天工作都在 12 h 以上。销售员吴某发现自己怀孕后，多次提出休息，未获批准。2 月 28 日 22 时，吴某终因劳累过度，在店内值班中晕倒，第二天醒来发现自己躺在医院，胎儿已流产。

为避免女职工劳动保护不规范带来的人身安全风险，根据《女职工劳动保护特别规定》，制定预防措施：

1. 女职工在月经期，不得安排从事高空、低温、冷水和国家规定的三级体力强度的劳动。

2. 女职工在怀孕期，不得安排从事三级体力强度和孕期禁忌从事的劳动，不得延长劳动时间；对不能胜任原劳动的，应减轻劳动量或安排其他劳动；怀孕7个月及以上时，不得安排夜班，并安排一定时间休息。

3. 女职工在哺乳期，不得安排从事三级体力强度和哺乳期禁忌从事的劳动，不得延长劳动时间，不得安排夜班。

违章模拟场景

违章模拟场景

九、扛抬重物

人力搬运或装卸重物时，往往需要多人共同参与进行。如果用力不均、动作不协调或受空间环境限制等因素影响，容易造成扛抬重物人员扭伤、砸伤、致残等伤害。

案例

2012年10月11日10时40分，某铁路局电务公司，在朔黄铁路公司肃宁北站，雇用4人抬运BES—1600型扼流变压器上道。行至护坡处，后方抬运民工刘某某不慎滑倒，扼流变压器落地，将其右脚砸伤。

为避免扛抬重物工作中的人身安全风险，制定预防措施：

1. 扛抬重物时，应采取防护措施，男性单次扛抬重物不得超过50 kg，女性不得超过20 kg。

2. 搬运及装卸重物时，应尽量使用机械作业。
3. 多人扛抬时，应统一指挥、动作一致。
4. 夜间作业应有充足照明。
5. 禁止负重登高。

十、腐蚀性化学品使用

腐蚀性化学品主要是指强酸、强碱和对人体具有腐蚀性的化学品，这些化学品能灼伤人体组织并对金属物品造成损坏，如硫酸、氢氧化钠、氨水等。铁路给水所消毒使用的盐酸、二氧化氯等都属于腐蚀性化学品，如果操作使用不当，就会对人体造成严重伤害。

案例

2007 年 12 月 22 日，某铁路公司定州西站给水所，委外单位值班员李某某在未戴防护眼镜的情况下，向二氧化氯发生器加注盐酸。加注过程中，李某某感到盐酸气体刺激眼部，视觉模糊，匆忙撤离时不慎将盐酸洒在身上，造成衣物腐蚀、皮肤灼伤。

为避免腐蚀性化学品使用中的人身安全风险，制定预防措施：

1. 腐蚀性化学品作业，应戴防护手套、防护眼镜，穿防护服，并执行危险化学品安全操作规定。

2. 作业后应及时清除遗留、洒落药液，封存剩余化学品。

3. 作业后应及时洗手，清洗使用过的劳动防护用品。

练习题

一、单选题

1. 安全带应（　　），防止摆动。

A. 高挂低用　　B. 高挂高用　　C. 低挂低用　　D. 低挂高用

2. 进入生产场所人员，应按（　　）正确佩戴和使用防护用品。

A. 规章制度

B. 劳动防护用品使用规则

C. 规章制度和劳动防护用品使用规则

D. 个体安全需求

二、判断题

1. 企业不得选择和采购无生产许可证的劳动防护用品。（　　）

2. 高处作业可根据情况间断使用安全带。（　　）

第三节　高 处 作 业

一、高处作业一般要求

人们靠“视觉流场”控制自己的姿势和运动，一般情况下，大脑指挥身体做出动作幅度是以视野中物体的相对运动为参照对象的。人在高处往下看时，物体大幅度缩小，眼睛无法在水平位置找到实物进行水平运动参照，于是人体平衡系统崩溃，继而出现类似舟车晕浪似的眩晕，无法定位。医学上认为，这是人体怕坠落自身保护系统造成的生理性紧张，导致脑供血不足，头晕目眩，继而使身体失去平衡。所以，高处作业容易发生坠落事故。国家标准《高处作业分级》规定，在距坠落高度基准面 2 m 及以上有可能坠落的高处进行的作业，称为高处作业。《特种作业人员安全技术培训考核管理规定》中明确，专门或经常从事高处作业人员，应按特种作业规定，经专门培训并办理特种作业操作证。铁路涉及的高处作业主要有车顶作业，护坡、桥梁、隧道顶部作业，支柱、机柱、杆、塔、梯子作业，接触网、灯桥作业，建筑物、构筑物边沿作业等。高处作业容易出现失稳、滑脱情形，如果防护措施不到位或操作失误，就有可能发生高处坠落事故。

案例

2003 年 3 月 15 日，某铁路局厦门供电段城口接触网工区，在鹰厦线麦园至城门间 123 号桥上，利用天窗进行接触网悬挂检修和清扫绝缘子作业，接触网工丁某某从作业车平台攀登至 219 号支柱上部，在右手将安全带一端绕过钢支柱，左手准备接应时脚下打滑，不慎从 18 m 高的支柱上坠落至河床，后经抢救无效死亡。

2015 年 7 月 20 日 10 时 05 分，某铁路局某工务段汉源桥路车间南尔岗桥路检养工区，在成昆线甘洛至南尔岗间 K323+824 小桥处天窗点外进行梁体补修作业，1 名工长从距地面 3.3 m 高的吊架上坠落，后经抢救无效死亡。

为避免高处作业不规范带来的人身安全风险，根据铁路行业标准和《普速铁路工务安全规则》《普速铁路接触网安全工作规则》，制定预防措施：

1. 高处作业应派人监护，无人监护不得进行高处作业。

2. 高处作业人员应每两年体检 1 次，被诊断为心脏病、精神病、癫痫、聋哑、色盲、高血压等不适合高处作业人员，不得从事高处作业。

3. 高处作业应戴安全帽、系安全带，安全带应挂在牢固可靠的构件上，鞋底应防滑。

4. 高处电焊与气割作业时，应用标准的防火安全带，不得使用耐热性差的尼龙安全带。

5. 借用支撑物进行高处作业时，支撑物应稳固可靠。

6. 雷雨、冰雪、能见度低及六级以上大风等恶劣天气条件下，禁止露天登高作业。

7. 禁止高压设备或线路等现场无遮拦防护登高作业。

二、高处作业工具、材料传递

国家标准《高处作业分级》规定，高处作业人员或物件可能坠落的半径分别是：一级高处作业高度为 2 ~ 5 m，坠落半径为 3 m；二级高处作业高度为 5 ~ 15 m，坠落半径为 4 m；三级高处作业高度为 15 ~ 30 m，坠落半径为 5 m；特级高处作业高度为 30 m 以上，坠落半径为 6 m。高处作业上下传递工具、材料时，有作业人员为节省时间、图省事，有时会简化作业程序，采用上下抛掷方式进行，这样就很容易使作业人员在接物件时重心位移，身体失去平衡发生坠落，或被上下抛掷的物件砸伤、剐伤。另外，坠落物也极易砸伤地面人员。

案例

2012年12月9日，某铁路局在石太线安装高柱信号机时，地面配合人员刘某某向信号机上作业人员抛递扳手，结果扳手撞击信号机机柱后弹回落下，将其后背砸伤。

为避免高处作业工具、材料传递中的人身安全风险，根据《建筑施工高处作业安全技术规范》，制定预防措施：

1. 高处作业应使用专门用具传递工具、材料，不得上下抛掷。
2. 高处作业使用的工具、材料等应有防坠落措施。
3. 在可能坠落半径范围内禁止人员停留，必须停留时，应戴安全帽。
4. 禁止携带笨重物件登高作业。

三、利用梯子作业

梯子是人们生产、生活和工作中常用的可移动登高工具。铁路行业经常使用梯子登高作业的有工务、通信、信号、接触网、房建、后勤等专业。使用梯子登高作业时，如果梯子结构不牢、底部支撑不稳、角度过大、立梯上端支点活动、顶部悬空过长等，都有可能使梯子倾倒、滑落，导致作业人员坠落。

案例

2023年10月4日，某供电段接触网作业组利用梯子处理接触网悬挂部件缺陷。立梯子时，未发现梯脚处地面有空洞。作业人员常某某在登梯过程中，梯子突然向一侧倾斜，其随梯子一起倒向地面，造成右臂骨折。

为避免利用梯子作业中的人身安全风险，根据《建筑施工高处作业安全技术规范》《便携式金属梯安全要求》《便携式木梯安全要求》，制定预防措施：

1. 梯子应结实稳固，梯脚底部坚实，撑脚应有防滑措施，作业时，应有专人扶梯、监护。

2. 单梯梯面应与水平面成 75° 夹角，踏步不得缺失，梯格间距宜为 300 mm，不得垫高使用。

3. 单梯上端搭靠在钢管、线索等弹性或光滑支点时，上端应用安全绳固定，防止摆动滑移。

4. 金属梯不应在可能带电线路场合接触使用，靠近电气线路使用时，应采取可靠安全措施，并与带电线路保持安全距离。

5. 使用梯子进入高处平面（屋顶或平台）时，梯子应延伸到平面上方 1 m 处。在上方平面进入或离开梯子前，应确保梯子与上方平面可靠固定。

6. 延伸梯、单梯及踏板折梯只允许单人单侧使用，支架梯、双面梯允许单人双侧（前后面）分别使用。

7. 上下梯子时，应面向梯子，不得手持、肩扛器物。

8. 有人在梯子上时，不得挪动梯子进行重新定位。

9. 通道处使用梯子，应有专人监护或设置围栏。脚手架操作层上严禁架设梯子作业。

10. 固定式直梯攀登高度超过 3 m，宜加设护笼；超过 8 m，应设置梯间平台。

四、临边作业

临边作业是指在工作面边沿无围护或围护设施高度低于 800 mm 的高处作业，即坠落高差 2 m 及以上的楼板边、楼梯段边、屋面边、阳台边或坑、沟、槽、铁路桥梁、涵洞等无防护边沿的作业。在生活中，窗台外侧坠落深度在 2 m 及以上时，人们站在窗台探出身体擦拭玻璃，也属于临边作业。如果临边作业不采取防护措施，就容易发生作业人员、物品坠落等伤害事故。

案例

2012 年 2 月 29 日 9 时，湖南省华容县华府山庄 18 号楼施工中，木工杨某某在三楼阳台边沿 1.2 m 处，站在 1.5 m 高竹架凳上安装模板。当他安装完毕准备下来时，脚被竹架凳上突起的板楞绊住，身体失去重心，从三楼阳台坠落至一楼水泥地面，后经抢救无效死亡。

为避免临边作业中的人身安全风险，根据《建筑施工高处作业安全技术规范》《铁路技术管理规程》，制定预防措施：

1. 临边作业时，应在临空一侧设置防护栏杆，并应采用密目式安全立网或工具式栏板封闭；无防护措施时，应系安全带或安全绳。

2. 施工楼梯口、楼梯平台和梯段边，应安装防护栏杆；外设楼梯口、楼梯平台和梯段边还应采用密目式安全立网封闭。

3. 建筑物外围边沿处施工，未设外脚手架时，应设置防护栏杆；设有外脚手架时，应采用密目式安全立网全封闭。密目式安全立网应设在脚手架外侧立杆上，并应与脚手杆紧密连接。

4. 防护栏杆应采用黑黄或红白相间的条纹标示，立杆间距不大于 2 m，上横杆高度为 1.2 m，下横杆设置在上杆和挡脚板中间，挡脚板高度不应小于 180 mm。

5. 临边作业应设置安全警示标志，夜间应设红灯警示（注意：铁路沿线及站内禁止设置妨碍确认信号的红、黄、绿色的装饰彩布、标语和灯光）。

五、洞口作业

国家标准《建筑施工高处作业安全技术规范》中将洞口作业定义为孔、洞口旁边的高处作业。这里所说的洞口作业是指桩孔、人孔、沟、槽、坑、管道孔等有可能使人或物坠落的孔洞边沿作业，其坠落深度达到 2 m 及以上时，属《建筑施工高处作业安全技术规范》中的洞口作业。洞口作业时，如果不设防护或防护措施失效，施工人员、材料、机具就容易发生坠落，伤及自己和他人。另外，人员、车辆通行场所附近的洞口，还容易发生人员坠落或行车事故，造成人身伤害。

案例

2014 年 2 月 15 日 13 时，广东省湛江某公司新建浆纸厂房工地，项目部施工员罗某某找来附近8名村民清理厂房。村民徐某某打扫到三层墙角时，发现一块木板，不知道是楼面预留洞口盖板，当她掀开盖板时，身体失衡，从0.7 m^2的预留洞口坠下，摔至一层混凝土地面，后经抢救无效死亡。

为避免洞口作业中的人身安全风险，根据《建筑施工高处作业安全技术规范》，制定预防措施：

1. 有坠落危险的洞口，应设盖或防护，并有固定措施。

2. 垂直洞口短边边长小于500 mm，应采取封堵措施；垂直洞口短边边长大于或等于500 mm时，应在临空侧设置防护栏杆，并应采用密目式安全立网或工具式栏板封闭。

3. 非垂直洞口短边边长为25 ~ 500 mm时，应采用承载力满足使用要求的盖板覆盖，盖板四周搁置应均衡，且应防止盖板移位。

4. 非垂直洞口短边边长为500 ~ 1 500 mm时，应采用盖板覆盖或防护栏杆等措施，并应固定牢固。

5. 非垂直洞口短边边长大于1 500 mm及以上时，应在洞口作业侧设置防护栏杆，洞口应采用安全平网封闭。

6. 防护栏杆应采用黑黄或红白相间的条纹标示，立杆间距不大于2 m，上横杆高度为1.2 m，下横杆在上杆和挡脚板中间设置，挡脚板高度不应小于180 mm。

7. 洞口盖件应为黄或红白标志，洞口作业应设置安全警示标志，夜间应设红灯警示。

8. 洞口盖板应能承受不小于1 kN的集中荷载和不小于2 kN/m^2的均布荷载，有特殊要求的盖板另行设计。

9. 位于车辆行驶道旁的洞口盖板，应能承受不小于当地额定卡车后轮有效承载力2倍的荷载。

练习题

一、单选题

1. 高处作业中，在可能坠落半径范围内原则上禁止人员停留，必须停留时，应（　　）。

A. 戴安全帽　　B. 系安全带　　C. 穿防滑鞋　　D. 穿防护服

2. 使用梯子进入高处平面（屋顶或平台）时，梯子应延伸到平面上方（　　）m 处。

A. 1　　B. 2　　C. 3　　D. 4

二、多选题

1.（　　）等恶劣天气条件下，禁止露天登高作业。

A. 四级以上大风　　B. 雷雨

C. 冰雪　　D. 能见度低

E. 六级以上大风

2. 利用梯子作业时，梯子应（　　），作业时，应有专人扶梯、监护。

A. 结实稳固　　B. 外观整洁

C. 梯脚底部坚实　　D. 撑脚光滑

E. 撑脚有防滑措施

三、判断题

1. 利用梯子作业时，单梯上端搭靠在光滑支点时，下端应用安全绳固定，防止摆动滑移。（　　）

2. 临边作业中，防护栏杆应采用黑白或黄白相间的条纹标示。（　　）

3. 有坠落危险的洞口，应设盖或防护，并有防雨措施。（　　）

第四节　坑、井类作业

一、坑槽开挖作业

铁路行业涉及的坑槽开挖主要有管沟、电缆沟以及各类杆塔、支柱或建筑物基础坑等。坑槽开挖时，常受地形限制不能放坡或放坡过陡。如果在坑槽周围堆放重物，或受通行车辆扰动，很容易造成坑槽边坡坍塌，酿成掩埋、砸冲等人身伤亡事故。

案例

2002 年 7 月 31 日 15 时 45 分，某市政工程公司给水管沟施工。在清理完 2.2 m 深的沟底后，承担清理任务的 8 人中，5 人在沟内休息。由于管沟南侧底部向内掏挖 0.6 m，加之土质疏松，顶部堆土较厚，24 m 长管沟侧壁突然坍塌，导致 5 人被埋，事故最终造成 3 人死亡、1 人重伤、1 人轻伤。

为避免坑槽开挖作业中的人身安全风险，根据铁路行业标准，制定预防措施：

1. 坑槽靠近房屋、围墙时，应由施工技术人员提出施工防护方案并组织实施。

2. 在土质松软、不稳定且有坍塌地点挖坑时，应采取加固防护措施；对碎石、工业或建筑垃圾、沙层、高水位地层及在开挖过程中会发生坑壁坍塌危险的基坑，应在开挖时对坑壁进行防护支撑。

3. 坑槽开挖前，应在周围设置围栏、围挡等防护和警示标志，夜间设置红色警示照明标志，有防止行人坠入基坑的安全措施；铁路线路周边电缆沟或其他坑槽不能有效防护时，入夜前应回填恢复。

4. 开挖时，应确定开挖角度，当挖至规定深度时，应放置护坡支撑挡板，支撑挡板应固定牢固；开挖沙层土质应自上而下进行，严禁直立或掏空开挖；应经常检查边壁土质稳固情况，发现裂缝、疏松或支撑位移，应随时采取加固措施。

5. 堆放材料和施工机械应与坑边保持一定安全距离，坑边不得放置重物和工具，弃土应距坑边 0.6 m 以外，堆土高度不得超过 1.5 m。

6. 深基坑内作业人员应戴安全帽。多人挖土时，相互距离不得小于 3 m，禁止面对面开挖。禁止单人作业，严禁在挖方坡脚下、沟内休息和存放机具。

二、检查井盖作业

检查井盖是指用于连接、检查、维护管线和安装设备时，竖向通往地下设施的井口封闭物。铁路沿线及车站生产生活区，处处可见给水、排水、电力、通信等各类检查井盖，这些检查井盖丢失、破损、安装维护不当，就容易造成行人及车辆坠落，成为“马路陷阱”。我国每年因检查井盖造成的人身伤亡事故多次发生。

案例

2015 年 4 月 27 日 13 时 10 分，广东省深圳市龙岗区愉龙路，一家 3 口在人行道上行走。抱着女儿的桑某某踩上污水管检查井盖时，井盖突然翻转，她在坠落瞬间，将女儿奋力托出。丈夫杨某急忙下井施救，2 人因吸入沼气过多晕倒井内。被路人救出时，桑某某已经不幸身亡。

为避免检查井盖作业带来的人身安全风险，根据《城镇排水管道维护安全技术规程》，制定预防措施：

1. 检查井盖应安装牢固、可靠，并定期巡视、检查。

2. 发现井盖缺失、损坏、井口下沉等，应立即补充、更换、维修。

3. 检查井盖开启后，应立即设置防护栏或派人监护，且白天加挂三角红旗，夜间加点红灯。

4. 作业现场严禁明火，车辆行人不得进入作业区，遇繁华地区应派专人维护现场秩序。

练习题

一、单选题

坑槽开挖中，深基坑内多人挖土时，人员相互距离不得小于（　　）m。

A. 1.5　　B. 2　　C. 2.5　　D. 3

二、多选题

1. 对（　　）及在开挖过程中会发生坑壁坍塌危险的基坑，应在开挖时对坑壁进行防护支撑。

A. 碎石　　B. 工业垃圾

C. 建筑垃圾　　　　　　　　　D. 沙层

E. 高水位地层

2. 坑槽开挖中，应经常检查边壁土质稳固情况，发现（　　），应随时采取加固措施。

A. 裂缝　　　　　　　　　　　B. 地下管线

C. 疏松　　　　　　　　　　　D. 支撑位移

E. 障碍物

三、判断题

1. 在土质松软、不稳定且有坍塌危险地点挖坑时，应采取专人防护措施。（　　）

2. 铁路线路周边电缆沟或其他坑槽不能有效防护时，入夜前应回填恢复。（　　）

3. 检查井盖开启后应设防护，白天加挂三角红旗，夜间加点黄灯。（　　）

第五节　有限空间作业

一、有限空间管理

有限空间是指封闭或部分封闭，与外界相对隔离，出入口较为狭窄，作业人员不能长时间在内工作，自然通风不良，易造成有毒有害、易燃易爆物质积聚或氧含量不足的空间。构成有限空间需同时满足 3 个条件：一是容积足够大，人体能够完全进入；二是进出口有限或作业空间受到限制；三是设计为非长时间占用空间。有限空间分为密闭设备、地下有限空间、地上有限空间、冶金企业非标设备 4 类。如果企业对本单位有限空间数量、位置以及危险有害因素不清楚，或将有限空间作业发包给不具备国家规定资质的承包商作业，都有可能导致有限空间作业人身伤亡事故。

案例

2016年2月11日，某铁路公司某机务段，地源热泵故障停止供暖。2月13日，排查发现事故原因为穿越万吨站场宽3 m、高3 m、长496 m的泄洪涵洞中部，供暖管道向上拐角处冻结所致。2月20日13时40分，现场承包商组织9名作业人员携带两瓶液化气、两个喷嘴和喷灯等设备，进入涵洞拆开管道接头，直接用液化气烧烤解冻。作业中，烤燃管道保温层，易燃保温层聚氨酯泡沫沿管道快速自燃，并引燃同向敷设的电力电缆、保温材料和电缆绝缘层，产生大量有毒气体，6名作业人员先后跑出洞外，其余3人因一氧化氮中毒晕倒，无力爬出。救援人员15时27分到达现场展开救援，距离事故发生2 h 49 min后3名受困人员被救出涵洞外，并立即送往医院，后经抢救无效死亡。

为避免有限空间安全管理不到位带来的人身安全风险，根据《工贸企业有限空间作业安全管理与监督暂行规定》，制定预防措施：

1. 有限空间维护单位是有限空间作业安全的责任主体，其主要负责人对本企业有限空间作业安全全面负责，相关负责人在各自职责范围内对本企业有限空间作业安全负责。

2. 有限空间维护单位应对本企业有限空间进行辨识，确定有限空间数量、位置以及危险有害因素等基本情况，建立有限空间管理台账，并及时更新。

3. 有限空间作业发包给其他单位实施时，承包商应具备国家规定资质或安全生产条件，并签订安全协议或在合同中明确各自安全生产职责。有限空间维护单位应对承包商安全生产统一协调、管理，定期进行安全检查，发现问题及时督促整改。

4. 有限空间维护单位对其发包的有限空间作业安全承担主体责任；承包商对其承包的有限空间作业安全承担直接责任。

二、有限空间制度和规程

铁路企业各类塔、釜、槽、罐、炉膛、锅筒、管道、容器以及地下室、窨井、坑池等，封闭、半封闭场所均属有限空间。有限空间作业环境差，危害因素多，应急逃生难。如果有限空间维护单位不针对本企业特点制定相应管理制度和规程，就不能明确安全责任、规范作业流程，就违背了“管生产必须管安全”的原则，给有限空间作业人员带来安全风险，甚至酿成人身伤亡事故。

案例

2007年，北京某市政工程有限公司，将承揽的一住宅小区室外雨污水市政建设工程，分包给没有市政建设工程施工资质的某建筑工程有限公司。4月11日，分包公司工人王某某、李某某到B06地块21号南侧化粪池内进行抹灰搭架子作业。2人13时10分抵达现场，打开化粪池检查井盖进行自然通风后，没有采取强制通风措施，也没有佩戴隔离式呼吸保护器具，就盲目下井作业。15时40分，2人通过检查井进入化粪池时中毒晕倒。在地面进行测量作业的于某某发现后立即下井施救，也因中毒晕倒。在场其他工人发现后急忙将3人抢救出井，事故最终造成王某某和李某某死亡。

为避免有限空间制度和规程带来的人身安全风险，根据《工贸企业有限空间作业安全管理与监督暂行规定》，有限空间维护单位应建立下列安全生产制度和规程：

1. 有限空间作业安全责任制度。
2. 有限空间作业审批制度。
3. 有限空间作业现场安全管理制度。
4. 有限空间作业现场负责人、监护人员、作业人员、应急救援人员安全培训教育制度。
5. 有限空间作业应急管理制度。
6. 有限空间作业安全操作规程。

三、有限空间安全培训

从事有限空间作业的现场负责人、监护人员、作业人员以及应急救援人员，如果不清楚有限空间危害因素和防范措施，不掌握作业流程，盲目进入有限空间作业，就有可能因违规受到伤害。如果不会正确使用检测仪器，就可能导致在有限空间危害气体超标，或作业环境缺氧时不能被及时发现。如果不提前掌握紧急情况处理方法，一旦发生险情，就会手忙脚乱，不知所措，失去自救或延误最佳互救时机，甚至酿成人身伤亡事故。

案例

2012 年 5 月 21 日 8 时左右，山东省博兴县博城五路与乐安大街交叉口，新建住宅小区铺设光缆，通信施工队赵某某、于某某、马某等 6 人进行通信管道检查井内作业。由于忽视有限空间危害，赵某某入井 3 min 后感觉不适，以为哮喘发作，便匆忙出井。随后，于某某入井，5 min 后同样感觉不适，便立即沿梯子上爬，两次都未踩到第二层梯阶，之后就晕倒下去。见此情景，缺乏应急救援知识的井边工友马某，立即下井施救，结果自己也晕倒在井中。最后，井上人员向沿街商铺借来绳索施救，马某被成功救出，于某某被救出时已经死亡。

为避免有限空间安全培训不力带来的人身安全风险，根据《工贸企业有限空间作业安全管理与监督暂行规定》，制定预防措施：

1. 有限空间维护单位应对从事有限空间作业的现场负责人、监护人员、作业人员、应急救援人员进行专项安全培训。

2. 专项安全培训应包括下列内容：

（1）有限空间作业危险有害因素和安全防范措施。

（2）有限空间作业安全操作规程。

（3）检测仪器、劳动防护用品的正确使用方法。

（4）紧急情况应急处置措施。

3. 安全培训应有专门记录，并由参加培训的人员签字确认。培训考试不合格不得从事有限空间作业。

四、有限空间防护与标志

有限空间往往相对封闭、潮湿、缺氧，易造成有毒有害气体积聚，其出入口是有毒有害气体挥发的唯一通道，人员过分接近或探入有限空间出入口，就可能导致窒息晕厥、身体失衡，特别是遇有井、坑、池类有限空间，还容易造成坠落。如果有限空间出入口不设置安全警示标志，不采取防护措施，或防护措施功能失效，就可能使人员意识不到有限空间的危险，误入后容易导致跌落、溺水、中毒、缺氧窒息等伤害。

案例

2013 年 4 月 15 日上午，山东省聊城市东昌府区王桐东村，村边一个废弃机井无盖板，周围也无防护设施，几个儿童在井边玩耍时，1 名 3 岁男孩不慎坠入井中，后经抢救无效死亡。

为避免有限空间防护与标志使用不规范带来的人身安全风险，根据《中华人民共和国安全生产法》《工贸企业有限空间作业安全管理与监督暂行规定》，制定预防措施：

1. 有限空间明显处所应设置“有限空间，严禁入内”等警示标志和警示说明。

2. 有毒、易燃、易爆有限空间，应同时设置“严禁烟火”标志。

3. 有限空间应有防止人员打开或进入的门、盖、栏杆等防护装置，必要时应加锁。

五、有限空间作业审批

有限空间作业条件、方案、措施、组织、应急处置等审核审批，是有限空间维护单位管理人员履行自身安全职责，把控现场安全关键，保障作业安全条件的重要环节。但在实际作业时，作业人员往往急于完成任务，盲目高估自身作业能力，忽视有限空间危害，简化审批环节，导致在作业条件不具备、人员准备不足、防护措施不到位的情况下盲目作业，给自身安全埋下事故隐患。

案例

2022年11月15日中午，某炼油厂炼化车间暖气不热，初步判断是室外暖气沟内控制阀门问题。管道工李某某未向维修车间负责人汇报，也未经审批同意，就盲目打开井盖检查，进入暖气沟内调试阀门。由于暖气沟长时间未打开过，有毒气体积聚过多，李某某进入后不久，便中毒窒息，无力自救，导致死亡。

为避免有限空间作业审批不规范带来的人身安全风险，根据《工贸企业有限空间作业安全管理与监督暂行规定》，制定预防措施：

1. 有限空间作业前，应对作业环境进行评估，分析存在的危险有害因素，提出消除、控制危害的措施，制定有限空间作业方案，方案中应明确作业现场负责人、监护人员、作业人员及其安全职责。

2. 有限空间作业方案，应经作业单位的上级单位管理人员审核，负责人批准。

3. 有限空间作业未经审批，员工有权拒绝作业。

六、有限空间作业准备

有限空间作业准备，是有限空间作业安全的重要保障，它包括人员分工、危害因素交底、作业防护用品使用、应急处置方案介绍和危害场所通风等环节。另外，全员参与点名也十分关键，这是保障收工时全部人员能完全撤离有限空间的重要措施。如果作业准备流于形式，作业人员不了解有限空间危害因素，不掌握应急逃生方案，盲目进入通风不良的有限空间作业，极易发生伤亡事故。

案例

2013年6月23日8时40分，某消防安全工程有限公司2名工人进入一消防井进行维修作业，因缺氧窒息晕倒，1名工人经抢救无效死亡，1名工人受伤。后经现场检测，井底氧含量仅为1.6%（体积分数）。

2014 年 1 月 11 日 10 时左右，某水电技术开发总公司组织 31 人进入一电力管井进行敷设电缆作业。作业中，7 人因急性混合性气体中毒晕倒后溺水，其中 5 人经抢救无效死亡，2 人受伤。

为避免有限空间作业准备不到位带来的人身安全风险，根据《工贸企业有限空间作业安全管理与监督暂行规定》，制定预防措施：

1. 有限空间作业前，现场负责人应清点作业人员和工器具，并将作业方案和作业现场可能存在的危害因素、防控措施和应急预案等，告知所有作业人员和监护人员，监督作业人员按方案进行作业准备。

2. 监护人员应根据有限空间危险有害因素种类和危害程度，监督作业人员正确佩戴和使用防护用品。

3. 采取可靠隔断、隔离措施，将可能危及作业安全的设施设备、存在有毒有害物质的空间与作业地点隔开。

4. 有限空间内盛装或残留的物料对作业存在危害时，作业人员应在作业前对物料进行清洗、清空或置换。

七、有限空间作业通风与检测

有限空间具有空间封闭、狭小、空气不流通等特点，容易造成有毒、易燃气体积聚，所以“先通风、再检测、后作业”便成了有限空间作业的基本原则。但部分有限空间即使作业前换气通风，也难以避免有毒、有害气体重新积聚，给作业人员带来新的安全风险，而且这种环境气体风险往往无色无形，难以察觉，一旦中毒或窒息，会很快使人员呼吸受阻，意志丧失，无力自救。所以，如果作业前不对有限空间危害因素进行检测，就不能保障作业人员作业环境安全。如果作业中不对危害因素连续监测，就可能使作业人员面临新的无形风险，不能提前预警、安全撤离。

案例

2008 年 2 月 23 日 8 时左右，河南省濮阳市某化工集团有限责任公司新建年产30万吨甲醇项目，在调试氮气储罐控制系统时，连接管线上的电磁阀误动作打开，使储罐内氮气进入煤灰过滤器下部膨胀节吹扫氮气管线，由于该管线两个阀门中的一个未关闭，一个因阀内存有施工遗留杂物关闭不严，氮气窜入煤灰过滤器，导致煤灰过滤器内氧含量迅速减少。承担煤灰过滤器内部除锈作业的山东某安装建设有限公司，既未对作业设备采取有效隔离、又未对作业容器内氧含量进行分析，就安排作业人员进入煤灰过滤器作业。10时30分左右，1名作业人员因缺氧窒息晕倒，坠落容器底部，另外3名作业人员在施救过程中也因缺氧相继窒息晕倒。随后赶来的救援人员向煤灰过滤器中注入空气，将4人救出，其中3人经抢救无效死亡，1人经抢救脱离危险。

为避免有限空间作业通风与检测不规范带来的人身安全风险，根据《工贸企业有限空间作业安全管理与监督暂行规定》，制定预防措施：

1. 有限空间作业应严格遵守“先通风、再检测、后作业”的原则。检测指标包括氧浓度、易燃易爆物质浓度、有毒有害气体浓度。

2. 未经通风和检测合格，任何人员不得进入有限空间，检测时间不得早于作业开始前30 min。

3. 检测人员检测时，应记录检测时间、地点、气体种类、浓度等信息。检测记录经检测人员签字后存档。

4. 在有限空间作业过程中，应对作业场所中的危险有害因素进行定时检测或连续监测。作业中断超过30 min，作业人员再次进入有限空间，应重新通风、检测，合格后方可进入。

5. 检测人员应采取相应安全防护措施，防止中毒窒息等事故发生。

八、有限空间作业防护

进入有限空间作业时，作业人员身处阴暗潮湿、单调枯味、行动和视线受限的作业环境，往往因急于完成任务而忽视触电、火灾、爆炸、缺氧等安全风险。另外，有限空间作业中，采用纯氧通风换气危害更大，这是因为：一方面，氧气本身不靠酶催化就能与不饱和脂肪酸反应，并能破坏构成细胞生物膜主要成分的储存脂肪酸磷脂，导致人体细胞死亡；另一方面，氧气浓度过高，遇有外界触发条件很容易引起爆燃。有限空间内部构造复杂、弯道多、光线暗，作业人员往往会脱离监护人员视线，一旦遇险，监护人员很难及时察觉、快速处置。有限空间作业中不持续关注危害气体监测数据，不与作业人员保持联系，就不能为作业人员提供安全保障。

案例

2010 年 11 月 3 日 23 时 40 分，某道路工程在顶管作业过程中，新铺污水管线中间部位上方部分砂石料塌方，造成 3 名作业人员被堵在直径 1 m、长 10 m 的管道内。为防止被困人员缺氧窒息，工程项目部救援时，用钢管向管道内违规输入纯氧，导致被堵污水管于 11 月 4 日 2 时 30 分发生爆燃，造成 3 名作业人员死亡。

2014 年 7 月 25 日，某铁路公司某车间综合服务工区，进行污水集水井提升泵检修作业，工长安排王某某下井安装新泵。在井下作业过程中，王某某不断脚踏污水，造成污水表面结构层破坏，使有害气体积聚挥发。王某某感觉不适，向井外撤离，当接近井口伸手求助时晕倒，井上人员未能抓住，其又掉入井内。随后工长和其他人员相继下井施救，因有毒气体浓度过大致多人在井下晕倒，事故最终造成 4 人死亡。

为避免有限空间作业防护中的人身安全风险，根据《工贸企业有限空间作业安全管理与监督暂行规定》，制定预防措施：

1. 进入有限空间作业，应有防中毒、防触电、防火、防爆等措施和足够照明，并保持出入口畅通；交叉作业时，还应采取避免互相伤害的措施。

2. 有限空间作业中，应采取通风措施，保持空气流通，禁止采用纯氧通风换气。发现通风设备停止运转、有限空间内氧含量浓度低于或有毒有害气体浓度高于国家标准或行业标准规定的限值时，应立即停止有限空间作业，清点作业人员，撤离作业现场。

3. 监护人员不得离开作业现场，并与作业人员保持联系，发现异常，立即发出撤离警报，并采取措施帮助作业人员撤离逃生。

4. 严禁使用过滤式面具；严禁在可燃、爆炸性气体环境中使用火种。

九、有限空间作业收工

有限空间作业时，作业人员既要穿戴劳动防护用品，又要携带工具、材料、机具，且长时间滞留在阴暗、潮湿、缺氧和活动受限空间内，保持一种姿势体力劳动，极易造成心理压抑、疲惫，甚至作业结束无力爬出，困于有限空间。如果收工前不清点人数，就不能保证所有作业人员脱离有限空间风险。另外，作业结束不及时恢复防护设施就撤离现场，也极易对他人造成伤害。

案例

2001年9月5日，某化工厂对反应釜等设备进行全面停工防腐大修。防腐工程队为抢工期将45名工人按设备和空间大小，分为多个工段同时进行作业。18时30分收工后，未清点人数。23时休息时，发现缺少老职工李某某，便立即派人寻找，最后在反应釜内找到了他。原来李某某在作业时将脚扭伤，无法爬出设备，困于设备底部。

为避免有限空间作业收工中的人身安全风险，根据《工贸企业有限空间作业安全管理与监督暂行规定》，制定预防措施：

1. 有限空间作业结束后，现场负责人、监护人应及时清点人员、机具、材料。

2. 有限空间作业结束后，应及时恢复防护设施，确认盖好、锁好后，方准撤离现场。

十、有限空间应急救援

有限空间作业遇险应急救援难度大，一方面，救援人员须穿戴防护用品、携带照明和救援工具，行动十分不便；另一方面，有限空间通道狭窄，不能采取抱、抬、扛等露天正常救援手段，使受害者脱离险境。另外，遇有有限空间作业人员中毒或窒息晕倒，其他人员面对突如其来的意外情况，往往慌乱无措，意识不到被困人员周围有毒有害气体存在，慌乱中忘记穿戴防护用品就盲目进入有限空间实施救援，将自身置于危险境地，最终导致被救者未救起，自己也成为被救者。所以，有限空间作业人员不熟悉救助方法，不掌握救援预案，就很可能造成二次伤害或延误最佳救助时机。

案例

1998年10月1日，江苏省某集团有限公司污水处理站利用国庆放假时间，对长8.3 m、宽2.2 m、深2 m，上方仅留有面积为0.6 m×0.6 m洞口的封闭型清水池进行检修作业。当日气温高达31 ℃，清水池内硫化氢气体挥发加速。13时左右，前来清理的外来临时杂工徐某某，未意识到池内积聚的硫化氢气体已严重超标，未采取强制通风换气措施，仅头戴过滤式防毒面具（滤毒罐）就下池清理。40 min后，工友周某某发现徐某某未上来，预感情况不好，当即呼喊“救命”，慌乱中未穿戴防护用品就下池营救。租用该集团公司厂房的个体业主施某某、邵某某，从事多年清理工作的污水处理站站长宋某某闻声赶到。宋某某听说周某某下池救人未上来，便慌了手脚，也未采取有效个体防护措施，盲目下池救人，并嘱咐施某某与邵某某在洞口接应。当宋某某挟起周某某离开池底50 cm后，叫上面人接应，站在下洞梯子上的邵某某因身体较胖、洞口较小，上身在洞外，下身在洞内，一时下不去接不到，就在此刻宋某某也中毒晕倒。邵某某闻到一股臭鸡蛋味后，才意识到池内可能有毒气，见此情景，施某某连忙把邵某某拉出洞口，并拨打110报警求助。随后赶到现场的公司保卫科科长沈某某，立即向119报警请求营救，并嘱咐带氧气呼吸器。4 ~ 5 min后消防人员赶到，将3名中毒人员救出，迅速送往医院，但3人经抢救无效死亡。

为避免有限空间应急救援中的人身安全风险，根据《工贸企业有限空间作业安全管理与监督暂行规定》，制定预防措施：

1. 有限空间维护单位应根据有限空间作业特点，制定应急预案，并配备呼吸器、防毒面罩、通信设备、安全绳索等应急装备和器材。

2. 现场负责人、监护人员、作业人员和应急救援人员，应掌握相关应急预案内容，每年至少进行1次应急演练。

3. 有限空间作业中发生事故，现场有关人员应立即报警，禁止盲目施救。应急救援人员实施救援时，应做好自身防护，佩戴必要的呼吸器具、救援器材。

练习题

一、单选题

1. 有限空间维护单位对其发包的有限空间作业安全承担（　　）责任。

A. 主体　　B. 连带　　C. 直接　　D. 间接

2. 有限空间作业方案，应经作业单位的（　　）审核，负责人批准。

A. 现场负责人　　B. 上级单位管理人员

C. 监护人员　　D. 管理人员

二、多选题

1. 有限空间作业发包给其他单位实施时，承包商应（　　）。

A. 具备国家规定资质　　B. 具备安全生产条件

C. 交纳生产安全风险抵押金　　D. 签订安全协议

E. 在合同中明确各自安全生产职责

2. 进入有限空间作业，应有（　　）等措施和足够照明。

A. 防中毒　　B. 防触电

C. 防火　　D. 防爆

E. 防疲劳

三、判断题

1. 有毒有限空间应设置“严禁烟火”标志。（　　）

2. 有限空间作业中，监护人员可以短时离开作业现场。（　　）

3. 有限空间作业结束后，应及时恢复防护设施，确认盖好、锁好后，方准撤离现场。（　　）

第六节　低压电气设备检修与使用

一、低压设备及电气线路作业

超过 36 V 安全电压，电流通过人体，就会导致人员神经失调、心搏停止、血液循环中断，危及人身安全。因此，对 380 V、220 V 等低压设备及电气线路维护、施工作业时，如果停电不彻底、防护措施不到位，就容易发生人员电击事故。

案例

2023 年 5 月 1 日，河北省某公司维修工王某某到办公楼四楼卫生间更换灯具，自认为节假日办公楼无人，在一楼电控箱断电后，既未加锁又未设置任何警示标志就开始作业。5 min 后，该公司周某某来办公室加班，发现办公室无电，便到一楼合闸送电，造成正在更换灯具的王某某受到电击，从梯子上摔下，脊柱被摔断。

为避免低压设备及电气线路作业中的人身安全风险，根据《铁路电力安全工作规程》，制定预防措施：

1. 作业前应切断电源，并悬挂“禁止合闸，有人作业”等警示标志，必要时加锁或派人看守。

2. 作业前应进行验电，确认无电后方可作业。

3. 作业后应对维修设备外壳、手柄等进行再次验电，确认无电后方可交付使用。

二、低压带电作业

低压带电作业是指在对地电压 250 V 及以下不停电的低压设备或低压线路上的工作。低压带电作业时，往往会遇到作业空间狭小，相邻带电体之间、带电体与地之间绝缘距离较小的不利因素。作业时，如果不采取防护措施或错误操作，就可能引起电击事故。

案例

2023 年 8 月 25 日，陕西省某发电公司 5 号机除尘报警。检修工作负责人刘某某和钟某某到现场后，初步判断为冷却风机故障。21 时 18 分，刘某某回班组找风机备件，钟某某在无人监护、未戴绝缘手套的情况下，擅自取电试验。试验过程中，钟某某身体接触导线带电部分构成电流回路，发生触电事故，后经抢救无效死亡。

为避免低压带电作业中的人身安全风险，根据《铁路电力安全工作规程》《铁路电务安全规则》，制定预防措施：

1. 低压带电作业应使用绝缘工具，穿绝缘胶鞋，室内应站在绝缘地板上。
2. 一人监护，一人作业。
3. 不得同时接触导电和接地部分。
4. 未脱离导电部分时，不得与站在地面上的人员接触或相互传递工具、材料。

三、电器使用

铁路员工在宿舍休息，有时会使用电热壶、电热宝、电热毯等生活电器。由于部分员工缺乏用电安全知识，私拉、乱接电线容易导致触电伤害；私备电器往往价格低、质量差，使用中容易造成短路、漏电等现象；电器功率过大超负荷运行，易造成电气线路损坏，很有可能造成触电、火灾等事故。

案例

2008 年 11 月 14 日 6 时 10 分，上海某学院徐汇校区学生宿舍楼，1 名学生使用 1 500 W“热得快”电加热器烧开水，导致电气线路发热起火，引燃周围可燃物，酿成火灾事故。逃生中，4 名女生从 6 楼宿舍阳台跳下，当场死亡。

为避免电器使用中的人身安全风险，制定预防措施：

1. 禁止在工作、生活场所私拉、乱接电线；禁止超负荷使用大功率电器。

2. 生活场所应安装与实际用电负荷相匹配的保护装置，确保超负荷运行时能自动断电。

四、电气设备室防火

铁路电气设备室主要是指信号机械室、通信机房、电缆室、电源室以及变配电所控制室、高压室、电容室等集中安装有电气设备的室内处所。电气设备室具有电气线路复杂、电气设备类型多、电压种类和等级不同等特点，电气设备和线路发热、短路、接电、混线、超负荷运行等都极易造成电气火灾，危及作业人员生命安全。

案例

2000 年 7 月 6 日 0 时 22 分，某铁路局石家庄站下行驼峰场接触网 2431 馈线遭雷击，造成相邻的架空线产生感应过电压，导致同沟敷设的电力电缆和信号电缆多处击穿，引发驼峰信号楼电缆井内电缆起火。火势沿电缆通道从一层蔓延至三层信号机械室，共引燃 34 架继电器柜，构成信号机械室火灾事故，抢险过程中险些造成人员伤亡。

为避免电气设备室火灾带来的人身安全风险，根据《铁路电务安全规则》《牵引变电所安全工作规程》，制定预防措施：

1. 电气设备室严禁烟火，应具有符合要求的报警和灭火设施，并保持良好。

2. 电缆进出口应采用防火材料封堵，电力电缆不得与信号电缆同沟敷设。

3. 电气设备室不得存放易燃易爆物品，严禁用汽油、酒精擦拭设备电气接点，不得用易燃油擦拭地面和设备。

4. 电气设备室应设挡鼠板，防止鼠类进入引发火灾，挡鼠板应有警示标识，避免人员磕碰摔倒。

5. 电气设备室应有防火制度，应急预案挂牌。

练习题

一、单选题

1. 低压设备及电气线路作业前应切断电源，并悬挂（　　）等警示标志，必要时加锁或派人看守。

A. 彩条布　　B. “禁止合闸，有人作业”

C. 防护旗　　D. “有人作业，带来不便”

2. 低压设备及电气线路作业后应对维修设备外壳、手柄等进行再次验电，确认（　　）后方可交付使用。

A. 无电　　B. 有电　　C. 牢固　　D. 人员撤离

二、多选题

低压带电作业时，应（　　）。

A. 使用绝缘工具　　B. 戴高压绝缘手套

C. 穿绝缘胶鞋　　D. 使用线手套

E. 室内应站在绝缘地板上

三、判断题

1. 低压带电作业，应一人监护，一人作业。（　　）

2. 禁止在工作、生活场所，私拉、乱接电线。（　　）

第七节　施 工 用 电

一、施工电气线路敷设

施工现场往往人员多、车辆多、机具材料多、地面潮湿、地形复杂且多变。施工现场临时用电线路，有地埋、架空和临时拉用等方式。如果电气线路路径选择不当，就容易造成现场车辆碾压、机械设备拖挂、人员触碰踩踏等风险，危及自身和周围人员生命安全。如果电气线路绝缘不良、线头裸露，就更容易造成人员触电事故。

案例

2005 年 8 月 5 日 11 时，某航运服务区在建工地，8 名钢筋工在将 6 m 高钢筋笼移至桩孔过程中，拖在地面的钢筋弯头将埋地较浅的电缆线拖出，造成电缆外皮破损漏电，导致李某等 6 人触电死亡。

2022 年 12 月 3 日晚上，某住宅小区建筑工地混凝土搅拌站，拉运水泥的大型车辆转弯时，将临时架空的电线扯断，造成搅拌站作业人员 1 人触电死亡。

为避免施工电气线路敷设不规范带来的人身安全风险，根据《建设工程施工现场供用电安全规范》，制定预防措施：

1. 施工现场配电线路路径应避开过热、腐蚀以及易燃、易爆仓库等影响线路安全的区域；宜避开易遭受机械性外力的交通、吊装、挖掘作业频繁场所，以及河道、低洼、易受雨水冲刷地段；不应跨越在建工程、脚手架、临时建筑物。

2. 配电线路敷设方式应避免受到机械性损伤或其他损伤；不应敷设在树木上或直接绑挂在金属构架和金属脚手架上；施工现场架空线路必须采用绝缘导线。

3. 沿构筑物、建筑物水平敷设的电缆线路，距离地面高度不宜小于 2.5 m。

4. 直埋电缆在穿越建筑物、构筑物、道路，易受机械操作、腐蚀介质影响等场所，以及在引出地面 2 m 高至地下 0.2 m 处，应加设防护套管。

二、施工电气设备使用

施工现场电气设备及用电线路多为临时安装，较为简陋，受雨雪、潮湿等施工环境影响较大，容易造成电线破损、漏电。另外，施工使用的搅拌机、打夯机、电焊机等电气设备有单相和三相两种接线方式，设备功率差异较大，对电气线路要求也各不相同。如果设备操作和维护人员不掌握电工基础知识，极易发生电路错接、设备漏电等，造成人员触电伤害。

案例

1994 年 8 月 26 日，上海某小区楼盘工地，桩机操作工张某发现桩机操作把手开裂，便借来电焊机准备焊接。接线时，他错误地把单相电焊机接在三相电源上，将三相电源的另一相接在电焊机保护线上，合上电源开关后，致使电焊机外壳带电。工友李某某从电焊机旁经过时，脚踩到与电焊机连接的钢丝绳，当场触电死亡。

为避免施工电气设备使用中的人身安全风险，根据《建设工程施工现场供用电安全规范》，制定预防措施：

1. 用电设施运行及维护人员应经安全培训，每年考试 1 次。

2. 各种电气设备金属外壳，应采取保护接地或保护接零措施。

3. 电源和用电处均应装设开关箱，开关箱内应装设漏电保护器，做到“一机一闸一器”。

4. 严禁非电工拆装电气设备。

三、施工用电安全距离

电气安全距离是指带电导体与附近接地的物体或人体之间以及不同极、相带电体，必须保持的最小空间距离。如果在架空电气线路附近施工时临时搭建设施，堆放物件或搬运较大机具、材料，就极易侵入电气线路安全距离，甚至触碰电气线路，造成电击伤害。

案例

2011 年 8 月 13 日，某工厂 4 名民工在推移脚手架平台时，未注意到作业上方有高压线路，转弯过程中平台顶部触碰高压线，造成 3 人死亡、1 人重伤。

2014 年 6 月 18 日 10 时，4 名民工在某中学粉刷教学楼外墙涂料。在房顶搬运铁架子时，未注意到房顶附近有高压线路，搬运中铁架子不慎触碰到高压线，造成 3 人死亡、1 人重伤。

为避免施工用电安全距离不规范带来的人身安全风险，根据《建设工程施工现场供用电安全规范》，制定预防措施：

1. 10 kV 及以下外电架空线路，与施工现场道路垂直距离、在建工程脚手架水平距离最小为 7 m，与各类施工机械外缘最小距离为 2 m。

2. 防护设施与外电架空线路最小距离，10 kV 及以下为 2 m，35 kV 为 3.5 m，110 kV 为 4 m。

3. 固定式照明灯具悬挂高度室内不得低于 2.5 m，室外不得低于 3 m，露天安装时应选用防水型灯头。

练习题

一、单选题

1. 施工电气线路敷设时，沿构筑物、建筑物水平敷设的电缆线路，距离地面高度不宜小于（　　）m。

A. 1　　B. 2　　C. 2.5　　D. 3

2. 施工防护设施与 10 kV 及以下外电架空线路最小距离为（　　）m。

A. 2　　B. 3　　C. 3.5　　D. 4

二、多选题

施工现场配电线路路径应避开（　　）等影响线路安全的区域。

A. 过热　　B. 腐蚀

C. 易燃仓库　　D. 易爆仓库

E. 废弃电杆

三、判断题

1. 施工现场配电线路路径，可跨越在建工程、脚手架、临时建筑物。（　　）
2. 施工配电线路不应直接绑挂在金属构架和金属脚手架上。（　　）
3. 施工用电时，室外固定式照明灯具悬挂高度不得低于 3 m。（　　）

第八节　工 具 使 用

一、电动工具使用

电动工具主要分为金属切削电动工具、研磨电动工具、装配电动工具和铁路专用电动工具。铁路企业常见的电动工具有电钻、电动砂轮机、电动扳手、电锤、混凝土振动器、电动和面机、电动压面机等。电动工具在使用中，往往会因接地不良、电线绝缘破损电击伤人，或因安装不规范、操作不当等造成机械伤害。

案例

1993 年 7 月 28 日 15 时 30 分，某公路机械化工程公司职工韩某某，在合蚌公路蚌埠段施工时，用插入式振动棒平整水泥路面，施工中不断移动振动器电机。他在从桥西到桥东移动电机过程中，因电线绝缘破损，不幸触电身亡。

为避免电动工具使用中的人身安全风险，根据《手持式电动工具的管理、使用、检查和维修安全技术规程》，制定预防措施：

1. 电动工具应设保护接地，每年至少测量 1 次绝缘电阻；电源应装设漏电保护器；插座应有防潮、防水装置。

2. 电动工具使用前，应检查确保安装牢固、连接线无破损、设备外观良好、防护装置齐全可靠。

3. 操作人员应经安全培训，按规定穿戴防护用品；严格按规程操作，不得触摸工具转动部位，必须触摸时，应关闭电源。

4. 电动工具发生故障时应先切断电源，铁路线路上使用时，应撤离建筑限界以外处理。

5. 使用旋转式电动工具时，留有长发的作业人员应将头发盘起扎牢。

二、内燃机具使用

铁路常用的内燃机具有发电机、捣固机、切轨机、钻孔机、打磨机、拉轨器、拉伸器及焊轨推瘤器等。如果日常检查保养不到位或操作不当，机具使用中往往会出现机械折断卡死、旋转固件松脱、油管破裂漏油等，这都会危及操作人员及周围人员的人身安全。

案例

2009 年 9 月 3 日，某铁路局某工务段组织小机群捣固作业。由于捣固机日常保养不彻底、作业前检查不仔细，作业过程中捣固机夹轨钳与吊链间的连接销折断，弹出 1.5 m 击中 1 名线路工右眼，造成其重伤。

为避免内燃机具使用中的人身安全风险，根据《普速铁路工务安全规则》，制定预防措施：

1. 机具使用前，应确认油、水、电、连接件符合使用要求，防护装置齐全可靠，仪表显示正常。

2. 禁止运转中添加燃油。

3. 使用旋转式内燃机具时，留有长发的作业人员应将头发盘起扎牢。

三、气动工具使用

气动工具是利用压缩空气推动气动马达，对外输出动能的一种工具，它主要由动力输出、作业形式转化、进排气路、控制与机壳等部分组成，其中作业形式转化往往采用分体插接方式连接。铁路常见的气动扳手、气扳机就属于回转式气动工具，使用时如果扳轴与套筒连接不牢，高速旋转振动过程中极易将套筒甩出，击伤作业者及周围人员。

案例

2009 年 7 月 11 日，某设备厂安装操作车间，装配工李某使用气扳机对电机法兰盘螺栓进行紧固作业。作业过程中，气扳机与套筒连接扳轴发生松动，李某未及时停机检查，继续作业，导致套筒在旋转时松脱飞出，击中其左侧额头致伤。

为避免气动工具使用中的人身安全风险，根据《凿岩机械与气动工具安全要求》，制定预防措施：

1. 气动工具分体插接部件连接后，禁止空转运行。

2. 气扳机扳轴与套筒连接的圆柱销和胶圈，应保持完好有效。

3. 作业完毕，应及时拆除分体插接部件。

四、钻孔设备使用

钻孔是指在设备和工器件上用设备打孔。铁路常用的钻孔设备有台钻、便携式电钻、钢轨钻孔机等。钻孔作业时容易出现铁屑飞溅、钻头断裂、被钻物体随钻头旋转、电气绝缘不良等危害，如果使用不当就会给作业人员带来人身伤害。另外，在营业线钢轨上钻孔时，如果拆卸动作迟缓，延误下道时机，机具就有可能被通过的列车撞轧，给作业人员带来安全风险。

案例

2013 年 6 月 6 日 14 时 22 分，某铁路局某电务车间组织鄂州整治工区、西河村信号工区和阳新信号工区，天窗结束后利用列车运行间隔，在武九线西河村至夏畈间 K173 ~ K175 处，联合进行补偿电容集中更换作业。K1091 次旅客列车通过作业地点时，将正在进行钢轨钻孔的 2 名信号工当场撞死。

为避免钻孔设备使用中的人身安全风险，制定预防措施：

1. 作业人员应穿着绝缘鞋，佩戴防护眼镜。禁止戴手套作业。

2. 留有长发的作业人员应将头发盘起扎牢。

3. 被钻物体应固定牢固，钻孔用力适度，防止钻头断裂击伤作业人员。

4. 钢轨钻孔作业应登记要点或在天窗点内进行，钻孔机拆卸应由操作熟练的人员担任。

五、切割、打磨、抛光设备使用

铁路企业在生产中常会有对钢轨、钢管、钢筋、角钢、轮毂、焊接处等设备部件、材料或工器件进行切割、打磨、抛光等作业。对金属物体进行切割、打磨、抛光作业时，会产生高温磨屑飞溅。如果不按规定佩戴防护用品，装设防护设施，就可能导致作业人员受到伤害。另外，旋转配件安装不牢、不按规定操作或因配件自身缺陷，有可能会导致切割片、砂轮等旋转配件崩裂，伤及作业者及周围人员。

案例

2014年12月17日10时左右，某个体加工厂作业人员尚某某在更换新砂轮时未安装砂轮轴压板。更换后开机不到2 min，砂轮突然崩裂成3块飞出，其中1块砸到尚某某头部，致其当场倒地，鼻孔出血，后经抢救无效死亡。

为避免切割、打磨、抛光设备使用中的人身安全风险，制定预防措施：

1. 使用前，应检查切割片、砂轮等旋转配件完整良好、安装牢固，护罩、安全挡板有效可靠，空载试验良好后，方可作业。

2. 操作人员应佩戴护目眼镜等防护用品，机具两侧和前方不得站人。

3. 使用旋转式机具时，留有长发的作业人员应将头发盘起扎牢。

4. 操作时应远离易燃、易爆物品。

六、活口扳手使用

活口扳手由扳手固定钳口、活动钳口、开口调节螺母、固定销、握把组成，使用时用相互平行的固定钳口对准多边形工件，调整调节螺母使活动钳口固定，通过向活动钳口方向转动握把拆卸或紧固工件。如果拆卸或紧固工件时，向固定钳口方向转动握把，造成活口扳手反用，就容易导致活动钳口因受力过大瞬间折断，导致使用者失去平衡，造成碰伤、摔伤，甚至折断飞出的活动钳口伤及周围人员。另外，用扳手替代手锤击打物体，导致扳手损坏，部件飞出，也会造成人身伤害。

案例

2023 年 8 月 12 日，某工务段线路工吴某某协助电务工区拆卸道岔装置 L 铁螺栓，拆卸时反用 300 mm 扳手，并在扳手握把上加装长套管，用力过程中活动钳口折断，飞出部件击伤身边的信号工黄某。

为避免活口扳手使用中的人身安全风险，制定预防措施：

1. 根据螺栓、螺帽或工件大小，选用适当扳手。
2. 使用时活动钳口应调紧，扳手应正扳，不得反用。
3. 不得用活口扳手击打物体。

七、机床操作

机床是通过刀具与工件之间的相对运动实现工件加工，以获得工件所要求的几何尺寸、精度和表面质量的半自动化或自动化机器。铁路常用的机床有车床、刨床、铣床、镗床、磨床、钻床等。机床在运行中，有刀具旋转、位移，部件旋转、位移等多种相对运动形式。由于机床结构较为复杂，运动速度较高，如果作业人员距离机床运动部件或刀具较近，机床高速旋转产生的空气涡流或直线运动形成的负压，容易吸入、拖挂作业人员衣物、长发等，进而造成绞伤、挤压事故。

案例

2005 年 6 月 15 日 19 时 22 分，某机械厂女车工尹某某被安排临时加班。她为图方便，在未戴工作帽的情况下，便开始操作车床。加工过程中，尹某某发现车床刀架固定螺栓松动，在紧固螺栓时，长发瞬间被卷入车床丝杠内，致使其头皮全部撕裂，左耳撕去 2/3，造成重伤事故。

2019 年 1 月 15 日，某铁路局贵阳南车辆段，承担货车车轮镟修的集体企业铸造厂镟轮工李某某在作业时被卷入车床，后经抢救无效死亡。

为避免机床操作中的人身安全风险，根据《金属切削机床安全防护通用技术条件》，制定预防措施：

1. 机床操作人员应经培训，熟悉操作规程和安全注意事项，并按规程操作。

2. 工作时，应束紧工作服、套袖，戴防护眼镜，留有长发的作业人员应将头发盘起扎牢。

3. 严禁戴围巾、手套，穿裙子、凉鞋、高跟鞋操作机床。

练习题

一、单选题

1. 电动工具应设保护接地，（　　）至少测量一次绝缘电阻。

A. 每季　　B. 每半年　　C. 每年　　D. 每两年

2. 切割、打磨、抛光设备使用中，机具（　　）不得站人。

A. 前方　　B. 两侧　　C. 后方　　D. 两侧和前方

二、多选题

1. 电动工具使用前，应检查确保（　　）。

A. 安装牢固　　B. 连接线无破损

C. 设备外观良好　　D. 防护装置齐全可靠

E. 所用电源供电可靠

2. 钻孔作业时，作业人员应（　　）。

A. 戴线手套　　B. 穿着绝缘鞋

C. 戴防护眼镜　　D. 戴绝缘手套

E. 佩戴安全带

三、判断题

1. 气动工具分体插接部件连接后，应先空转试运行。（　　）

2. 钻孔作业时，被钻物体应固定牢固，钻孔用力适度，防止钻头断裂击伤

作业人员。　（　　）

3. 内燃机具使用时，可在运转中添加燃油。　（　　）

第九节　公共场所安全

一、通勤轨道车乘车

为给铁路沿线职工和家属提供交通便利，铁路企业一般在管内开行通勤轨道车。通勤轨道车运行速度快、停站时间短、车门高，乘客上下车困难，易造成乘客摔伤、扭伤。另外，通勤轨道车没有“三品”（易燃、易爆、危险品）检查专用设备，乘客携带其上车难以发现，这也给通勤轨道车带来了火灾爆炸事故隐患。

案例

1988 年 1 月 7 日 23 时 17 分，某铁路工程公司临时工郭某登上广州开往西安的 272 次列车后，将 2.5 kg 松节油稀释的防锈漆放在行李架上。列车接近京广线马田墟车站时，他发现防锈漆溢出，用纸擦拭后将纸和油漆放在座位下，吸烟时将未熄灭的烟头扔进纸堆，引起火灾。事故最终造成 34 人死亡、6 人重伤、42 人轻伤。

为避免通勤轨道车乘车中的人身安全风险，根据《铁路旅客运输管理规则》，制定预防措施：

1. 各单位应对乘坐通勤轨道车人员进行安全教育，要求其遵守有关安全措施或规定。

2. 乘车人应凭有效证件乘车，并配合工作人员做好安全疏导和验证工作。

3. 无站台线路上下轨道车时，应面向车内，抓紧扶手，蹬牢车梯，并注意脚下障碍物。

4. 列车运行中严禁擅自打开车门。

5. 邻线机车车辆通过时，禁止人员在邻线侧上下车。

6. 严禁携带易燃、易爆、危险品乘车。

二、楼梯、狭窄通道等人员聚集场所通行

拥挤是在短时间内因某种突发因素，在人员集中场所引起人员情绪亢奋、行动过激、大量聚集的失控现象。在人员集中通过楼梯或狭窄通道时，一旦个别人员突发晕眩、意外摔倒等，很容易引起其他人员恐慌、失控、摔倒、叠压，酿成踩踏事故。如果人员集中的活动主办方预想不周，不提前制定安全疏散措施、不告知参加人员注意事项，就有可能在楼梯、狭窄通道等人员聚集场所发生踩踏事故，造成重大人身伤亡。

案例

2014 年 12 月 31 日 23 时 35 分许，上海外滩陈毅广场发生拥挤踩踏事故，造成 36 人死亡、47 人受伤。

为避免楼梯、狭窄通道等人员聚集场所通行中的人身安全风险，制定预防措施：

1. 楼梯、狭窄通道等人员聚集场所，应显著标明安全撤离通道、路线，保证安全通道、出口畅通。

2. 大型活动主办方应制定安全疏散措施和应急预案，必要时应设专人疏导，间断放行。

3. 参加活动的人员在楼梯、狭窄通道，应有秩序通行，不得嬉戏打闹或制造恐慌气氛。

4. 遇有拥挤、踩踏迹象，应冷静应对，积极劝阻，并做好自我保护。

练习题

一、单选题

1. 通勤轨道车乘车中，邻线机车车辆通过时，禁止人员在（　　）侧上下车。

A. 本线　　B. 邻线　　C. 正线　　D. 侧线

2. 举办大型活动时，（　　）应制定安全疏散措施和应急预案，必要时应设专人疏导，间断放行。

A. 场所维护单位　　B. 场所管理单位

C. 大型活动主办方　　D. 大型活动承办方

二、多选题

1. 无站台线路，上下轨道车时，应（　　），并注意脚下障碍物。

A. 面向车内　　B. 抓紧扶手

C. 蹬牢车梯　　D. 背向车内

E. 跨步上车

2. 楼梯、狭窄通道等人员聚集场所通行时，遇有拥挤、踩踏迹象，应（　　）。

A. 冷静应对　　B. 积极劝阻

C. 原地等待救助　　D. 当场分清责任

E. 做好自我保护

三、判断题

1. 各单位应对乘坐通勤轨道车人员进行安全教育，要求其遵守有关安全措施或规定。（　　）

2. 乘坐通勤轨道车，快到作业地点时应提前打开车门。（　　）

3. 楼梯、狭窄通道等人员聚集场所，应显著标明安全撤离通道、路线，保证安全通道、出口畅通。（　　）

第五章　消防设备使用工伤预防

人生的风雨都有意义，不是教育，就是教训。

第一节　灭火器和消火栓

一、灭火器类型选择

灭火器是一种便携式灭火工具，不同种类的灭火器装填的灭火剂不同。在扑救火灾时，如果灭火器选择不正确，不但达不到扑灭火灾的目的，反而会扩大火势，危及人身安全。所以，根据燃烧物种类选择相应的灭火器十分关键。

案例

2009 年 12 月 2 日，河北省衡水市某单位配电箱短路起火，引燃周围可燃物。扑救中，值班人员李某某在未切断电源的情况下，错误使用了水型灭火器灭火，结果造成触电，右臂截肢。

为避免灭火器类型选择不规范带来的人身安全风险，根据《建筑灭火器配置设计规范》，制定预防措施：

1. 扑救含碳固体可燃物，如木材、棉、毛、麻、纸张等 A 类火灾，应选用水基、泡沫、磷酸铵盐干粉灭火器。

2. 扑救甲、乙、丙类液体，如汽油、煤油、柴油、甲醇、丙酮等 B 类火灾，应选用干粉、泡沫、二氧化碳型灭火器，扑救极性溶剂 B 类火灾不得选用化学泡沫型灭火器。

3. 扑救可燃气体，如煤气、天然气、甲烷、丙烷、乙炔等 C 类火灾，应选用干粉、二氧化碳型灭火器。

4. 扑救燃烧金属的 D 类火灾应选用金属火灾专用灭火器。

5. 扑救带电的 E 类火灾，应选用二氧化碳、干粉型灭火器。

二、灭火器报废年限

灭火器主要由筒体、药剂和驱动气体、虹吸管、喷嘴（喷管）、阀门、压力表、铅封、生产厂铭牌等组成。灭火器在长期使用过程中，容易受到搬运、装卸、存储和使用环境温度、湿度等因素影响，造成受压筒体、焊缝、器头安装和密封部件等变形、锈蚀、老化。所以，各类灭火器自出厂之日就规定了报废年限，超过报废年限，应立即报废，如果继续使用，就有可能发生灭火器气压泄漏、筒体爆炸等事故。

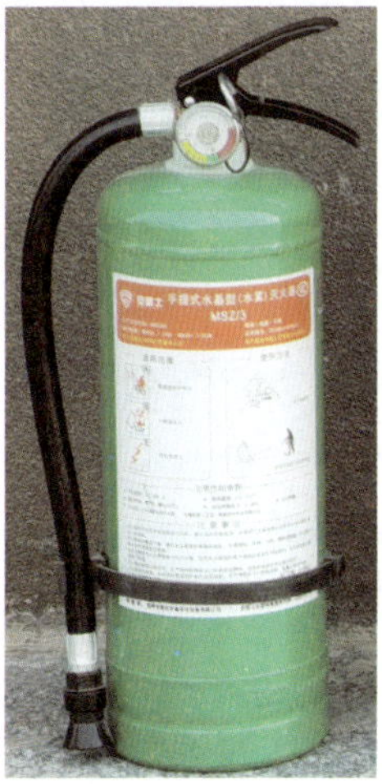

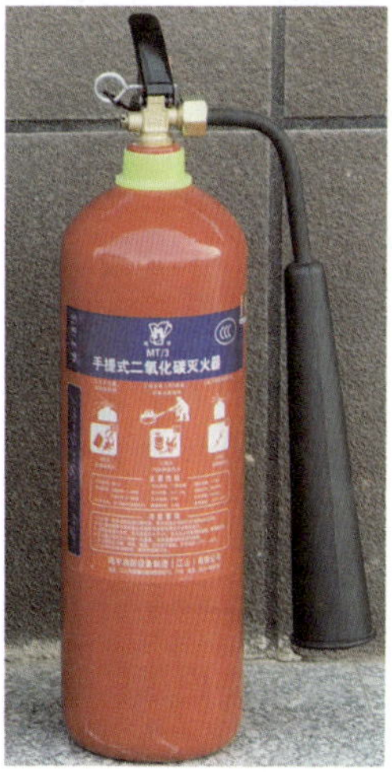

案例

1995年3月11日8时30分，江苏省镇江市某化工厂，生产厂长潘某某与部分职工整理仓库，库内存放的灭火器多数超报废年限，个别筒体严重锈蚀，底部开裂。潘某某在检查一支8 kg干粉灭火器时，该灭火器突然爆裂，导致其头部被严重炸伤，筒体飞出仓库门外数米。

为避免灭火器报废年限不规范带来的人身安全风险，根据《灭火器维修与报废规程》，制定预防措施：

灭火器自出厂日期算起，达到如下年限应报废：

1. 水基型灭火器为6年。
2. 干粉型灭火器为10年。
3. 洁净气体灭火器为10年。
4. 二氧化碳型灭火器和贮气瓶为12年。

三、灭火器日常检查

灭火器作为扑灭初期火灾最便捷、最有效的灭火工具，在生产、生活中被广泛应用。灭火器在存放过程中，易出现压力异常、罐体锈蚀、喷射软管老化破损、超期使用等情形，如果不对灭火器进行日常检查，就不能提前发现隐患，一旦发生火灾，就可能使其失去控制初期火灾的作用。

案例

2005年8月25日上午，贵州省安顺市某设备制造厂，专职消防员纪某某对员工进行消防知识培训。他手持一支已5年未检修和换粉的干粉灭火器，向员工做操作示范。演示中，灭火器突然爆炸，碎片击中纪某某的面部，造成其颈椎骨骨折，后经抢救无效死亡。

为避免灭火器日常检查不到位带来的人身安全风险，制定预防措施：

灭火器应每月检查1次，内容包括：外观、压力、铅封、检测时间等。

四、消火栓系统日常检查

消火栓系统是一种固定式扑救火灾的重要消防设施，其作用是控制可燃物、隔绝助燃物、消除着火源，一般分为室内和室外两种，系统主要由消防水池、消防泵、管网、消火栓、控制和报警系统等组成。消火栓系统投入运行后，易出现消防水池水量不足、水泵故障、水压不足、管网或水带漏水等情形，如果不进行日常检查、维护，一旦发生火灾，就无法起到应有的作用。

案例

2005年6月10日11时40分，广东省汕头市某宾馆突发大火。由于室内消火栓系统失效，附近消火栓水压过低，无法有效灭火，也不能给消防车补水，错失最佳灭火时机。火灾事故最终导致43间房屋焚毁、31人死亡。

为避免消火栓系统日常检查不规范带来的人身安全风险，根据《中华人民共和国消防法》《消防监督检查规定》，制定预防措施：

1. 消火栓系统应每半年检查1次，并连接水带进行压力测试，保证出水压力正常，水带不漏水。

2. 室内消火栓系统控制单元，应始终开启为自动状态。

练习题

一、单选题

1. 干粉灭火器自出厂日期算起，达到（　　）年应报废。

A. 3　　B. 5　　C. 7　　D. 10

2. 消火栓系统应（　　）检查一次，并连接水带进行压力测试，保证出水压力正常，水带不漏水。

A. 每月　　B. 每季　　C. 每半年　　D. 每年

二、多选题

1. 扑救带电的 E 类火灾，应选用（　　）灭火器。

A. 泡沫型　　B. 干粉型

C. 卤代烷型　　D. 二氧化碳型

E. 水基型

2. 扑救甲、乙、丙类液体，如汽油、煤油、柴油、甲醇、丙酮等 B 类火灾，应选用（　　）灭火器。

A. 泡沫型　　B. 干粉型

C. 二氧化碳型　　D. 水基型

E. 卤代烷型

三、判断题

1. 灭火器应每半年检查一次，内容包括外观、压力、铅封、检测时间等。（　　）

2. 扑救极性溶剂 B 类火灾，应选用化学泡沫型灭火器。（　　）

3. 水基型灭火器自出厂日期算起，达到 6 年应报废。（　　）

第二节　灭火器最大保护距离

一、手提式灭火器最大保护距离

手提式灭火器最大保护距离是指灭火器配置场所内最远着火点至灭火器设置点的行走距离。手提式灭火器灭火能力有限，仅用于初期火灾自救，如果灭火器配置距离过远，就不能有效控制初期火灾。

案例

2011 年 9 月 24 日，某铁路局某客运段备品库外，垃圾池起火燃烧。由于灭火器放置距离较远，未能及时控制初期火情，火借风势引燃库内存放的床单、被褥等易燃物。火灾扑救中部分人员被烧伤。

为避免手提式灭火器最大保护距离不规范带来的人身安全风险，《建筑灭火器配置设计规范》对手提式灭火器最大保护距离作以下规定：

1. A 类火灾场所：严重危险级 15 m、中危险级 20 m、轻危险级 25 m。
2. B、C 类火灾场所：严重危险级 9 m、中危险级 12 m、轻危险级 15 m。

这里所说的严重危险级是指功能复杂、用电用火多、设备贵重、火灾危险性大、可燃物多、起火后蔓延迅速或容易造成重大火灾的场所；中危险级是指用电用火较多、火灾危险性较大、可燃物较多、起火后蔓延迅速的场所；轻危险级是指用电用火较少、火灾危险性较小、可燃物较少、起火后蔓延较慢的场所。

二、推车式灭火器最大保护距离

推车式灭火器体积大、不美观，人们往往将其存放得隐蔽些、远一些。殊不知这会延误控制火情的最佳时机，很可能使初期火情无法得到有效控制，直至演变为火灾，给人身安全带来威胁。

案例

2011 年 11 月 24 日，某铁路局某供电段机具库外枯草着火，由于推车式灭火器存放地点距起火点较远，待其到达现场时已失去了扑灭初期火灾的最佳时机，最终火势蔓延至机具库内。火灾扑救中险些造成人员伤亡。

为避免推车式灭火器最大保护距离不规范带来的人身安全风险，《建筑灭火器配置设计规范》对推车式灭火器最大保护距离作以下规定：

1. A 类火灾场所：严重危险级 30 m、中危险级 40 m、轻危险级 50 m。
2. B、C 类火灾场所：严重危险级 18 m、中危险级 24 m、轻危险级 30 m。

练习题

一、单选题

1. 灭火器保护距离场所分级规定，（　　）是指用电用火较多、火灾危险性较大、可燃物较多、起火后蔓延迅速的场所。

A. 严重危险级　　B. 中危险级

C. 轻危险级　　D. 其他危险级

2. 灭火器保护距离场所分级规定，(　　)是指用电用火较少、火灾危险性较小、可燃物较少、起火后蔓延较慢的场所。

A. 严重危险级　　B. 中危险级

C. 轻危险级　　D. 其他危险级

二、多选题

1. 手提式灭火器最大保护距离，B、C 类火灾场所为(　　)。

A. 严重危险级 9 m　　B. 严重危险级 10 m

C. 中危险级 12 m　　D. 中危险级 20 m

E. 轻危险级 15 m

2. 推车式灭火器最大保护距离，A 类火灾场所为(　　)。

A. 严重危险级 30 m　　B. 中危险级 40 m

C. 轻危险级 50 m　　D. 严重危险级 20 m

E. 中危险级 30 m

三、判断题

1. 手提式灭火器最大保护距离，A 类火灾场所：严重危险级 15 m、中危险级 20 m、轻危险级 25 m。(　　)

2. 火灾危险性大、可燃物多、起火后蔓延迅速或容易造成重大火灾的场所属于严重危险级。(　　)

3. 功能复杂、用电用火多、设备贵重、起火后容易造成重大火灾的场所属于中危险级。(　　)

第三节　民用建筑安全疏散

一、安全出口

安全出口是火灾发生时人员疏散的生命通道。在生产生活中，如果消防通道被占用、安全出口锁闭，发生火灾后被困人员就无法迅速逃出，有可能造成被困人员吸入烟气窒息、中毒以及被热辐射、热气流烧伤。

案例

2010 年 8 月 28 日 14 时 54 分，辽宁省沈阳市某商业广场售楼处，一层大厅放置了大量宣传展板和条幅等易燃物品。由于展示沙盘内部电路短路起火，沙盘迅速燃烧，引燃周围易燃物，并在短时间内封锁一层大厅出口。火势快速蔓延至二层后，二层逃生人员涌向其他安全出口，到达出口时发现出口锁闭，朝向室外的窗户被广告牌遮盖，被困人员无法疏散。火灾事故最终造成 11 人死亡、7 人受伤。

为避免安全出口不规范带来的人身安全风险，根据《中华人民共和国安全生产法》《中华人民共和国消防法》《消防监督检查规定》，制定预防措施：

1. 任何单位、个人，不得占用、堵塞、封闭疏散通道和安全出口。

2. 人员密集场所外墙门窗，不得设置影响逃生和灭火救援的障碍物。

二、疏散指示标志

疏散指示标志是建筑物内遇到火灾或其他紧急情况，人员疏散的路线指示标志。如果疏散指示标志设置位置不明显、标志方向不连续、灯光字迹不清楚或标志损坏、缺失等，就不能对人员疏散起到指示作用，不能有效帮助被困人员及时辨识疏散通道和方向，容易造成人身伤亡事故。

案例

2014 年 11 月 15 日 0 时 20 分，河南省某娱乐场所一层收银员使用电暖器取暖，烤炸空气清新喷雾剂瓶，引发火灾。大火和有毒烟气顺楼梯迅速向上蔓延，二层损坏的疏散指示标志不能为被困人员指明逃生方向，被困人员无法找到其他安全出口逃生。火灾事故最终造成 11 人死亡、13 人重伤。

为避免疏散指示标志不规范带来的人身安全风险，根据《消防安全标志 第 1 部分：标志》《建筑设计防火规范》，制定预防措施：

1. 疏散指示设置应符合《消防安全标志 第 1 部分：标志》和《建筑设计防火规范》相关要求。

2. 疏散指示标志应每月检查 1 次，发现缺失、光源熄灭、方向更改或故障指示灯点亮，应立即补充、维修。

3. 疏散指示标志灯具和配电箱，应每季度检查 1 次。

4. 疏散指示标志灯具持续供电时间不得少于 30 min。

三、应急照明灯

应急照明灯是指在正常照明电源发生故障后能有效照明和显示疏散通道，或能持续照明而不间断工作的一类灯具。如果建筑物内未安装应急照明灯，或应急照明设备失修、损坏，在发生火灾、地震等紧急情况时，就不能为遇险人员提供可靠照明，延误逃生时机，容易酿成摔伤、踩踏事故。

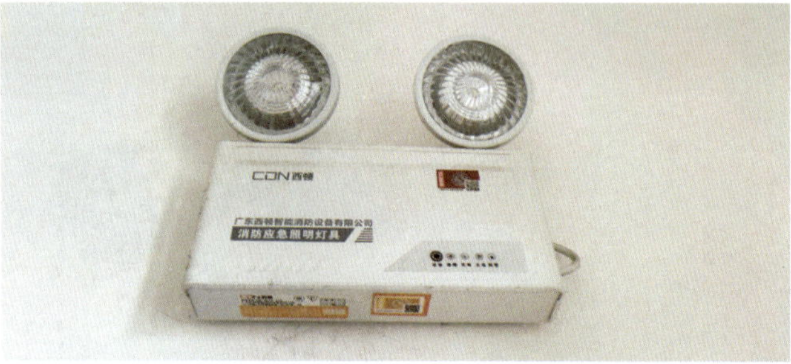

案例

2000 年 12 月 25 日，河南省洛阳市某商厦四层，歌舞大厅和 KTV 包间 400 余人正在尽情狂欢，商厦员工王某某等 4 人在地下一层和二层楼梯处焊接分隔铁板，电焊火渣由铁板孔洞溅落至地下二层，造成楼梯上的塑料泡沫等物品起火，并快速引燃地下二层家具商场和货物仓库的红木家具、沙发、床垫、办公桌椅等。火灾发生后，大量有毒烟雾沿东西两侧楼梯快速扩散至整个大楼。商厦工作人员盲目采取全楼断电措施，使未设置消防应急照明灯的整个大楼一片漆黑，被困人员无法找到逃生出口，黑暗中相互拥挤、冲撞、踩踏导致一片混乱。火灾事故最终造成 309 人死亡、7 人受伤。

为避免应急照明灯不规范带来的人身安全风险，根据《建筑设计防火规范》《消防应急灯具》，制定预防措施：

1. 应急照明灯具和配电箱，应每季度检查 1 次。

2. 应急照明灯具转换时间应不大于 5 s，高危险区域应急照明灯具转换时间应不大于 0.25 s，应急工作时间应不小于 90 min。

3. 标志灯标志的颜色应为绿色、红色、白色与绿色组合、白色与红色组合四种之一。

四、高层建筑

高层建筑是指超过 10 层的住宅建筑和超过 24 m 高的其他民用建筑。高层建筑火灾扑救是公认的世界性消防难题，通行的做法是预防为主、防消结合。因此，如何从源头上预防和杜绝火灾隐患，在火灾发生时使人员能安全逃生，显得至关重要。随着我国城市化进程的发展，高层建筑的高度和数量呈现爆发式增长，铁路办公、培训、公寓、住宿楼等也越来越多地采用了高层建筑。由于高层建筑的楼体高、面积大、人员多、电气设备多，火灾危险性大，稍有不慎就会引发火灾。一旦发生火灾，将面临着火势蔓延快、扑救难度大、人员疏散时间长等问题，极易造成重大人员伤亡和财产损失。

案例

2010年11月15日14时14分，上海市静安区某教师公寓大楼节能综合改造施工。上海某物业管理公司雇用无证电焊工吴某某、王某某在十层电梯前室北窗外侧进行电焊作业。电焊溅落的金属熔融物引燃九层脚手架平台上堆积的聚氨酯保温材料碎块、碎屑，很快引燃大楼外围易燃物，导致整栋楼被大火包围，像大烟囱一样形成立体燃烧，几乎每层每户都有明火。70多辆消防车赶赴现场实施救援，多架警用直升机悬停在着火大楼顶部，索降救援被困在楼顶的居民。火灾事故最终造成58人死亡、70余人受伤。

为避免高层建筑火灾带来的人身安全风险，根据《建筑设计防火规范》《消防控制室通用技术要求》，制定预防措施：

1. 高层建筑设计、施工、装修和使用，应符合《消防控制室通用技术要求》和《建筑设计防火规范》相关要求。

2. 各楼层应配备安全绳、防毒面具、应急照明灯等逃生用具。

3. 用电、用气操作和消防控制操作人员，应经专业培训，考试合格后方可持证上岗。

4. 定期开展高层火灾隐患全面排查整治，宣传高层火灾隐患危害，普及防火和火灾扑救、报警、自救、逃生以及防烟、防毒等基本知识。

5. 定期检查、巡视高层建筑防火设备、设施、逃生用具和应急疏散通道、标志。

6. 制定灭火预案和应急疏散预案，并组织全员教育培训和模拟演练。

练习题

一、单选题

1. 民用建筑消防安全疏散指示标志灯具，应（　　）检查一次。

A. 每周　　B. 每月　　C. 每季　　D. 每年

2. 民用建筑消防应急照明灯工作时间应不小于（　　）min。

A. 30　　B. 50　　C. 60　　D. 90

二、多选题

1. 高层建筑（　　）人员，应经专业培训，考试合格后方可持证上岗。

A. 登记住宿　　B. 用电操作

C. 用气操作　　D. 主要管理

E. 消防控制操作

2. 民用建筑消防安全疏散指示标志，发现（　　），应立即补充、维修。

A. 缺失　　B. 光源变暗

C. 光源熄灭　　D. 方向更改

E. 故障指示灯点亮

三、判断题

1. 高层建筑设计、施工、装修和使用，应符合《消防控制室通用技术要求》和《建筑设计防火规范》相关规定。（　　）

2. 任何单位、个人，不得占用、堵塞、封闭疏散通道。（　　）

第六章　危险化学品使用工伤预防

世界上最遥远的距离是“知道”和“做到”之间的距离。

第一节　危险化学品存放建筑

一、危险化学品

危险化学品是指具有毒害、腐蚀、爆炸、燃烧、助燃等性质，对人体、设施、环境具有危害的剧毒化学品和其他化学品。如果危险化学品运输、储存和使用单位管理制度不健全，或不按制度执行，就有可能使危险化学品能量限制条件遭到破坏，危及人身安全。

案例

2015 年 8 月 12 日 23 时 30 分，天津市滨海新区某国际物流有限公司集装箱码头，危险品仓库运抵区南侧，非法堆放的集装箱内硝化棉因管理不善，致使湿润剂散失，出现局部干燥，在高温天气作用下加速分散放热，积热自燃，引起相邻集装箱内硝化棉和其他危险化学品燃烧，导致运抵区堆放的硝酸铵等危险化学品起火爆炸。事故共造成 165 人遇难、8 人失踪、798 人受伤。

为避免危险化学品管理不规范带来的人身安全风险，根据《危险化学品安全管理条例》，制定预防措施：

1. 使用单位应根据危险化学品种类、危险特性以及使用量和使用方式，建立、健全危险化学品安全管理规章制度和安全操作规程，配齐防护用品。

2. 通过铁路运输危险化学品，应依照《铁路危险货物运输管理规则》和《铁路危险货物运输安全监督管理规定》执行。

二、新建、改建、扩建危险化学品存放建筑

危险化学品存放建筑不同于普通民用建筑，特别是新建、改建、扩建危险化学品存放建筑的安全设施，应与主体工程同步设计、同步施工、同步投入使用。如果危险化学品存放建筑及安全设施不符合国家和行业标准，就容易发生危险化学品火灾、爆炸事故，给存放建筑和人员带来安全风险。

案例

2006年7月28日8时50分，江苏省射阳县某化工厂的新厂区二氯氟苯生产项目建设，未经有关部门批准和特别许可，未经消防部门验收，在安全设施、生产条件不符合国家规定的情况下，擅自使用不完善的氟化工艺进行试生产。生产中，28号氯化塔突然爆炸，造成氯化、硝化、氟化、机修4个车间的生产工人及附近施工人员22人死亡、29人受伤。

为避免新建、改建、扩建危险化学品存放建筑不规范带来的人身安全风险，根据《中华人民共和国消防法》《危险化学品安全管理条例》《建筑防火设计规范》，制定预防措施：

1. 新建、改建、扩建危险化学品存放建筑，设计方案及相关资料应经住房和城乡建设部门审核，工程验收合格后，方可使用。

2. 危险化学品存放建筑应符合国家标准和行业标准，并设置明显标志。

三、危险化学品存放建筑防火间距

铁路企业最常用的危险化学品是汽油、柴油。汽油、柴油发生火灾爆炸时，能量巨大，后果严重。如果存放危险化学品的建筑与其他建筑防火间距不足，在发生火灾爆炸时，就会危及周边建筑和建筑内的人员安全。

案例

河南省某食品添加剂厂，厂内危险化学品仓库与生活区、一般生产区及附近居民区防火安全距离不符合规定。1993 年 6 月 26 日 16 时 15 分，仓库内储存的 7 吨多过氧化苯甲酰发生爆炸，将 3 700 多平方米的厂房和院墙等建筑物夷为平地，事故造成 27 人死亡、33 人受伤。

为避免危险化学品存放建筑防火间距不规范带来的人身安全风险，根据《建筑防火设计规范》，制定预防措施：

1. 汽油存放建筑防火间距，与重要公共建筑为 50 m；与厂外铁路中心线为 40 m；与民用建筑、变配电所、厂内铁路中心线为 30 m；与厂外道路路边为 20 m，与厂内主要道路路边为 10 m，与厂内次要道路路边为 5 m。

2. 柴油存放建筑防火间距，与一、二级民用建筑为 10 m；与三级民用建筑为 12 m；与四级民用建筑为 14 m。

四、危险化学品存放建筑内电器使用

危险化学品存放建筑内电器泛指为危险化学品存放处所提供照明、通风、降温等电气设备。因危险化学品库内存放的物品如汽油、柴油等，多具有可挥发性，且化学结构不稳定。如果电器内部产生电弧、火花或高温，就容易引燃空气中的可燃性气体，造成爆燃或爆炸，危及人身安全。

案例

2006 年 10 月 28 日 19 时 16 分，安徽省某防腐工程公司承揽某石油天然气公司新疆独山子石化分公司原油储罐在建项目。施工队长带领 26 人进入无通风措施的 10 万立方米原油储罐内，进行浮顶隔舱刷漆防腐作业。作业中，使用的防锈漆和防锈漆稀料有机溶剂，不断挥发聚集，达到爆炸极限。施工人员使用的行灯和手持照明灯具又无防爆功能，电气火花引爆了可燃气体，隔舱突然发生爆炸，造成 13 人死亡、6 人受伤。

为避免危险化学品存放建筑内电器使用不规范带来的人身安全风险，根据《建筑防火设计规范》，制定预防措施：

1. 汽、柴油库内送、排风系统，应采用防爆型通风设备。当送风机在单独隔开房间，且送风管上设置了止回阀门，可采用普通型通风设备。

2. 汽、柴油库房内应采用防爆型灯具。对存量较小或夜间货物进出较少的库房，最好不装照明灯，必须夜间进出货物时，可用防爆手电照明，不得使用其他照明设备。

五、危险化学品存放建筑防雷

建筑防雷是为避免建筑物本身或内部设备不受直击雷或雷电电磁脉冲破坏，采用拦截、疏导，使雷电泄放入地的一种防护技术。危险化学品存放建筑内部钢筋、油料储存罐体、电气线路设备及空气中的可燃气体等，遇有直击雷害会引燃或引爆危险化学品。所以，危险化学品存放建筑不安装防雷系统或防雷设备不良，十分危险。

案例

1989年8月12日2时，某石油公司开始向5号油罐输入原油，随着1.5万立方米原油的持续输入，罐体内排出的同等体积油气在罐体周围及顶部形成了达到爆炸极限范围的油气层。9时55分，突然电闪雷鸣，下起暴雨。常年使用的5号油罐，罐顶防感应雷屏蔽网采用铁卡压固连接，罐体中钢筋及金属部件电气连接多处虚接，地滚雷感应电压放电产生火花，引爆5号储油罐油气层，发生爆炸起火，随后引起相邻的4号罐爆炸，爆炸产生的混凝土碎块震裂了1号、2号、3号油罐顶部，造成油气外漏，并被5号罐喷溅的油火引燃。事故共造成油库5名职工、14名消防人员死亡，另有100多人受伤。

为避免危险化学品存放建筑防雷不规范带来的人身安全风险，根据《建筑物防雷设计规范》，制定预防措施：

1. 危险化学品仓库应装设独立避雷针或架空避雷线（网），使被保护建筑物及风帽、放散管等突出屋面物体均处于接闪器的保护范围内。

2. 独立避雷针、架空避雷线或架空避雷网，应有独立接地装置，每一引下线接地电阻应不大于 10 Ω；屋内接地干线与防雷电感应接地装置连接，应不少于 2 处。

练习题

一、单选题

1. 危险化学品存放建筑屋内接地干线与防雷电感应接地装置连接，应不少于（　　）处。

A. 1　　B. 2　　C. 3　　D. 5

2. 汽、柴油库房内应采用（　　）灯具。

A. 防触电　　B. 防爆型　　C. 非钨丝　　D. 防雷型

二、多选题

1. 使用单位应根据危险化学品（　　），建立、健全危险化学品安全管理规章制度和安全操作规程，配齐防护用品。

A. 种类　　B. 危险特性

C. 使用量　　D. 存放位置

E. 使用方式

2.（　　）危险化学品存放建筑，设计方案及相关资料应经住房和城乡建设主管部门审核，工程验收合格后，方可使用。

A. 规划　　B. 新建

C. 改建　　D. 装修

E. 扩建

三、判断题

1. 汽油存放建筑与厂外铁路中心线防火间距为 30 m。（　　）

2. 柴油存放建筑与一、二级民用建筑防火间距为 10 m。（　　）

3. 危险化学品存放建筑应符合国家标准和行业标准，并设置明显标志。（　　）

第二节　危险化学品管理

一、危险化学品采购

危险化学品采购是危险化学品使用单位危险化学品安全管理的第一道防线。危险化学品供应商是否具备生产或销售资质，产品是否符合国家有关技术标准和规范，直接影响危险化学品的运输、使用和存储安全。如果采购或使用不符合国家技术标准和规范的产品，就可能在存放和使用中发生泄漏、起火、爆炸等事故，危及人身安全。

案例

2013 年 4 月 14 日，湖南某服装厂为节省生产成本，从无危险化学品经营资质的经营商处低价采购了用塑料桶盛装的汽油。在存放过程中，油桶发生泄漏，库内电器故障短路时产生火花，引爆挥发性气体，造成 2 人死亡、17 人受伤。

为避免危险化学品采购不规范带来的人身安全风险，根据《危险化学品安全管理条例》，制定预防措施：

1. 不得向未经许可从事危险化学品生产、经营企业采购危险化学品；不得采购没有安全技术说明书或安全标签的危险化学品。

2. 危险化学品包装、标志不符合国家标准，或有破损、残缺、渗漏、变质、分解等现象，严禁入库存放和使用。

二、危险化学品使用

铁路企业常见的危险化学品有汽油、柴油、盐酸、硫酸、氢氧化钠、氨水等，这些危险化学品具有易燃性、易爆性、有毒性和腐蚀性。在危险化学品使用中，如果管理不善、操作不当，就有可能导致人体灼伤，甚至造成火灾、爆炸事故。

案例

2000 年 4 月 7 日 18 时 45 分，江苏省江阴市某人造革厂三分厂牛津布车间，转产后开始生产涂层布，整个生产线未安装有效消除静电装置，尤其是卷料部分没有任何消除静电措施，随着产量快速增加，排风系统已不能满足需求，致使烘干过程中，涂布表层挥发的大量甲苯等可燃性蒸气不能及时排出。烘干输出的涂层布在卷取过程中，滚动摩擦产生静电火花，引燃卷取端涂布表层，火焰很快传播至烘干机房，引起混合气体爆炸，导致厂房发生火灾，造成 4 人死亡、2 人受伤。

为避免危险化学品使用中的人身安全风险，制定预防措施：

1. 危险化学品从业人员工作前，应穿戴好专用防护用品。
2. 室内使用汽油、煤油、柴油等易燃液体时，应满足防火防爆要求。
3. 喷漆场所或调漆间的漆料、稀释剂，不得超过当班生产用量。

三、危险化学品存放

铁路企业存储量较大的汽油、丙酮、酒精等属甲类危险化学品，柴油、油漆等属乙类危险化学品。甲、乙类危险化学品性能不同、闪点不同、危害程度不同，存放建筑标准和防火间距等级不同。如果不分类储存，在受到热能、电能、光能等外界能量时，低闪点危险化学品易引燃高闪点危险化学品，人为提升危害程度。另外，采用塑料容器盛放汽油、柴油等易挥发性液体危险性很大，一方面，塑料制品易受外界火源侵害，容器间相互摩擦还容易产生静电火花；另一方面，挥发性气体很容易使塑料容器膨胀、变形、老化、破裂，发生油料泄漏。

案例

1993 年 8 月 5 日 13 时 10 分，深圳市某危险品储运联合公司清水河危险化学品存储区，未按危险化学品性能分类储存危险化学品。其中，由原干杂库改造的 4 号仓库，混合堆放有高锰酸钾、过硫酸铵、碳酸钡、多孔硝酸铵、硫酸铵和硫化碱等危险化学品共计 95 t。因夏季高温，加之通风不良，导致氧化剂和还原剂引起化学反应，发生爆炸，并引爆其他危险化学品仓库。事故造成 15 人死亡、200 多人受伤，其中重伤 25 人。

为避免危险化学品存放管理不规范带来的人身安全风险，根据《危险化学品安全管理条例》《危险化学品仓库储存通则》，制定预防措施：

1. 危险化学品应根据其性质分区、分类、分库储存。
2. 化学性质相抵触或灭火方法不同的危险化学品，不得同库储存。
3. 汽油、柴油等挥发性液体危险化学品，严禁使用塑料容器盛放。

四、燃油设备存放

铁路企业常用的燃油设备有发电机、锯轨机、钻孔机、除雪机等，为保证现场设备在维护、施工、应急抢险时能正常投入使用，这些设备往往会加满燃油存放。在长期使用中，燃油设备油路系统会不同程度地出现漏油、渗油现象，使存储空间存留油气。如果燃油设备存放仓库不保持通风，不消除火源，一旦遇有明火，就有可能引起火灾。如果不按燃油类型配备相应灭火器材，还容易导致火灾升级，扩大事故。

案例

2013 年 5 月 13 日 1 时，陶某某发现自己驾驶的摩托车没油了，便将摩托车停在路边，想办法“去弄汽油”。他发现一仓库门前停着一辆摩托车，便捡来饮料瓶，拔出摩托车油管放油。为看清瓶内汽油是否盛满，他掏出打火机照明，火苗还未凑近油瓶就引起大火，进而引燃仓库内可燃物，致使仓库突发火灾，造成直接经济损失几十万元。

为避免燃油设备存放不规范带来的人身安全风险，制定预防措施：

1. 普通仓库存放燃油设备时，地面应用黄线隔离，不得与其他物品混合存放，不得在仓库内加注燃油。

2. 存放燃油设备的仓库，应装设防爆灯和防爆开关，配备相应灭火器材，张贴严禁烟火标志，并保持通风良好。

3. 普通仓库不得存放汽油、柴油等危险化学品。

练习题

一、单选题

1. 汽油、柴油等挥发性液体危险化学品，严禁使用（　　）容器盛放。

A. 铁制　　B. 钢制　　C. 塑料　　D. 铜制

2. 普通仓库存放燃油设备时，不得在仓库内（　　）。

A. 设置标识　　B. 更换部件　　C. 擦拭设备　　D. 加注燃油

二、多选题

1.（　　）的危险化学品，不得同库储存。

A. 化学性质相抵触　　B. 灭火方法不同

C. 化学性质相近　　D. 不能用水灭火

E. 挥发性较强

2. 存放燃油设备的仓库，应（　　）。

A. 装设防爆灯和防爆开关　　B. 配备相应灭火器材

C. 张贴严禁烟火标志　　D. 配备防毒面具

E. 保持通风良好

三、判断题

1. 危险化学品从业人员工作前，应穿戴好普通防护用品。（　　）

2. 普通仓库可以存放汽油、柴油等危险化学品。（　　）

3. 危险化学品包装、标志不符合国家标准，严禁入库存放和使用。（　　）

第三节　危险化学品事故应急处置

一、油料火灾扑救

油料具有流动性，燃烧的油料会随液体流动迅速蔓延，扩大着火面积。所以，油料起火后，不能采用一般灭火方法进行扑救，选择正确的灭火方法和消防器材十分重要。如果油料起火后用水灭火，一方面，水的密度比油大，喷射的水不但不能遮盖油料，隔绝空气，反而会将油位升高，使油料溢出容器随水漂流燃烧；另一方面，水和油互不相溶，喷水瞬间会造成燃烧的油料飞溅，引燃周围可燃物，人为助长火势，增加灭火难度。

案例

2013 年 6 月 27 日，某铁路局某工务段，组织扑救火灾消防演练。演练人员用消火栓扑救油盆内燃烧的汽油，造成汽油飞溅，导致现场 4 人不同程度烧伤。

为避免油料火灾扑救中的人身安全风险，制定预防措施：

1. 油料着火时，应用灭火器扑救或用灭火毯将火压灭，也可用砂土将火盖住，严禁用水扑灭。

2. 用砂土灭火时，应将砂土撒在起火部位周围，使火势停止蔓延，再逐渐包围火焰中心，将火扑灭。

二、危险化学品仓库消防器材

危险化学品仓库火灾危险等级高，一旦发生火灾难以控制，后果严重。如果危险化学品仓库消防器材配置不足或失效，火灾发生后无法得到有效控制或灭火，极易造成重大人身伤亡和财产损失。

案例

2006 年 10 月 5 日 21 时 38 分，美国北卡罗来纳州一个当地居民，开车经过埃佩克斯镇危险废物处理厂时，看到浓烈烟雾，便打电话报警，并报告有浓烈氯气味道。镇 911 呼叫中心派消防队员前去调查，厂内空无一人，随后赶到的厂长不能向消防队员提供厂房内危险品类型、数量和放置地点等信息。由于不了解正在燃烧的化学品性质，不知道爆炸的桶装物质是什么，厂房内为数不多的灭火器又不能满足有效灭火的需求，现场总指挥只能采取防御性措施，让大火继续燃烧并消耗化学物质。几分钟后，火势向易燃液体储存区蔓延，并引起数百个 200 L 易燃危险废物桶相继爆炸，火球高达 30 多米，危险废物仓库坍塌。事故导致 30 多人呼吸困难、恶心和中毒，两天内周边 3 000 多位居民撤离，通过此地的公路、铁路中断。

为避免危险化学品仓库消防器材设置不规范带来的人身安全风险，制定预防措施：

汽油、柴油等液体类危险化学品仓库，应按设计标准配足消防器材，如灭火器、泡沫灭火车、消防砂、消防水桶、灭火毯和消防用锹、钩、斧、桶等。

练习题

一、单选题

油料火灾用砂土灭火时，应将砂土撒在起火部位（　　），使火势停止蔓延，再逐渐包围火焰中心，将火扑灭。

A. 中心　　B. 根部　　C. 周围　　D. 上方

二、多选题

油料着火时，应用（　　）。

A. 灭火器扑救　　B. 灭火毯将火压灭

C. 鼓风机吹灭　　D. 消火栓扑救

E. 砂土将火盖住

三、判断题

1. 油料着火时，严禁用水扑救。（　　）

2. 汽油、柴油等液体类危险化学品仓库，应按设计标准配足消防器材，如灭火器、泡沫灭火车、消防砂、消防水桶、灭火毯和消防用锹、钩、斧、桶等。（　　）

第七章　电焊与气割（焊）工伤预防

人们都渴望健康，但最终影响结果取决于个体的选择，而不是环境的逼迫。

第一节　作 业 防 护

一、焊接与热切割防护

焊接与热切割作业时，会造成金属熔融物飞溅，产生紫外线、刺眼强光及大量有毒气体，容易造成作业人员电光性眼炎、角膜炎、视力下降、吸入性肺炎，以及被紫外线或飞溅的熔渣灼伤、烧伤等。如果在潮湿环境或容器内作业，还有可能发生触电、虚脱、窒息等危险。

案例

2018 年 7 月 5 日，河北省某化肥厂电焊工吴某某未穿戴电焊手套及绝缘鞋，便进入储液罐内进行焊补作业。由于天气炎热，出汗较多，在更换电焊条时，不慎触及电焊钳导电部分，造成触电痉挛，致使电焊线缠绕在身上无法摆脱，最终不治身亡。

为避免焊接与热切割防护不规范带来的人身安全风险，根据《焊接与切割安全》，制定预防措施：

1. 电焊作业时，作业人员应穿工作服、护脚，戴电焊手套、防护面罩，潮湿环境或容器内应穿绝缘鞋。

2. 气割（焊）作业时，作业人员应穿工作服，佩戴帆布手套和护目镜。

3. 室内或容器内电焊、气割（焊）作业时，应保持通风良好。

二、电气焊作业安全距离

这里所说的电气焊是指电焊和气割（焊）作业。电气焊作业时，如果作业地点四周或下方存有易燃易爆物品，就容易被飞溅的火花或灼热的焊条头引燃。另外，气割（焊）作业时，如果氧气瓶、乙炔瓶存放过近，一旦气瓶或管路接头发生泄漏，就会在局部形成爆炸性混合气体，遇有火源，极有可能发生火灾、爆炸事故。

案例

2016 年 5 月 25 日 18 时 20 分，云南省昭通市某百货商店一台冷柜发生故障，修理工蔡某某携带一套手提式氧焊工具前去修理。他在专心焊接冷柜零件时，全然没注意到身边氧气瓶正在漏气，更意识不到一场灭顶之灾已经逼近。1 名顾客发现后，大声惊呼："氧气瓶在漏气！"话音未落，氧气瓶就爆炸了。瞬间，该店瓦顶崩裂，货柜、门窗玻璃、冷柜零件以及伤者鲜血飞满四壁。事故造成店主杨某某和修理工蔡某某死亡，店内其他 6 人不同程度受伤。

为避免电气焊作业安全距离不规范带来的人身安全风险，根据《化学品生产单位特殊作业安全规范》《焊接与切割安全》，制定预防措施：

1. 氧气瓶、乙炔瓶的间距不应小于 5 m，二者与作业地点间距不应小于 10 m，且气瓶应处于上风口位置，并设置防晒设施。

2. 电气焊作业 30 m 范围内不应排放可燃气体；15 m 范围内不应排放可燃液体；10 m 范围内及用火点下方不应同时进行可燃溶剂清洗或喷漆等作业，不得存放氧气瓶、乙炔瓶等易燃易爆物品。

3. 装有危险化学品列车通过或停留时，铁路沿线 25 m 范围内电气焊作业应立即停止。

4. 作业完毕应清理现场，确认无残留火种后方可离开。

三、电焊机接线

电焊机电源一般分为 220 V 和 380 V 两种。电焊作业时，如果电源开关与电焊机距离过远，一旦发生人员触电或电焊机起火，就无法及时切断电源；二次电焊线有接头就会产生电阻热，引发火灾；电焊机外壳不可靠接地，还容易造成触电伤害。

案例

2011 年 4 月 29 日 9 时，湖北省天门市环城路立交桥建筑工地，电焊工解某某准备进行钢模板焊修作业。接线时，他发现一次电源插头破损，便拆下插头，直接将电缆线头塞进电源插孔。由于火线、零线顺序插错，致使未接地的电焊机外壳带电。电焊作业过程中，解某某在调节焊接电流时，一只手接触到电焊机外壳，瞬间被电击晕倒。旁人发现后立即断开电源进行施救，解某某在送往医院途中死亡。

为避免电焊机接线带来的人身安全风险，根据《焊接与切割安全》，制定预防措施：

1. 电焊机一次线长以 2 ~ 3 m 为宜。超长使用时，应沿墙面或立柱架设，且高度不低于 2.5 m，禁止将电源线拖在地面上。

2. 电焊机二次线长以 20 ~ 30 m 为宜，且应使用同等截面的橡胶软线，中间不得有接头。

3. 电焊机必须正确接地（或接零），接地（或接零）装置必须连接良好，永久性接地（或接零）应定期检查。禁止使用氧气、乙炔等易燃、易爆气体管道作为接地装置。

4. 电焊机外壳可靠接地后，方可接入一次电源。

四、燃料容器焊补

焊补盛装过燃料的容器时，应结合实际情况选择置换、注水、带压等方案进行。如果方案选择不正确、方案执行不彻底（如对容器清洗不干净或容器内气体置换不彻底），焊补时就很容易引燃容器内的残留燃料或易燃气体，发生火灾甚至爆炸事故。

案例

1994年5月7日10时左右，某铁路局南昆铁路施工现场，大型自卸车油箱被石料击打产生裂纹，柴油渗出。司机魏某某发现后，将自卸车开到机修车间把油放掉，卸下油箱自己动手焊补，电弧闪亮瞬间，油箱突然膨胀爆炸，造成其脸部严重烧伤。

为避免燃料容器焊补中的人身安全风险，根据《化学品生产单位特殊作业安全规范》，制定预防措施：

1. 采用置换法时，置换应彻底，严格控制可燃物含量，并打开所有孔口。
2. 采用注水法时，应将容器注满水后，方可进行。
3. 采用带压法时，焊接过程中应始终保持正压。

练习题

一、单选题

1. 气割（焊）作业时，作业人员应穿工作服，佩戴帆布手套和（　　）。

A. 安全帽　　B. 防毒面具　　C. 安全带　　D. 护目镜

2. 装有危险化学品列车通过或停留时，铁路沿线（　　）m范围内电气焊作业应立即停止。

A. 25　　B. 30　　C. 35　　D. 50

二、判断题

1. 燃料容器焊补采用置换法时，置换应彻底，严格控制可燃物含量，并打开所有孔口。（　　）

2. 电焊机一次线长以 5 ~ 10 m 为宜。（　　）

第二节　气割（焊）作业

一、割炬射吸功能检查

射吸式割炬的原理是氧气从喷嘴快速射出，将聚集在喷嘴周围的乙炔吸出，并在混合气管内混合后，从割嘴喷出。射吸式割炬使用前，如果射吸作用失效，乙炔气体进入割炬后，不能被喷射的氧气吸出，点火时乙炔气体会在割炬内燃烧，形成回火现象，造成割炬烧毁，伤及作业人员，甚至引发火灾。

案例

2004 年 5 月 9 日 10 时 58 分，某铁路公司肃宁北工务工队组织电焊、气割实操培训。学员李某某气割操作前未对割炬射吸能力进行检查，便开始点火演练。几秒钟后，割炬变得越来越烫并发出“呼呼”的声音，他正感到奇怪间，割炬射吸管忽然软化、弯曲，割炬手柄急剧发烫。李某某在匆忙关闭预热氧调节阀时，左手触及割炬主体金属部位，造成烫伤。

为避免割炬射吸功能检查带来的人身安全风险，根据《焊接与切割安全》，制定预防措施：

1. 割炬接通氧气胶管后，先开启乙炔调节阀，再开启预热氧调节阀。
2. 用手指按压割炬乙炔进气口，若有吸力，则射吸作用正常。

二、割（焊）炬点火

气割（焊）作业中，氧炔焰温度高达 3 200 ℃左右。割炬点火时，作业人员很难预判火焰喷射大小，如果前方有人，极易导致人身伤害；点火方式不当，还容易烧伤自己；将正在燃烧的割炬放在工件或地面上，很容易被他人碰挂，转变火焰喷射方向，造成人身伤害。另外，割炬供气后放入密闭容器，还有可能因割炬阀门关闭不严、接头漏气形成爆炸性混合气体，为作业现场埋下安全隐患。

案例

2011 年 9 月 15 日上午，江苏省某机械厂铆焊车间，电焊工田某某、唐某某同时在一块大型钢板上进行法兰料切割作业。切割一段时间后，两人间距离越来越近。这时，唐某某感到割炬胶管长度不够，便站起身来，抓起胶管使劲往身前拽。在他身体扭动瞬间，其右手所持割炬随之摆动，割嘴朝向正在身后作业的田某某背部，造成田某某后背Ⅲ度烧伤，烧伤面积高达 75%。

为避免割（焊）炬点火带来的人身安全风险，根据《焊接与切割安全》，制定预防措施：

1. 割（焊）炬点火时，应先稍微开启预热氧调节阀，再打开乙炔调节阀，并立即点火。

2. 点火时，割（焊）嘴应略向上倾，在割（焊）嘴下方偏后位置点火，割（焊）炬不得指向人员或可燃物。

3. 不得将正在燃烧的割（焊）炬放在工件或地面上。

4. 割（焊）炬供气后，禁止放在密闭容器内。

三、气割（焊）回火处置

气割（焊）时，常因割（焊）嘴堵塞、过热、射吸作用不良等原因，导致火焰进入喷嘴逆向燃烧，形成回火现象。发生回火后，如果不按顺序关闭相关阀门，就容易造成割炬烧毁、乙炔胶管爆燃；不安装回火防止器，一旦发生回火，还会对乙炔瓶构成威胁，甚至发生爆炸。

案例

1990 年 8 月 17 日，某铁路局大秦铁路上深涧隧道施工工地，刚领证不久的电焊工段某某将未安装回火防止器的乙炔瓶放置在隧道外山坡一侧，便在隧道内进行工字钢气割作业。由于操作不当，割炬产生回火，造成乙炔瓶爆炸。飞射的气瓶残片经岩壁反弹，砸中段某某右腿，造成骨折。

为避免气割（焊）回火处置带来的人身安全风险，制定预防措施：

1. 气割（焊）作业时，应安装回火防止器。

2. 发生回火，应按切割氧、乙炔和预热氧顺序依次关闭调节阀。回火熄灭后，应及时吹出残留炭粒。

练习题

一、单选题

1. 割（焊）炬供气后，禁止放在（　　）。

A. 通风不良处所　　B. 密闭容器上

C. 密闭容器下　　D. 密闭容器内

2. 气割（焊）作业时，应安装（　　）。

A. 预热氧调节阀　　B. 乙炔止回阀

C. 回火防止器　　D. 氧气止回阀

二、多选题

1. 割（焊）炬点火时，（　　）。

A. 割（焊）嘴应略向上倾

B. 在割（焊）嘴下方偏后位置点火

C. 在割（焊）嘴上方偏后位置点火

D. 割（焊）嘴应略向下倾

E. 割（焊）炬不得指向人员或可燃物

2. 气割（焊）作业发生回火，应（　　）。

A. 按切割氧、乙炔和预热氧顺序依次关闭调节阀

B. 按乙炔、切割氧和预热氧顺序依次关闭调节阀

C. 按预热氧、切割氧和乙炔顺序依次关闭调节阀

D. 回火熄灭后，应及时吹出残留炭粒

E. 回火熄灭后，应立即停止作业

三、判断题

1. 割炬接通氧气胶管后，先开启预热氧调节阀，再开启乙炔调节阀。(　　)

2. 电气焊作业中，不得将正在燃烧的割（焊）炬放在工件上。(　　)

第三节　气 瓶 使 用

一、氧气瓶减压器安装

氧气瓶减压器的主要作用是将氧气瓶中15 MPa高压氧减压至气割（焊）作业需要的1.5 MPa以下低压氧。安装减压器时，如果接头螺扣不拧紧，开启瓶阀时，高压氧气会造成减压器崩脱，飞出的减压器还有可能伤及周围人员。

案例

1998年6月5日，某铁路局京张线下穿线路双向四车道公路顶涵工程在框架预制过程中，电焊工殷某某安装氧气瓶减压器，未拧紧连接螺母。他在打开氧气瓶瓶阀后，便去整理氧气胶管，整理过程中减压器连接螺母崩脱，减压器飞出砸在其后背，造成轻伤。

为避免氧气瓶减压器安装中的人身安全风险，根据《焊接与切割安全》，制定预防措施：

1. 安装减压器时，接头螺扣应拧紧5扣以上。

2. 安装或开启减压器时，阀门喷射方向禁止站人。

3. 开启氧气瓶瓶阀时，动作应缓慢，不得过快。

二、乙炔瓶使用

乙炔属易燃、易爆气体，不能直接高压储存，通常被溶解在丙酮液体中。而丙酮是一种易燃、易挥发、化学性质活泼的无色透明液体，工业上主要作为溶剂，用于炸药、塑料、喷漆等行业。气割（焊）作业时，如果将乙炔瓶横放，瓶内丙酮液体就会沿乙炔胶管从割（焊）炬中流出，引发火灾、爆炸。另外，丙酮对乙炔的溶解度会随温度升高而降低，如果瓶体温度过高，从丙酮中挥发的乙炔气体会增加瓶内压力，甚至发生爆炸。

案例

1991 年 3 月 16 日，某油田压气站电焊工王某某，在冷却塔气割钢管时，将氧气瓶、乙炔瓶斜靠在土坡上。作业不久，乙炔瓶内丙酮液体流出并引发大火，导致王某某被严重烧伤。

为避免乙炔瓶使用中的人身安全风险，根据《化学品生产单位特殊作业安全规范》，制定预防措施：

1. 作业时，乙炔瓶应直立，禁止横放。
2. 使用运输等原因横放过的乙炔瓶时，应直立 20 min 后，方可使用。
3. 乙炔瓶禁止暴晒，瓶体温度不得超过 40 ℃。

三、气瓶余压

气割作业时，如果氧气瓶、乙炔瓶中某一气体完全用尽，就可能因割炬燃烧，使气瓶内产生负压，割炬自然熄火后会造成另一种气体和周围空气进入瓶体，这不仅会降低下次充装时瓶内气体纯度，甚至会产生爆炸性混合气体。

违章模拟场景

违章模拟场景

案例

1997 年 6 月 20 日，安徽宣城某用户在进行气割作业时，将氧气瓶内气体彻底用尽，导致乙炔气体通过割炬倒灌进入氧气瓶。当日 19 时 20 分，该用户在某煤矿机械厂制氧站充氧过程中，瓶内乙炔气体受压达到爆炸极限，突然爆炸。事故造成制氧站 17 支氧气瓶受击爆破，将整个瓶库夷为平地，1 名充装工当场死亡。

为避免气瓶余压操作不规范带来的人身安全风险，根据《气瓶安全技术监察规程》，制定预防措施：

1. 氧气瓶内气体不得用尽，压缩气体、溶解乙炔气气瓶的剩余压力应不低于 0.05 MPa。

2. 在可能造成气体回流的使用场合，设备上应安装防止倒灌的装置，如单向阀、止回阀等。

四、气瓶储存

乙炔属易燃气体，氧气属助燃气体。如果两种气瓶同储一室，一旦发生泄漏，形成爆炸性混合气体，遇有明火就会爆炸；如果气瓶距离热源过近或受阳光暴晒，瓶内压力会迅速升高，也有可能发生爆炸。

案例

2000 年 2 月 12 日 8 时，香港某机器维护工厂，春节放假期间在门窗封闭的车间内存放有53支氧气瓶和29支乙炔瓶，气体发生泄漏，局部形成爆炸性混合气体。7名节后上班的工人进入车间准备开工，其中一人启动气焊枪时，引发爆炸。事故造成3人死亡、4人受伤。

为避免气瓶储存不规范带来的人身安全风险，根据《焊接与切割安全》，制定预防措施：

1. 气瓶必须储放在远离电梯、楼梯或过道，不会被经过或倾倒物体碰翻或损坏的指定地点。

2. 气瓶储存时必须与可燃物、易燃液体隔离，并远离容易引燃材料至少6 m以上，或用至少1.6 m高的不可燃隔板隔离。

3. 气瓶存放时，应远离热源，距离暖气管道应保持1 m以上，禁止暴晒，气瓶内储存物温度不得超过40 ℃。

4. 氧气瓶、乙炔瓶应单独存放，并保持通风、干燥，禁止同储一室。

五、气瓶搬运

为防止氧气瓶和乙炔瓶在搬运中瓶体受损、瓶阀摔断，瓶体出厂时都安装有减震胶圈、瓶帽。如果这些瓶体附件丢失后不及时配齐，就有可能在搬运中造成瓶体或瓶阀损坏漏气。另外，为保障乙炔瓶搬运中的稳定性和安全性，乙炔瓶瓶体内还装有浸满丙酮的多孔性填料。撞击会造成填料空洞或塌陷，导致丙酮液体晃动增大，乙炔气体从丙酮溶液中逸出，瓶内压力升高，这都极有可能诱发火灾、爆炸事故。

案例

1996年9月15日16时左右，天津汉沽区引滦入汉施工工地，取水泵站围栏施工结束后，队长张某某为图省事，指挥工人将3只氧气瓶从10 m高的屋顶抛落至地面。前2只气瓶落在草坪上，第3只气瓶落在水泥地面上发生爆炸。事故造成泵站多人受伤。

为避免气瓶搬运不规范带来的人身安全风险，根据《焊接与切割安全》《气瓶安全技术监察规程》，制定预防措施：

1. 氧气瓶、乙炔瓶应保证减震胶圈、瓶帽完整有效。

2. 氧气瓶、乙炔瓶搬运应使用专用小车，避免剧烈撞击，严禁滚动、拖动，禁止同车运输。

3. 用吊车、起重机运送气瓶时，应使用吊架或合适的台架，不得使用吊钩、钢索或电磁吸盘吊运。

4. 气瓶不得作为滚动支架、支撑重物托架和导电载体使用。

六、气瓶检定

氧气瓶、乙炔瓶、氧气减压器、乙炔减压器在使用中，往往会因磕碰、腐蚀、磨损、疲劳等不利因素造成瓶体受损、耐压不足、测量器具失准等。这些气瓶如果不按规定时间送检或超期使用，就有可能出现气体泄漏、瓶体爆破，引发火灾、爆炸事故。

案例

2000 年 11 月 14 日 10 时 10 分，青岛市某电器仪表公司，一支氧气瓶超检定日期 6 年零 6 个月，瓶体中下部已严重腐蚀，在氧气厂充装氧气时，突然爆炸，造成 1 人死亡、1 人重伤。

为避免气瓶检定不规范带来的人身安全风险，根据《钢质无缝气瓶定期检验与评定》《溶解乙炔气瓶定期检验与评定》《弹簧管式一般压力表、压力真空表及真空表检定规程》，制定预防措施：

1. 氧气瓶、乙炔瓶每 3 年应进行一次技术检定。

2. 减压器每半年应进行一次技术检定。

练习题

一、单选题

1. 乙炔瓶禁止暴晒，瓶体温度不得超过（　　）℃。

A. 30　　B. 35　　C. 40　　D. 45

2. 氧气、乙炔减压器每（　　）年应进行一次技术检定。

A. 半　　B. 1　　C. 2　　D. 3

二、多选题

1. 气瓶必须储放在远离（　　），不会被经过或倾倒物体碰翻或损坏的指定地点。

A. 电梯　　B. 楼梯

C. 水源　　D. 过道

E. 作业地点

2. 用吊车、起重机运送气瓶时，不得使用（　　）吊运。

A. 吊钩　　B. 麻绳

C. 钢索　　D. 电磁吸盘

E. 吊带

三、判断题

1. 开启氧气瓶瓶阀时，动作应迅速，不得过慢。（　　）

2. 氧气瓶、乙炔瓶应同储一室。（　　）

3. 氧气瓶安装或开启减压器时，阀门喷射方向禁止站人。（　　）

第八章　特种设备使用工伤预防

当失去共同底线的信守，炙热快意的背后隐藏的是对所有生命的掠夺。

第一节　电　　梯

一、电梯管理

电梯是一种以电能为动力，运载人员或货物的固定式机械设备，主要分为升降式和台阶式。电梯属特种设备，国家特种设备安全监察行政主管部门对电梯使用管理与维护保养有严格要求。如果电梯不按规定年检、委托不具备维保资质的单位进行维保，或电梯“带病”运行等，都极易造成电梯故障，给乘客带来人身安全风险。

案例

2008 年 12 月 24 日，湖南省长沙县某小区，电梯未按规定时间定期年检，A 单元电梯防夹装置功能失效，维保公司未能及时发现并处理。当日上午 9 时 20 分，第十层业主唐某某带 3 岁女儿在乘坐电梯时，孩子身体被卡在厅门与轿门之间，导致挤压受伤，后经抢救无效死亡。

为避免电梯管理不规范带来的人身安全风险，根据《电梯使用管理与维护保养规则》，制定预防措施：

1. 电梯投入使用前或使用后 30 日内，使用单位应向设备所在地设区的市质量技术监督部门办理使用登记。

2. 在用电梯每年应进行一次定期检验，未经检验或检验不合格电梯，不得继续使用。

3. 使用单位应委托具有电梯维保资质的单位进行维保，维保人员应持特种设备作业许可证。

4. 维保单位应根据电梯安全技术规范、使用说明书，结合使用情况，制定半月、季度、半年、年度维保方案，并组织实施。

5. 电梯安全使用说明、安全注意事项和警示标志，应置于乘客注意的显著位置。

二、电梯使用

电梯常用于多层建筑乘人或载运货物。如果超范围、超负荷使用电梯，挤靠、强力扒开电梯门，在轿厢内嬉戏、打闹、蹦跳，随意按压选层器按键等，都极易导致电梯控制程序紊乱，造成坠落、挤压等事故。

案例

2012 年 9 月 9 日凌晨，广东省东莞某写字楼 A1 号奥的斯电梯，额定载重 1 000 kg。第十九层 14 女 7 男共 21 人挤入电梯轿厢，因超重报警失灵，电梯在故障状态下超速下降，至第七层时制动器动作，短暂减速后，又快速坠落至负一层。事故最终造成 12 人受伤。

2013 年 5 月 10 日，王某某乘电梯由第二十二层下至第三层，轿厢门正常打开，她边看手机边出电梯，刚探出上半身时，轿厢在门开启状态下失控下落。王某某头颈部受轿厢上缘与电梯间地面挤压，其随电梯坠落至负一层，当场死亡。

为避免电梯使用不规范带来的人身安全风险，根据《电梯使用管理与维护保养规则》，制定预防措施：

1. 乘客应遵守电梯安全注意事项和警示标志要求。
2. 进出电梯应确认轿厢与候梯厅地面水平。
3. 电梯门未完全开启或有关闭迹象时，不得进出轿厢。
4. 不乘坐明示处于非正常状态的电梯。
5. 不采用非安全手段开启电梯层门。
6. 不拆除、破坏电梯部件及其附属设施。

7. 不乘坐超过额定载重量的电梯，运送货物时不得超载。

8. 不做其他危及电梯安全运行或危及他人安全乘坐的行为。

9. 电梯不准运载易燃、易爆等危险品。

三、电梯应急处置

电梯使用中发生异常造成人员被困时，容易导致乘客受惊吓，产生恐惧，情绪急躁，急于脱困。此时，如果乘客采取非正常手段试图脱困，就容易造成人身伤害；如果救援人员不了解电梯结构，不具备专业知识，还有可能诱发次生安全事故。

案例

2005 年 8 月 5 日，贵州省遵义市某酒店 1 名 21 岁女子乘坐电梯时，电梯突然发生故障停止运行。受困轿厢的女子未呼叫救援，强行扒开轿厢门准备爬出电梯。在她爬出轿厢落地瞬间，未能站稳，身体后倾，从轿厢与候梯厅地面 1.6 m 空间处坠入 10 m 多深的井道，当场死亡。

为避免电梯应急处置不规范带来的人身安全风险，根据《电梯使用管理与维护保养规则》，制定预防措施：

1. 乘坐电梯时如遇险情，应按下紧急呼叫按钮求助，等待救援。

2. 维保单位接到故障通知后，市区应在 30 min、其他地区应在 1 h 内赶到。

3. 维保单位应根据电梯类型制定应急措施和救援预案，每半年进行一次应急演练。

练习题

一、单选题

1. 电梯不准运载（　　）。

A. 液体　　　　　　　　　　B. 机械设备

C. 化学品　　　　　　　　　D. 易燃易爆等危险品

2. 电梯（　　）应进行一次定期检验。

A. 每年　　B. 每半年　　C. 每季　　D. 每 2 年

二、多选题

维保单位应根据电梯类型制定（　　），每半年进行一次应急演练。

A. 电梯操作规程　　　　　　B. 电梯使用说明

C. 应急措施　　　　　　　　D. 值班计划

E. 救援预案

三、判断题

1. 电梯投入使用前，维保单位应向设备所在地设区的市质量技术监督部门办理使用登记。（　　）

2. 未经检验或检验不合格的电梯，不得继续使用。（　　）

第二节　锅炉与压力容器

一、锅炉检验

这里所说的锅炉是指固定式承压蒸汽锅炉、承压热水锅炉、有机热载体锅炉，以及以余（废）热利用为主要目的的烟道式、烟道与管壳组合式余（废）热锅炉。锅炉定期检验，是指根据《锅炉定期检验规则》对在用锅炉的安全与节能状况所进行的符合性验证活动，包括运行状态下进行的外部检验、停炉状态下进行的内部检验和水（耐）压试验。外部检验一般采用资料核查、宏观检（抽）查、见证功能试验等方法进行。内部检验一般采用宏观检（抽）查、壁厚测量、几何尺寸测量、无损检测、理化检测、垢样分析和强度校核等方法，主要检查锅炉受压部件是否存在裂纹、起槽、过热、变形、泄漏、腐蚀、磨损、结垢、积碳等影响安全的缺陷，内部检验的受压部件包括锅筒、锅壳、炉胆、炉胆顶、回燃室、水冷壁、烟管、对流管束、集箱、过热器、省煤器、外置式汽水分离器、导汽管、下降管、下脚圈、冲天管和锅炉范围内管道等。成套装置中的锅炉由于检修周期等原因不能按期进行锅炉定期检验时，锅炉使用单位在确保锅炉安全运行（或者停用）的前提下，经过使用单位技术负责人审批后，可以适当延长检验周期但不得连续延期，同时应向锅炉登记地市场监督管理部门备案。如果锅炉不按规定检验，运行中极易因锅炉承压能力不足、安全附件功能失效等，导致锅炉发生爆炸事故。

案例

2000 年 11 月 28 日，山西省文水县某酒业有限公司，私自将一台热水锅炉改造为蒸汽锅炉，未经内外部检验，在经过两次 0.7 ~ 0.9 MPa 冷态水压试验、调整安全阀后便投入使用。当日 16 时锅炉发生爆炸，造成 2 人死亡、2 人重伤。

为避免锅炉检验不规范带来的人身安全风险，根据《锅炉安全技术监察规程》，制定预防措施：

1. 锅炉安装、改造和重大修理过程应经检验检测机构监督检验，未经监督检验合格的锅炉，不得交付使用。

2. 锅炉使用单位应安排锅炉定期检验，并在下次检验日期前 1 个月向检验检测机构提出定期检验申请。锅炉定期检验周期应按规定执行。

（1）外部检验，每年进行一次。

（2）内部检验，锅炉一般每 2 年进行一次，成套装置中的锅炉结合成套装置大修周期进行，一般每 3 ~ 6 年进行一次；首次内部检验在锅炉投入运行后一年进行，成套装置中的锅炉可结合第一次检修进行。

（3）水（耐）压试验，检验人员或使用单位对设备安全状态有怀疑时，应进行水（耐）压试验；因结构原因无法进行内部检验时，应每 3 年进行一次水（耐）压试验。

3. 除正常定期检验以外，移装锅炉投运前或停止运行 1 年及以上恢复运行前，应进行内部检验。

二、燃煤锅炉运行

锅炉是在高温、高压条件下运行的特种设备，是我国北方地区冬季取暖的主要供热设施。燃煤锅炉在运行中，一方面，锅炉压力表、安全阀等安全附件功能失效，会导致锅炉超压运行，甚至发生爆炸，伤及周围和附近人员；另一方面，冬季气温较低，锅炉房容易门窗紧闭，造成通风不良，燃煤产生的一氧化碳等有毒、有害气体不能顺利排出室外，也会导致锅炉房人员煤气中毒事件发生。

案例

2012 年 11 月 30 日，兰州市城关区胜利宾馆锅炉房，当夜值班的司炉工王某和李某某认为天气不冷，不需要供暖，压煤封火后便睡觉休息。由于锅炉房通风不良，次日凌晨宾馆人员发现两人煤气中毒，王某经抢救无效死亡，李某某留下严重后遗症。

为避免燃煤锅炉运行中的人身安全风险，根据《锅炉安全技术监察规程》《弹性元件式一般压力表、压力真空表和真空表》，制定预防措施：

1. 燃煤锅炉房应经常通风、换气。
2. 燃煤锅炉炉门、灰门、看火门和检查门等装置，应齐全完好、关闭严密。
3. 安全阀、压力表、温度计等安全附件，应每周至少检查、试验一次。
4. 安全阀应每年至少进行一次整定和校验，压力表每半年校验一次。

三、锅炉应急处置

锅炉在正常运行过程中容易出现炉内缺水、炉膛过热、承压件损坏、安全阀堵塞等异常情况。如果操作人员不能及时发现或应急处置不当，就有可能导致锅炉超压运行，甚至爆炸。

案例

2011 年 8 月 20 日 16 时，山西省长治市城区人民医院，司炉工郭某某带亲戚一家 3 口到锅炉房洗澡，造成 0.5 t 承压蒸汽锅炉严重缺水。郭某某发现后盲目补水，导致锅炉发生爆炸，造成 3 人死亡、20 人受伤。

为避免锅炉应急处置中的人身安全风险，根据《锅炉安全技术监察规程》，制定预防措施：

1. 锅炉运行操作人员，应掌握紧急停炉原则、方法、步骤。

2. 运行中发现水位计、压力表、安全阀失灵，受压部件泄漏，炉膛严重结焦，受热面金属超温无法恢复以及其他危及人身、设备安全时，应立即停炉。

3. 锅炉及其附属设备检修，应在无压、低温条件下进行。

四、压力容器使用

压力容器是指盛装气体或者液体，承载一定压力的密闭设备。铁路常用的压力容器有铁路罐车（介质为液化气、低温液体），罐式集装箱，用于风动道岔转换、车辆减速器动作和车辆管路试风的贮风罐（缸），以及氧气、乙炔、氩气等贮气瓶和其他承压容器。压力容器属国家规定的特种设备，如果使用中违章作业或维护保养不到位造成安全部件失效、保护装置失灵，以及壳体损伤变形、温度聚变和破坏性环境因素等情况，都会破坏压力容器内的气体或液体约束条件，极易瞬间释放能量发生爆裂，导致现场人员伤亡。装有易燃易爆物品的压力容器爆裂时，遇周围静电或其他火源还易发生二次爆炸，酿成灾难性事故。

案例

2005 年 12 月 29 日 6 时许，南昌某铁路新能源有限责任公司的一辆罐车充装液化石油气后编入 14001 次货车（加挂 6 节罐车，总装载量 216 t），从黑龙江省齐齐哈尔榆树屯站开往江西省童家站，途经安徽省阜阳北站发生泄漏。阜阳市安全生产监督管理局接报后立即指挥清除车站现场 200 m 半径范围内所有火源、电源，实施消防警戒，对周棚液化气站周围 500 m 半径范围内的群众进行疏散，由消防车对罐车喷水稀释，防止静电、火花引起爆炸。在消防部门全程监护下，将牵引机车与事故罐车之间加挂空车隔离，于 14 时 05 分将事故罐车转移至周棚液化气站，14 时 20 分救援人员打开罐车顶部人孔盖，开始卸载。此次救援历时 12 h，200 余人参加，避免了一起特大事故发生，但影响京九铁路线正常行车近 8 h。此次事故的直接原因是水进入该罐车温度计护管，在低温状况下结冰膨胀造成护管破裂导致泄漏。

2023 年 8 月 23 日，衡山某铁路建筑有限责任公司在高层消防管道改造中，对管道进行气密加压试验，压力为 0.5 MPa，试验结束后未对管道进行泄压。8 月 28 日 10 时 32 分，作业人员李某某在消防管道内有气体压力的情况下拆卸法兰，当拧松最后一颗螺钉时，气体冲开法兰，法兰在压力作用下迸出击中李某某胸部，其经抢救无效死亡。

为避免压力容器使用中的人身安全风险，根据《中华人民共和国特种设备安全法》《固定式压力容器安全技术监察规程》，制定预控措施：

1. 压力容器使用单位对其使用全过程的管理和安全负责。其安全管理人员、检测人员和作业人员应按照国家有关规定取得相应资格。

2. 压力容器投入使用前或使用后三十日内，向特种设备安全监督管理行政主管部门办理使用登记。登记标志应置于该特种设备的显著位置。

3. 压力容器的使用单位应按有关要求制定操作规程，并组织培训、实施。

4. 压力容器承压时，不得对壳体、安全附件、管道及配件等进行敲打、维修或更换。出现紧急泄漏需带压堵漏时，必须按设备操作要求和防护措施执行。

5. 压力容器耐压试验时，应清理罐体、管道及其附件周围易燃、易爆、有毒、有害等物质，设置警戒防护区域，严禁无关人员进入现场。升压时应分阶段、缓慢升至试验压力。

6. 按《压力容器定期检验规则》对压力容器进行周期检验。

7. 压力容器发生下列异常现象之一时，操作人员应立即采取紧急措施，并按规定及时向有关部门报告。

（1）压力容器工作压力、介质温度或壁温超过规定值，采取措施仍不能得到有效控制。

（2）压力容器的主要受压元件发生裂缝、鼓包、变形、泄漏等危及安全的现象。

（3）安全附件失效。

（4）接管、紧固件损坏，难以保证安全运行。

（5）发生火灾等直接威胁到压力容器安全运行。

（6）过量充装。

（7）压力容器液位超过规定，采取措施仍不能得到有效控制。

（8）压力容器与管道发生严重振动，危及安全运行。

（9）其他异常情况。

练习题

一、单选题

锅炉安装、改造和重大修理过程应经（　　）监督检验，未经监督检验合格的锅炉，不得交付使用。

A. 安监部门　　B. 维保单位　　C. 使用单位　　D. 检验检测机构

二、多选题

锅炉运行操作人员，应掌握紧急停炉（　　）。

A. 口令　　B. 方法

C. 步骤　　D. 手势

E. 原则

三、判断题

锅炉使用单位应安排锅炉定期检验，并在下次检验日期前半个月向检验检测机构提出定期检验申请。（　　）

第三节　起 重 机 械

一、起重机械管理

起重机械是指用于垂直升降或垂直升降并水平移动重物的机电设备，其范围规定为额定起重量 0.5 t 及以上升降机；额定起重量 1 t 及以上，且提升高度 2 m 及以上的起重机。铁路常用的起重机械有救援吊、轨道吊、桥式起重机、门型吊、桅杆起重机、悬臂起重机等。加强起重机械的维护、保养、检测，对确保起重机械正常使用十分关键。如果不按规定检测或年检，起重机械在使用中就有可能发生断裂、坠落、失控，造成人身伤亡事故。

案例

2013 年 5 月 20 日 10 时 50 分，某船舶柴油机有限公司磨盘溪重件码头，使用桥式起重机吊装重物时，破裂的吊钩组滑轮轮缘将钢丝绳割断，导致重物坠落，造成 2 人死亡、1 人受伤。

为避免起重机械管理不规范带来的人身安全风险，根据《起重机械安全技术规范》《特种设备使用管理规则》，制定预防措施：

1. 起重机械在首次使用前，其产权单位应向产权所在地检验机构申请首次检验。

2. 在用塔式起重机、升降机、流动式起重机应每年定期检验一次；桥式起重机、门式起重机、门座式起重机、缆索式起重机、桅杆式起重机应每 2 年定期检验一次。

3. 定期检验日期以安装改造重大修理监督检验、首次检验、停用后重新检验的检验合格日期为基准计算，下次定期检验日期不因本周期内的复检、不合格整改或逾期检验而变动。

4. 起重机械技术性能、安全防护装置、防松装置、制动器、钢丝绳、链条磨损情况、索具及辅具等，应每月检查一次。

5. 起重机械金属结构连接、主要零部件磨损、裂纹、变形等情况，指标装置可靠性和精度、动力系统和控制器等，应每年检查一次。

6. 起重机械使用单位应当进行危险源辨识和风险评估，制定危险源分级管控表和隐患排查项目清单，建立隐患排查制度，做好日常隐患排查记录，建立隐患排查档案。

7. 起重机械使用管理应当符合《起重机械安全技术规范》和《特种设备使用管理规则》。

二、起重作业

起重作业是指使用吊具、索具捆绑重物后，利用起重机械或起重工具，移动重物的操作活动。这里所说的起重机械是指救援吊、轨道吊、桥式起重机、门型吊、桅杆起重机、悬臂起重机等；起重工具是指千斤顶、滑轮、手拉葫芦、自制吊架、各种绳索等。在起重作业中，容易发生绳索断裂，重物偏移、翻转，甚至起重设备故障等突发情况。如果起重物件捆绑不牢、吊臂和起重物件下方停留人员等，都有可能造成作业者及周围人员人身伤亡。

案例

2008 年 3 月 5 日 12 时 30 分，某铁路工业总公司工务器材厂进行旧轨整修作业。班长马某在未戴安全帽的情况下，登上厂内 2 道线路东侧 4.8 m 高的钢轨垛。在安装好吊装卡具后，指挥吊车司机开始起吊。由于卡具安装位置不正，起吊后钢轨重心向北偏移，南头翘起，北头未离开钢轨垛。此时，马某违章指挥吊车向西侧移动，移动中北头卡具滑脱，钢轨落下，站在西南侧的马某躲闪不及，从钢轨垛上掉下，造成头部多处受伤，后经医院抢救无效死亡。

2009 年 6 月 1 日，包头市某焦化有限公司的 4 m 深水池潜水泵故障。为图省事，操作员李某某在储水池一角，以水池拐角顶面为支点，斜搭一根钢管，在钢管中间挂上倒链起吊水泵，起吊过程中钢管一端滑脱，导致倒链随钢管坠落，砸在下方工人庞某的左肩上，造成其左肩锁骨粉碎性骨折。

为避免起重作业不规范带来的人身安全风险，根据《起重机械安全技术规范》《铁路装卸作业安全技术管理规则》，制定预防措施：

1. 起吊、移位前，人员应撤离至安全区域。辅助操作人员应有 2 m 以上退让余地，禁止站在起吊物上和死角处。

2. 起吊物应捆绑牢固，吊索平顺，吊挂平衡，吊起 0.2 m 应停车检查，无异状后方可运行。

3. 起吊后，禁止人员手、脚伸入吊起物下方取放垫物和传递索具，禁止在吊臂或起吊物下方通过和停留。

4. 校正悬空物件位置时，0.5 m 以下可用手扶，但不得用肩、身推靠；0.5 m 以上应用司索钩或牵引绳；6 m 以上长大物件应拴牵引绳。

5. 严禁利用管道、管架、电杆、信号机、机车、车辆等可能损坏或位移的物体做吊装锚点，未经相关部门审查核算，不得将建筑物、构筑物作为锚点。

6. 信号指挥不明不准吊；斜牵斜挂不准吊；吊物重量不明或超负荷不准吊；散物捆扎不牢或物料装放过满不准吊；吊物上有人不准吊；埋在地下物不准吊；安全装置失灵或“带病”不准吊；现场光线阴暗看不清吊物起落点不准吊；棱刃物与钢丝绳直接接触无保护措施不准吊；六级以上强风天气不准吊。

练习题

一、单选题

1. 起重作业起吊、移位前，辅助操作人员应有（　　）m 以上退让余地。

A. 1　　B. 2　　C. 3　　D. 4

2. 起吊物应捆绑牢固，吊索平顺，吊挂平衡，吊起（　　）m 应停车检查，无异状后方可运行。

A. 0.2　　B. 0.5　　C. 0.8　　D. 1

二、多选题

1. 起重机技术性能、（　　）、链条磨损情况、索具及辅具等，应每月检查一次。

A. 安全防护装置　　B. 吊臂

C. 防松装置　　D. 制动器

E. 钢丝绳

2. 起重机械定期检验日期以（　　）的检验合格日期为基准计算。

A. 安装改造重大修理监督检验　　B. 首次检验

C. 使用后检验　　D. 使用前检验

E. 停用后重新检验

三、判断题

1. 使用起重机械时，吊物重量不明或超负荷不准吊。（　　）
2. 使用起重机械时，严禁利用可能损坏或位移的物体做吊装锚点。（　　）
3. 使用起重机械时，可利用电杆、信号机做吊装锚点。（　　）

第四节　场（厂）内专用机动车辆

一、场（厂）内专用机动车辆管理

场（厂）内专用机动车辆是指除道路交通、农用车辆以外仅在工厂厂区、旅游景区、游乐场所等特定区域使用的专用机动车辆，属国家规定的特种设备。铁路行业场（厂）内专用机动车辆主要用于车站站台、货场、施工现场等特定区域的载人、运货和装卸，常见的有叉车、挖掘机、装载机、电瓶车、行包车等。如果不按规定对场（厂）内专用机动车辆进行使用、维护、保养，或车况不良、带“病”运行，就有可能发生人身伤亡事故。

案例

2010年6月18日，某铁路局某车站货场，叉车驾驶员吴某某明知叉车两侧制动力不均匀，制动跑偏，仍继续使用。当天吴某某转运货物时，在急转弯处突然发现前方有人，紧急刹车，导致叉车侧翻，造成其手臂粉碎性骨折。

为避免场（厂）内专用机动车辆管理不规范带来的人身安全风险，根据《中华人民共和国特种设备安全法》《特种设备安全监察条例》，制定预防措施：

1. 使用单位应对场（厂）内专用机动车辆进行经常性维护保养和定期自行检查，对安全附件、安全保护装置进行定期校验、检修，并作出记录。

2. 场（厂）内专用机动车辆出现故障或发生异常情况，使用单位应对其进行全面检查，消除事故隐患，方可继续使用。

二、场（厂）内专用机动车辆作业

场（厂）内专用机动车辆往往结构特殊，整机和承载货物构件能上下移动、左右转动，非常灵活、迅速，但有时在作业中会出现遮挡驾驶员视线的情形，比如铁路行业常用的挖掘机、装载机、叉车等。如果驾驶员违反作业区域安全制度、操作规程，臆测行事，就容易发生撞轧、碰撞、剐蹭、货物坠落等事故，甚至造成人身伤亡。

案例

2007 年 9 月 3 日 14 时 30 分，某铁路局某车辆段检修车间，电焊工王某某在检修库内擅自驾驶回收废铁的电瓶搬运车。因其操作失控，撞上库内一辆待修的机车车体，被轧伤致死。

2008 年 5 月 26 日 16 时 40 分，某铁路局张家口南站货场，司机李某某驾驶叉车装载超大货物，瞭望视线受遮挡，在货场安全通道左侧凭经验超速行驶中，将 1 名正在作业的车号员撞轧在车轮下，车号员经抢救无效死亡。

为避免场（厂）内专用机动车辆作业不规范带来的人身安全风险，根据《厂内机动车辆安全管理规定》，制定预防措施：

1. 场（厂）内专用机动车辆应遵守作业区域安全规章制度，严禁超载。

2. 场（厂）内专用机动车辆在场（厂）内行驶速度不得超过 10 km/h，并应与铁路机车、车辆及场（厂）内其他车辆、货物、设备、设施等保持安全距离。

3. 场（厂）内专用机动车辆邻近铁路线路时，不得随列车同时移动；作业面高于邻近线路停放时，应与线路平行停放，并采取防溜制动措施。

练习题

一、单选题

1. 场（厂）内专用机动车辆在场（厂）内行驶速度不得超过（　　）km/h，并应与铁路机车、车辆及场（厂）内其他车辆、货物、设备、设施等物体保持安全距离。

A. 5　　B. 10　　C. 15　　D. 20

2. 场（厂）内专用机动车辆作业面（　　）邻近铁路线路停放时，应与线路平行停放，并采取防溜制动措施。

A. 垂直　　B. 平行　　C. 低于　　D. 高于

二、多选题

使用单位应对场（厂）内专用机动车辆进行经常性维护保养和定期自行检查，对（　　）进行定期校验、检修，并作出记录。

A. 车辆座椅　　B. 安全附件

C. 车辆外观　　D. 安全保护装置

E. 车辆轮胎

三、判断题

1. 场（厂）内专用机动车辆出现故障或发生异常情况，使用单位应对其进行全面检查，消除事故隐患，方可继续使用。（　　）

2. 场（厂）内专用机动车辆邻近铁路线路时，应减速慢行。（　　）

3. 场（厂）内专用机动车辆应遵守作业区域安全规章制度，特殊情况可以超载。（　　）

第五节　自轮运转特种设备

一、上线运行

自轮运转特种设备是指铁路线路上运行的铁路轨道车、救援起重机及铁路施工、维修专用车辆，包括架桥机、铺轨机、接触网作业车、大型养路机械等。自轮运转特种设备最大安全风险是运行中制动系统故障和停车时自动缓解。如果不按规定周期对制动系统检修校验、运行中制动系统异常、停车时不按规定采取防溜措施等，都有可能发生制动失灵、车辆溜逸，从而导致行车和人身伤亡事故。

案例

2003年4月20日1时56分，某石油公司铁路管理处，司机秦某某、副司机李某某值乘DF4—3677号机车，担任3402次列车牵引任务，编组为机后第1～2位空罐车、第3～37位柴油重车，由图定南站开车后驶往北站。当列车驶出南站500 m下坡道处，实施第一次制动，列车没有减速，便立即采取紧急制动措施，但司机发现制动失效列车放飏，随即向北站及交接站呼叫报告。2时03分，列车冲过北站，交接站果断启用安全线等应急措施。2时16分，3402次列车冲出交接站安全线土挡，脱轨颠覆，油品泄漏引发火灾。事故导致1名企外人员死亡、1人轻伤。

为避免自轮运转特种设备上线运行中的人身安全风险，根据《轨道车管理规则》，制定预防措施：

1. 自轮运转特种设备制动机、制动缸及各种阀件管路，每半年应进行一次检修校验。

2. 出车前，应确认空压机无异响、过热、明显窜油，空压机充风时间和储风缸安全阀开启、关闭压力符合说明书规定，制动机性能试验良好。

3. 总风缸风压不得低于 690 kPa，制动管定压不得低于 500 kPa，作业中禁止停机熄火。

4. 站内停车待避时，应保压制动；发动机熄火等待时，应设置防溜措施；值乘司机不得同时离车。

二、车载设备使用

自轮运转特种设备上安装的行车安全设备有机车信号、列车无线调度电话、列车运行监控记录装置，通常称为机车“三项设备”，它能自动反映前方地面信号，实现列车超速自动控制和在关闭的信号机前方自动停车，被司机称为“保命设备”。运行中，机车“三项设备”一旦发生故障，就不能防止冒进信号，造成行车和人身伤亡事故。

案例

2008 年 10 月 24 日 2 时 17 分，某铁路局大秦线运行的 56603 次轨道车监控装置故障后，作业人员未按规定汇报、处理。轨道车运行至延庆至下庄间，司机犯困打盹，间断瞭望，车辆超速运行，在军都山隧道内 K278+960 处冒进信号，与前行的 77007 次 2 万吨重载列车发生追尾，导致第 1 位作业车、第 2 位轨道车脱轨，造成 1 人死亡、1 人受伤。

2010 年 1 月 7 日 8 时 25 分，某铁路建设电化局集团三公司，司机李某某值乘 2842 号接触网作业车，执行 56061 次列车牵引任务，因出车前关闭了列车运行监控记录装置，当列车运行至青藏线西格段达布逊站，冒进显示为红灯的进站信号，接触网作业车及机后第 1 位平车的前台车在 3 号道岔处脱轨，事故中断青藏线西格段下行线 3.5 h。

为避免车载设备使用不规范带来的人身安全风险，根据《轨道车管理规则》，制定预防措施：

1. 轨道车、作业车出库前，应对行车安全设备检查试验，作用不良不得出库。

2. 轨道车、作业车上线运行时，行车安全设备应全程开机。

3. 运行中监控装置故障无法恢复时，应向车站汇报，并按调度命令运行至前方站停车处理。

三、开关车门

自轮运转特种设备是铁路建设、维护、抢险以及运送人员等工作的主要运输设备，车内经常乘坐检修、装卸等非乘务人员。如果自轮运转特种设备在运行中车门锁闭不牢或乘车人员在运行中擅自打开车门，极易发生坠落或被车门挤伤等人身伤害。

案例

2015 年 4 月 12 日 23 时 58 分，某旅客列车运行中，乘客杨某某在上车 2 h 后，感觉不适，私自打开车门吹风透气，浏览夜景。列车运行至某站准备站内停车开始减速，导致车厢摇晃，杨某某重心失稳，不慎跌落至线路旁的草丛中，因伤势较重，不能行走。次日 8 时，被后班次列车乘务员发现方被救。

为避免开关车门中的人身安全风险，制定预防措施：

1. 关闭车门前，乘务员应确认车梯及车辆周围无扒乘人员。

2. 车辆运行前，乘务员应锁闭好车门，车未停稳任何人员不得打开车门。

四、冬季启动

冬季气温较低，常会造成自轮运转特种设备蓄电池存储电量减少，发动机润滑油黏度增高，各部件转动阻力增大，出现启动困难，甚至无法启动。此时，如果用明火预热发动机，极易引燃油污、油管造成火灾，导致人身伤害。

案例

2012 年 2 月 16 日，宁夏回族自治区银川市永宁县望洪镇东和村村民张某某将自家载货汽车长时间停放在车棚，因气温较低，燃油和润滑油受冷凝结，车辆难以启动，便采用明火烤车辆底壳和油箱的方法进行预热。由于油箱局部受热时间过长，油箱突然爆炸起火，张某某被烧伤，车辆、车棚烧毁。

为避免自轮运转特种设备冬季启动中的人身安全风险，根据《轨道车管理规则》，制定预防措施：

严禁使用明火预热发动机、油箱、油管，及不熄火时用油棉丝布擦拭发动机。

五、油料补充

自轮运转特种设备通过铁路机车专用油库、油料配送车和存储油桶加注等方式补充燃油。补充油料时，容易造成燃油洒漏，遇有火源极易发生火灾事故。另外，自轮运转特种设备在车库内补充油料，或油料配送车在车库内向储油间油桶加注燃油时造成油料洒漏，车库值班人员清理后，往往采取开门通风措施，其间遇有明火或车库周边施工人员、其他闲杂人员吸烟，极易引发火灾爆炸事故。

案例

2023 年 4 月 20 日 18 时 18 分，某车库补充油料后地面存有漏油，气味很浓，值班人员李某对储油间开门通风。此时，在附近打工的张某等 4 名工人下班后，到车库值班室找李某闲聊。聊天中，张某拉开门将烟头扔到值班室门外，很快引燃车库地面漏油，在救火过程中李某被烧成重伤。

为避免油料补充不规范带来的人身安全风险，制定预防措施：

1. 加注燃油时，应注意防火，严禁在油箱附近及加油作业中吸烟。

2. 库内补充油料后，应及时处理地面漏油。

3. 油料库开门通风时，应有专人防护。

4. 严禁在车上或附近使用明火，必须就地使用电焊或气焊时，应尽量远离油箱，并应准备足够的灭火器具，清除附近易燃物品。

六、轨道车作业

轨道车在现场施工、维修、抢险救灾作业中，经常承担输送人员、运送料具、协助作业等任务。作业中，如果违章登乘、违规装载、盲目动车或行车人员对轨道车状态不明，违章指挥，都有可能给乘务人员、登乘人员及周围作业人员带来安全风险。

案例

1997 年 1 月 10 日 8 时 20 分，湖南醴陵地区大雾弥漫，某工务段请求开行轻型轨道车，进入浙赣线醴陵东至老关间上行线维修作业。醴陵东站值班员口头同意后，8 时 25 分，挂有两辆平板车，运载着 25 名施工人员的轨道车在出站过程中，车站值班员未确认轨道车是否出站就取消进路，排列下行 3115 次接车进路，结果造成 13 号道岔提前转换，致使出站中的轨道车错误进入下行区间。8 时 28 分，轨道车运行至 K896+150 弯道处，与迎面开来的 3115 次货物列车发生正面冲撞，造成 20 人死亡、4 人重伤、1 人轻伤的重大铁路交通事故。

为避免轨道车作业中的人身安全风险，制定预防措施：

1. 轨道车进入现场作业前，使用单位应设驻站联络员，并按规定办理登记。

2. 轨道车动车前，应确认乘坐人员坐稳、扶牢，货物装载牢固，周围无人，线路状态良好，方可鸣笛动车。

3. 轻型轨道车限乘 6 人；拖车每辆限乘 10 人，并应安装栏杆或扶手。装载路料、机具的拖车不准搭乘人员。

4. 轨道车动态不清、位置不明，车站值班员不得盲目操纵设备，排列进路。

七、接触网作业车平台紧急下降开关

接触网作业车平台升降系统发生故障不能及时排除，平台不能正常下降时，可使用紧急下降开关，使平台回落至初始位置。使用平台作业时，如果误触碰、误操作紧急下降开关，就会使平台急速下降，造成作业人员坠落伤亡。

案例

2015 年 7 月 15 日 10 时 25 分，某供电段接触网作业车，悬挂调整作业结束后，平台不能正常下降复位。监护人急忙上车打开紧急下降开关，致使平台突然下降，造成平台上解开安全带正准备下梯的 1 名作业人员坠落，后经医院抢救无效死亡。

为避免接触网作业车平台紧急下降开关使用中的人身安全风险，制定预防措施：

1. 接触网作业车平台紧急下降开关，应由司机加锁、管理和使用。
2. 使用紧急下降开关时，应先将平台回转至中位，再缓慢打开。

练习题

一、单选题

1. 轨道车运行前，乘务员应（　　）好车门。

A. 锁闭　　B. 检查　　C. 看管　　D. 巡视

2. 轨道车进入现场作业前，使用单位应设（　　），并按规定办理登记。

A. 现场防护员　　B. 驻站联络员

C. 远端防护员　　D. 现场负责人

二、多选题

1. 自轮运转特种设备（　　），每半年应进行一次检修校验。

A. 制动机　　B. 制动缸

C. 走行部　　　　　　　　　　D. 空压机

E. 各种阀件管路

2. 轨道车动车前，应确认（　　），线路状态良好，方可鸣笛动车。

A. 乘坐人员坐稳　　　　　　　B. 乘坐人员扶牢

C. 乘坐人员到齐　　　　　　　D. 货物装载牢固

E. 周围无人

三、判断题

1. 自轮运转特种设备在站内停车待避时，应保压制动。（　　）

2. 轨道车未停稳除乘务员外任何人员不得打开车门。（　　）

3. 轨道车、作业车上线运行时，行车安全设备应按需要开机。（　　）

第九章　道路交通工伤预防

愚蠢的冒险就是把生存的权利交给上苍，听天由命的因果总会兑现。

第一节　起步与停车

一、出车准备

出车前，驾驶员精神状态良好十分重要，如果不充分休息或酒后驾车，行驶中就容易造成交通事故。特别是酒后驾车，驾车人容易出现大脑思维混乱、视觉恍惚、反应迟缓，自控能力降低，不能正常判断车距、车速，不能准确识别交通信号和行驶路况，不能正常驾驶或处置紧急情况，所以酒后驾车极易酿成交通事故。

案例

2009 年 1 月 24 日 18 时 30 分，河南省滑县高平镇东留香寨村路段上，魏某某醉酒后驾驶“豫 J90153”小型面包车，撞死 2 名行人后，继续高速疯狂逃逸，接连撞倒 9 人，又造成 6 人死亡、3 人受伤。

为避免出车准备中的人身安全风险，根据《中华人民共和国道路交通安全法》，制定预防措施：

1. 驾驶人应按驾驶证载明的准驾车型驾驶机动车。

2. 饮酒、服用国家管制精神药品或麻醉药品，或患有妨碍安全驾驶机动车疾病，或过度疲劳影响安全驾驶的，不得驾驶机动车。

3. 专职驾驶员酒后 6 h 内，不得驾驶机动车，6 h 后按《中华人民共和国道路交通安全法》执行。

二、安全带

安全带是汽车在发生碰撞过程中，保护驾乘人员的基本防护装置，起着约束位移和缓冲作用。汽车碰撞时，驾乘者身体会随惯性向前保持碰撞前初速度位移，此时，安全带会瞬间约束驾乘者身体，化解惯性力，防止发生二次碰撞，避免或减轻人员伤害；汽车翻滚时，安全带能防止车内人员碰撞、坠落，克服车体撞击和人体惯性叠加伤害。行驶中，如果不按规定使用安全带，遇交通事故，驾驶员就有可能胸部被方向盘挤压，乘客在车内发生二次碰撞，甚至被甩出车外，导致人身伤亡。

案例

2012 年 8 月 31 日 8 时 50 分，河南省灵宝市某汽车客运公司驾驶员郭某某驾驶“豫 M15260”金龙牌大型客车，沿连霍高速进入河南三门峡境内，天降大雨。车辆自西向东行至 784 km+458 m 下坡转弯处，因车速过快，车辆失控，撞向道路左侧桥面中央护墙，后又撞向道路前方 24 m 处右侧护栏，并冲破护栏翻入 20 m 深沟，未系安全带的许多乘客被甩出车外，后又被翻滚的车体砸压。事故共造成 8 人当场死亡，3 人经抢救无效死亡，14 人受伤。

为避免安全带使用不规范带来的人身安全风险，根据《中华人民共和国道路交通安全法》，制定预防措施：

机动车行驶时，驾驶人、乘坐人员应按规定使用安全带。

三、车辆起步

车辆起步前，一般应检查油、水、灯光和仪表盘状态等，但从安全角度来说，轮胎检查也同为重要，因为车辆在行驶过程中，轮胎与地面之间的滚动摩擦，会使轮胎橡胶发热、膨胀、变软。遇有弯道、紧急刹车或碾轧障碍物等特殊情况，气压过高、过低或胎面伤损较重的轮胎，就很容易发生爆胎，使车辆瞬间失控，造成人员伤亡。另外，如果起步前，不对车辆周围人员或障碍物进行检查，盲目起步，还容易造成碾轧或撞击事故。

案例

2012年2月5日16时左右，福建省泉州市惠安县净峰镇，王某某一家6口驾驶“粤S656A9”日产逍客轿车行至南惠高速涂寨至斗尾路段时，左前轮爆胎，车辆撞向中间护栏，车身被护栏切成两段，造成5人当场死亡，其中包括2名儿童。

2013年5月13日17时15分，山东省淄博市张店区驾驶员徐某驾驶载货汽车在商店门前卸完车后，重新起步前未发现蹲在车前玩耍的3岁女童，将其撞倒后碾轧致伤，后经抢救无效死亡。

为避免车辆起步中的人身安全风险，制定预防措施：

1. 上车前，应检查轮胎气压正常，胎面无伤损，车辆底盘无漏油、漏液，四轮无松动。

2. 确认四周无人或障碍物后，方可鸣笛起步。

3. 起步时应慢行，发现异常或听到异声立即停车处置。

四、普通公路停车

普通公路机动车与非机动车混合使用，道路两侧和路口随时都有车辆和行人通行，车辆停车时，应提前减速，并通过后视镜观察其他车辆和行人，在确认安全的情况下，打开转向灯，靠边停车。普通公路停车后，如果不确认两侧车辆和行人通行情况，随意打开车门，极易发生与其他车辆和行人剐碰事故；遇特殊情况如果停车后不开启危险报警闪光灯，或在来车方向设置警告标志，警示后方车辆，极易发生追尾事故。

案例

2014年4月11日凌晨，广东省从化市骆某某和朋友开车到从化老城区一家大排档吃夜宵，因道路狭窄，停车位紧张，他将车直接停在路边。李某某驾驶摩托车路过此处，由于夜晚视线不良，未发现路边停留轿车，躲避不及，与其相撞。事故造成李某某严重开放性颅脑损伤，颅底骨折。事后，从化市交警大队认定，骆某某违章停车承担事故次要责任。

为避免普通公路停车中的人身安全风险，根据《中华人民共和国道路交通安全法》《中华人民共和国道路交通安全法实施条例》，制定预防措施：

1. 在道路上临时停车，不得妨碍其他车辆和行人通行。

2. 禁止在未施划停车泊位的人行道上停放机动车。

3. 不得在人行横道、网状线区域内停车等候。

4. 机动车因故障等原因停车时，应立即开启危险报警闪光灯，并移至不妨碍交通的地方停放。难以移动时，应持续开启危险报警闪光灯，并在来车方向 50 ~ 100 m 处设置警告标志等措施扩大示警距离，必要时迅速报警。

五、高速公路停车

高速公路采用封闭式管理，车辆行驶速度快，驾驶员在目视、测距和操作上完全区别于普通公路，长时间驾车行驶容易造成视觉疲劳，放松警惕，难以判断前方车辆行驶速度，遇到前方车辆突然减速或停车，慌忙躲避极易造成侧翻或追尾事故。所以，在高速公路上临时停车，如果不停靠在紧急停车道内，或停车后不在车辆后方更远地方设置停车警告标志，警示后方来车注意避让，很容易导致车辆追尾事故。

案例

2009 年 4 月 19 日 1 时 40 分，王某驾驶小轿车行至四川省成南高速金堂竹段，与一辆货车发生剐擦，停于应急车道等待交警处理。王某和 4 名乘客未下车，也未在车辆后方设置警告标志。随后，被一辆在应急车道违章超车的货车追尾，造成车上 2 人死亡、2 人重伤。

2011 年 7 月 4 日 3 时 40 分，湖北省武汉市某旅游公司雇用临时驾驶人梁某，驾驶“鄂 AE3892”大型客车（核载 55 人，实载 54 人），由广东省广州市驶往湖北省天门市。当行至湖北省仙桃市境内随岳高速公路 229 km+400 m 处时，违法骑压慢速车道和紧急停车带分道线停车下客，被后方驶来的“鄂 F1N210”重型半挂车追尾，导致两车冲出高速公路护栏，翻入边沟并起火燃烧。事故最终造成 26 人死亡、29 人受伤。

为避免高速公路停车中的人身安全风险，根据《中华人民共和国道路交通安全法》《中华人民共和国道路交通安全法实施条例》，制定预防措施：

1. 高速公路上因故障等原因停车时，应将车辆停靠在紧急停车道内，开启危险报警闪光灯，并在来车方向 150 m 外设置警告标志。

2. 驾乘人员从左侧下车时，应仔细观察左后方车辆通行情况，确认安全后，迅速转移至右侧路肩或应急车道内。

3. 高速公路车道内不得停车。

六、车辆倒车

倒车时驾驶人视线通常受到限制，不易看清后方道路和障碍物。另外，倒车时，后轮变为前导，前轮变为后轮，主观感觉和操控习惯差异很大，没有前进时顺手、方便、灵活和准确。倒车前，最好能下车确认后方障碍物的距离和位置，做到心中有数，不能完全依赖倒车雷达。如果倒车前不仔细观察车后和两侧情况，不随时注意两侧和后方车辆、行人动态，就可能造成人身伤害和财产损失。

案例

2010 年 9 月 7 日 11 时 03 分，江苏省新沂市良辰花苑小区，司机伍某某倒车前未仔细观察车后情况，倒车中将车后玩耍的三岁半男童撞倒，后因处置行为慌乱导致反复碾轧 4 次，男童当场死亡。

为避免车辆倒车中的人身安全风险，根据《中华人民共和国道路交通安全法实施条例》，制定预防措施：

1. 机动车倒车时，应察明车后情况，确认安全后倒车。

2. 不得在高速公路、铁路道口、交叉路口、单行路、桥梁、急弯、陡坡及隧道内倒车。

练习题

一、单选题

1. 在普通公路上，机动车因故障等原因停车时，应立即开启（　　），并移至不妨碍交通的地方停放。

A. 危险报警闪光灯　　B. 远光灯

C. 示廓灯　　D. 雾灯

2. 机动车专职驾驶员酒后（　　）h 内，不得驾驶机动车，6 h 后按《中华人民共和国道路交通安全法》执行。

A. 4　　B. 5　　C. 6　　D. 8

二、多选题

1. 机动车不得在（　　）倒车。

A. 高速公路　　B. 铁路道口

C. 单行路、桥梁　　D. 急弯、陡坡及隧道内

E. 交叉路口

2. 机动车驾乘人员从左侧下车时，应仔细观察左后方车辆通行情况，确认安全后，迅速转移至（　　）内。

A. 右侧路肩　　B. 左侧路肩

C. 右侧车道　　D. 隔离带

E. 应急车道

三、判断题

1. 驾驶人应按驾驶证载明的准驾车型驾驶机动车。（　　）

2. 机动车行驶时，驾驶人和前排乘坐人员应按规定使用安全带。（　　）

3. 遇紧急情况，机动车在高速公路车道内可临时停车。（　　）

第二节　道 路 行 驶

一、行驶速度

机动车行驶速度越快，惯性越大，轮胎与地面附着力越小，甚至使车辆发“飘”，直接延长机动车刹车距离。一旦遇有路况不良，其他车辆和行人抢道、轮胎爆胎以及车辆故障等，驾驶人很难及时调整方向、降低车速或停车，极易造成车辆追尾、侧滑、侧翻或与行人相撞等事故。

案例

2011 年 10 月 7 日 15 时 46 分，河北省唐山市某交通运输集团公司云某驾驶“冀 B99998”大型客车（核载 53 人，实载 55 人）沿滨保高速公路，以 115.9 km/h 速度由保定驶往唐山。当行至天津市武清区境内 60 km+700 m 处，发现前方“鲁 AA356W”小型轿车左右调整方向，便立即减速，但终因车速过快，与其剐撞，车辆失控后向右侧翻，并被路侧波形梁钢护栏切割，造成 35 人死亡、19 人受伤。

为避免行驶速度不合规带来的人身安全风险，根据《中华人民共和国道路交通安全法》《中华人民共和国道路交通安全法实施条例》，制定预防措施：

1. 机动车上道路行驶，不得超过限速标志标明的最高时速。在没有限速标志的路段，应保持安全车速。

2. 机动车高速公路上行驶速度超过 100 km/h 时，应与同车道前车保持 100 m 以上距离，低于 100 km/h 时，应保持 50 m 以上距离。

3. 遇有下列情形之一，机动车行驶速度不得超过 30 km/h：

（1）进出非机动车道，通过铁路道口、急弯处、窄路、窄桥时。

（2）掉头、转弯、下陡坡时。

（3）遇雾霾、雨、雪、沙尘、冰雹，能见度不足 50 m 时。

（4）在冰雪、泥泞道路上行驶时。

（5）牵引故障机动车时。

二、普通公路超车

普通公路路面窄、路况复杂，超车时往往侵入或占用迎面车道，在遇有丁字路口、交叉路口、瞭望不良路段及车辆行人密集道路，情况更为复杂。在普通公路超车时，如果不认真观察迎面车道行驶车辆，准确判断迎面车辆行驶速度和被超车辆行驶速度，就有可能在超车瞬间发生相撞事故。另外，被超车辆遇前方障碍物或突发情况，会突然改变行驶路线，如果超车时不时刻注意被超车辆动态，或不顾及被超车辆驾驶人产生烦躁情绪而强行超车，都有可能发生剐蹭，甚至剐蹭后侵入迎面车道，造成次生相撞事故。

案例

2004 年 5 月 12 日 10 时 20 分，某铁路局某供电段综合工区员工蔡某某，驾驶“鄂 AD6850”小轿车自 318 国道返回单位。途中越过双黄线占用对向车道超车，与迎面驶来的大货车相撞，失控变向后，又与被超大客车左侧尾部剐蹭，车辆严重变形。事故造成蔡某某当场死亡，同乘人高某某经医院抢救无效于当晚死亡。

为避免普通公路超车中的人身安全风险，根据《中华人民共和国道路交通安全法》，制定预防措施：

1. 机动车超车时，应提前开启左转向灯，变换使用远、近光灯或鸣喇叭。

2. 遇有下列情形之一，不得超车：

（1）前车正在左转弯、掉头、超车。

（2）与对面来车有会车可能。

（3）前车为执行紧急任务的警车、消防车、救护车、工程救险车。

（4）行经铁路道口、交叉路口、窄桥、弯道、陡坡、隧道、人行横道、市区交通流量大的路段等没有超车条件的。

三、高速公路行驶

高速公路上车辆行驶速度快，制动距离长，特别是遇有夏季路面雾气折射、恶劣天气、弯道或其他车辆遮挡等情况，驾驶员很难发现和准确判断前方车辆行驶速度，一旦遇有因错过高速出口、车辆故障等，采取违章倒车、逆行、掉头、停车的车辆，难以躲避或停车，极易导致相撞事故，甚至多车追尾。

案例

2010 年 3 月 15 日 22 时左右，福建省某建筑工程集团设计研究院杨某晚上加班后，驾车从莆田赶往福州。因夜晚下雨，能见度低，进入涵江收费站后，误入沈海高速 A 道逆行，杨某发现后，降低车速，继续前行。22 时 40 分和 52 分，交警和路巡车先后发现，分别用警笛、喊话器阻止，但未奏效。23 时 30 分，迎面驶来的大型半挂车发现逆行车辆，紧急刹车，导致后方厢式货车与半挂车追尾，事故造成 1 人死亡、1 人受伤。

为避免高速公路行驶中的人身安全风险，根据《中华人民共和国道路交通安全法实施条例》，制定预防措施：

1. 高速公路上严禁倒车、逆行、掉头、停车。

2. 遇有违章车辆，应立即降低车速，准确判明违章车辆意图，紧急避让或停车。

四、行驶中通话

汽车在行驶中，受气候条件、路面状况、车辆自身质量以及周围其他车辆、人员通行影响，需随时调整速度和方向。在行驶中，如果驾驶员接打手持式电话，势必造成单手操作，一旦遇有紧急情况，很难处置到位。另外，通话中，驾驶员的思维和意识很容易转向通话内容，削弱应变能力，错过最佳处置时机，这都极易酿成交通事故。

案例

2012 年 11 月 24 日 19 时，湖北省某客车运输公司毛某某驾驶大客车，行至京港澳高速公路 1 543 km 处，因低头查看手机，未发现前方横穿高速公路的 1 名男子，相撞后造成该男子当场死亡。

2014 年 9 月 5 日 8 时 21 分，江苏省句容市司机高某某驾驶客车行至句容市郭庄镇路段，约 7 min 时间内 4 次掏出手机低头查看 39 次，甚至几次将手机横过来双手握着并用手指操作屏幕。在通过十字路口时，机动车与骑自行车的杨某发生碰撞，造成杨某死亡。

为避免机动车行驶中违章通话带来的人身安全风险，根据《中华人民共和国道路交通安全法》，制定预防措施：

驾驶机动车时，严禁拨打接听手持电话、观看电视等妨碍安全驾驶的行为。

五、长时间驾驶

长时间连续行车后，容易使驾驶人产生疲劳，并逐渐导致生理和心理机能失调，影响驾驶人的注意力、感觉、知觉、思维、判断、意志、决定和行动等。在表现形式上，会让驾驶人感到困倦瞌睡、四肢无力、注意力不集中、判断能力下降，甚至出现精神恍惚或瞬间记忆消失，出现频繁调整姿态、反复伸展肢体、动作迟缓、操作停顿等不安全因素，极易发生交通事故。

案例

2012 年 8 月 26 日 2 时 31 分，内蒙古呼和浩特市某运输集团司机陈某驾驶“蒙 AK1475”宇通牌卧铺大客车，夜间连续行驶长达 4 h 22 min，中途未停车休息，导致精力不集中，反应和判断能力下降。当行至包茂高速 484 km+95 m 处时，突遇河南省焦作市司机闪某某驾驶的“豫 HD6962”解放牌重型罐式半挂汽车从匝道违法驶入高速公路，且在高速公路上低速行驶。陈某未及时发现前方险情，未采取有效措施避险，与前车发生追尾，致使半挂车内甲醇泄漏，两车起火，造成大客车内 36 人死亡、3 人受伤。

2023 年 2 月 13 日 6 时 50 分，张某某驾驶“赣 F73201”货车，从广东揭阳埔田收费站进入高速公路，经广西、湖南、贵州、重庆前往四川自贡市，行至 G93 成渝环线 522.9 km 处，因疲劳驾驶，货车越过中央隔离带驶入对向车道，与一辆面包车相撞。事故共造成 6 人死亡、1 人受伤。

为避免长时间驾驶带来的人身安全风险，根据《中华人民共和国道路交通安全法实施条例》《国务院关于加强道路交通安全工作的意见》，制定预防措施：

1. 日间连续驾驶机动车不超过 4 h，夜间连续驾驶机动车不超过 2 h，每次停车休息时间不少于 20 min。

2. 机动车客运驾驶员 24 h 累计驾驶时间不得超过 8 h。

3. 同乘人员发现驾驶员疲劳或长时间驾驶，应及时提醒其停车休息。

练习题

一、单选题

1. 机动车客运驾驶员 24 h 累计驾驶时间不得超过（　　）h。

A. 4　　B. 6　　C. 8　　D. 10

2. 机动车在高速公路上行驶，遇有违章车辆，应立即（　　），准确判明违章车辆意图，紧急避让或停车。

A. 提高车速　　B. 报警　　C. 保持车速　　D. 降低车速

二、多选题

1. 机动车遇前车为执行紧急任务的（　　），不得超车。

A. 警车　　B. 消防车

C. 救护车　　D. 工程救险车

E. 洒水车

2. 机动车在高速公路上严禁（　　）。

A. 倒车　　B. 变道

C. 逆行　　D. 掉头

E. 停车

三、判断题

1. 机动车在冰雪、泥泞道路上行驶时，行驶速度不得超过 60 km/h。（　　）

2. 机动车遇前车正在左转弯、掉头、超车，应尽快超车。（　　）

3. 同乘人员发现机动车驾驶员疲劳，应主动采用聊天等方式帮其消除困意。（　　）

第三节　特殊地段行驶

一、交叉路口通行

交叉路口是机动车、非机动车和行人的交汇路段，通行情况较为复杂。车辆、行人密集时，容易造成堵塞，诱发抢道通行；车辆、行人稀少时，容易臆测通行，超速行驶。所以，交叉路口是交通事故的多发地段。如果机动车驾驶员不按信号行驶，或不随时观察车辆和行人通行情况，特别是违章通行车辆和行人，及时准确采取措施，极易发生交通事故。

案例

2012 年 1 月 6 日 17 时 25 分，云南省昆明市严某某驾驶小轿车，由南向北正常通过龙昆路交叉路口时，未发现由西向东闯红灯步行通过路口的梁某，与其相撞，梁某被撞身亡。

2012 年 3 月 21 日 14 时，广西壮族自治区南宁市蒋某驾驶小轿车，沿五象大道由东往西行至青龙岗墓园门前路口时，不按交通信号灯指示通行，与正常通过五象大道的一辆电动车发生碰撞，造成电动车驾驶人覃某某重伤。

为避免交叉路口通行中的人身安全风险，根据《中华人民共和国道路交通安全法》，制定预防措施：

1. 机动车通过交叉路口时，应按交通信号灯、交通标志、交通标线或交通警察指挥通过。

2. 通过没有交通信号灯、交通标志、交通标线，或交通警察指挥的交叉路口时，应减速慢行，并让行人和优先通行的车辆先行。

3. 通过交叉路口时，应加强瞭望，及时躲避违章通行的行人和车辆。

二、铁路道口通行

铁路道口是指道路与铁路平面相交处，分为有人看守道口和无人看守道口。在铁路线路上，列车行驶速度快，惯性大，难以停车，铁路道口上一旦发生相撞事故，后果严重。机动车通过铁路道口时，如果不遵守道口信号指示、不服从看守人员指挥，盲目通行，甚至臆测列车较远，强行横越线路，或闯入封闭栏杆，侵入铁路限界，都有可能被列车撞轧。

案例

2013 年 1 月 28 日 7 时 35 分，黑龙江省五大连池市客运公司驾驶员王某驾驶“黑 N21198”金龙牌客车（核载 35 人，实载 61 人），途径黑河地方铁路北黑线襄河站内 K80+804 无人看守道口处，与列车抢行通过道口，被正常运行的 C40296 次货物列车撞刷，造成大客车上 10 人死亡、41 人受伤。

为避免铁路道口通行中的人身安全风险，根据《中华人民共和国道路交通安全法》，制定预防措施：

1. 机动车通过铁路道口时，应按交通信号或管理人员指挥通行。

2. 机动车通过无人看守道口时，应减速或停车，确认安全后方可通行。

三、隧道行驶

瞳孔是人体获取外部光线并在大脑形成影像的视觉通道。白天机动车行驶接近隧道过程中，驾驶员瞳孔逐渐变大，并在进入隧道瞬间急剧变大，以适应和准确捕获前方及周围环境信息。此时，如果车速过快，超出瞳孔放大速率，会使驾驶员瞬间产生视觉障碍，形成“黑洞效应”，遇有隧道内路面湿滑、障碍物和停留车辆，极易酿成交通事故。另外，隧道内光线较暗，汽车废气和卷起的尘埃不易消散，驾驶员在隧道外方和隧道内，很难远距离准确观察前方路面和无标志车辆，待到发现时往往手忙脚乱，导致追尾或碰撞隧道路缘石事故。

案例

2014年3月1日14时45分，山西省晋城市某物流有限公司驾驶员李某某驾驶装载29.14 t甲醇的“晋E23504，晋E2932挂”铰接车，沿晋济高速前往河南省博爱县。行至距岩后隧道右洞入口约100 m处时，发现右侧车道有运煤车辆排队缓慢通行，但左侧车道至隧道口处没有车辆，遂从右侧车道变更至左侧车道。驶入隧道后，突然发现前方5 ~ 6 m处停有车辆，李某某紧急采取制动措施，但仍与前车追尾，导致前车装载的29.66 t甲醇泄漏并起火燃烧。随后，引燃引爆隧道内滞留的另外两辆危险化学品运输车和31辆煤炭运输车。事故共造成40人死亡、12人受伤。

为避免隧道行驶中的人身安全风险，根据《中华人民共和国道路交通安全法实施条例》，制定预防措施：

1. 机动车通过隧道时，应提前降低车速，开启车灯，随时观察路面情况。
2. 隧道内不得掉头、停车和倒车。
3. 距离隧道50 m以内路段，不得停车。

四、山路行驶

山道弯曲起伏，坡陡路窄，急转弯较多，甚至多有连续转弯或连续坡道，遇有视线不良、强行超车极易发生迎面相撞交通事故。遇有路肩松软、空洞，观察不明，操作不当会发生车辆翻覆、坠落事故。山路往往依山而建，遇有山石滚落或山体滑坡，还会造成车辆被砸甚至被掩埋事件。另外，在连续下坡路段，仅用脚踏板控制车速，容易使制动片和制动盘过热，摩擦系数减小、制动效能降低甚至导致制动失灵，酿成重大事故。

案例

2009年3月26日23时10分，申某某驾驶一辆小型越野车行至三江至桂林321国道689 km青山湾路段时，前方视线不清。申某某急于赶路，强行超车，导致车辆与对向张某驾驶的重型自卸货车车头左侧相撞，造成小型越野车上乘车人杨某、方某受伤。

2012年3月13日12时28分，四川省阿坝藏族羌族自治州马尔康县王某某驾驶“川U20777”金龙大客车自成都驶往马尔康县（该车核载35人，实载21人）。行至马尔康县境内317国道，遇连续下坡，王某某连续使用脚刹制动降低车速，导致刹车失灵。当车辆行至295 km+138 m弯道处，终因车速过快，车辆侧翻，坠入垂高65 m深谷，造成15人死亡、6人受伤。

为避免山路行使中的人身安全风险，根据《中华人民共和国道路交通安全法》，制定预防措施：

1. 迎面无来车时，宜靠近道路中间线行驶。遇弯道时，应提前回至右侧车道。

2. 超车时，应提前开启转向灯、鸣喇叭，夜间交替使用远近光灯示意，弯道不得超车。

3. 遇长下坡道宜采取降低挡位措施控制车速（自动挡车型应切换至手动模式），不得长时间过度使用脚刹。

4. 合理控制车速，仔细观察前方道路，遇有塌方、落石，应果断避险。

练习题

一、单选题

1. 机动车通过铁路道口时，应（　　）。

A. 鸣喇叭后快速通过

B. 慢行通过

C. 按交通信号或管理人员指挥通行

D. 观察无列车后加速通过

2. 机动车通过没有交通信号灯、交通标志、交通标线，或交通警察指挥的交叉路口时，应（　　），并让行人和优先通行的车辆先行。

A. 立即停车　　B. 减速慢行

C. 保持匀速　　D. 鸣喇叭

二、多选题

1. 机动车通过隧道时，应（　　）。

A. 提前降低车速　　B. 开启车灯

C. 开启雾灯　　D. 开启闪光灯

E. 随时观察路面情况

2. 机动车山路行驶中，超车时，正确的做法是（　　）。

A. 提前开启转向灯　　B. 鸣喇叭

C. 夜间交替使用远近光灯示意　　D. 遇弯道时应谨慎超车

E. 弯道不得超车

三、判断题

1. 机动车通过交叉路口时，应加强瞭望，及时鸣笛警示违章通行的行人。（　　）

2. 机动车山路行驶，迎面无来车时，宜靠近道路中间线行驶。（　　）

3. 机动车在距离隧道 30 m 以内路段，不得停车。（　　）

第四节　恶劣天气行驶

一、雨天行车

雨天行车时，汽车前挡风玻璃和后视镜受雨水冲刷，视线受阻；雨天积水还容易掩盖路面原有坑洼、危险点和障碍物；遇有超车或跟车过近，很容易被相邻或前方车辆溅起的水渍遮挡，驾驶员不易准确观察前方路况、车辆和障碍物。如果偶遇山石滚落、护坡塌方、道路塌陷，将很难应急处置。另外，雨天轮胎与路面之间存留的湿水层或泥泞层，会使车辆轮胎摩擦系数减小，造成车轮打滑、空转、制动距离增大。如果行驶中遇有一侧轮胎涉水，一侧阻力瞬间增大，还极易导致车辆失控，甚至侧滑、相撞，酿成交通事故。

案例

2010年8月4日7时20分，内蒙古某电力局司机付某驾驶“蒙H12330”依维柯客车（核载14人，实载9人），由多伦县返回锡林浩特途中，行至308省道44 km处，因雨天路滑，导致客车翻下路基，造成7人死亡、2人受伤。

2012年6月12日11时，吴某驾驶小轿车途经杭宁高速公路63 km处，因下雨路面存有少量积水，轿车经过时突然失控，撞破中央隔离带，冲入对向车道，与一辆正常行驶的安徽牌照重型半挂车相撞。吴某当场死亡。

2014年6月19日，某铁路局车务段4名干部乘坐本段司机驾驶的一辆现代越野吉普车到管内沿线车站检查工作。返回途中，行至西安至禹门口高速公路距韩城约20 km处，因雨后路面积水湿滑，制动时汽车失控，撞上道路中间隔离护栏，造成2人死亡、2人轻伤。

为避免雨天行车中的人身安全风险，根据《中华人民共和国道路交通安全法》，制定预防措施：

1. 雨天行车，特别是遇有积水和轮胎涉水，应降低行驶速度。

2. 雨天跟车、超车、会车时，应保持足够安全距离，遇有行人应主动避让或停车。

3. 遇有大雨视线极低时，应尽可能到安全地带停车避雨。

二、雾霾天行车

雾霾天行车，能见度差，瞭望距离短，不易发现前方车辆和行人，也不易被其他车辆和行人发现。如果车速过快，很容易与前方行驶车辆、停留车辆、违章变道车辆以及障碍物或行人相撞，紧急刹车还容易导致被后方车辆追尾。另外，雾霾天道路标线和交通标志不易辨识，机动车行驶中很容易偏离车道，与相邻车辆或路旁隔离设施发生剐蹭，甚至驶出路面，酿成交通事故。

案例

2011年10月7日，安徽省淮北地区浓雾天气，连霍高速路段能见度很低。7时20分，萧县驾驶员陈某某驾驶轿车行至连霍高速郑州方向285 km处，驶入团雾。陈某某将车辆减速后，突然发现前方因浓雾停车的货车，紧急停车不及，与其追尾相撞。后续车辆也因瞭望不良，车距过近，导致24辆汽车连环追尾，事故共造成6人死亡、19人受伤。

为避免雾霾天行车中的人身安全风险，根据《中华人民共和国道路交通安全法实施条例》，制定预防措施：

1. 雾霾天行车，应开启雾灯和危险报警闪光灯。
2. 合理控制车速，保持足够安全距离。
3. 仔细观察道路标线和交通标志，不得随意变更车道或停车。

三、冰雪天行车

下雪天气，飞舞的雪花会遮挡驾驶员视线，漫天皆白的视觉反射会使驾驶员产生目眩、雪盲或视力下降。车辆轮胎与路面间的冰雪介质，也会使轮胎附着力减小，造成车轮空转、侧滑，车辆不易控制，制动距离增大，遇弯道或紧急情况，极易使车辆驶离车道或造成追尾相撞事故。另外，冰雪天，路面原有坑洼、障碍物和道路标线，被大雪覆盖不易被发现。路上行人、自行车、电瓶车和其他车辆，随时都有可能因失控滑倒或横移侵入行车道。如果驾驶员不仔细观察、提前预判、合理控制车速，就极易发生交通事故，甚至导致连环相撞。

案例

2015年3月18日12时45分，某铁路公司机务段一辆依维柯工程车，由沱沱河前往格尔木进行车辆年检途中，行驶至G109线3 080 km处因在冰雪路面超速行驶，导致汽车向道路左边侧滑至路基下，造成乘车人员张某某受伤，后经抢救无效死亡。

为避免冰雪天行车中的人身安全风险，制定预控措施：

1. 冰雪天应减速慢行，并与前车、周围车辆和障碍物等保持足够安全距离。
2. 车辆减速时，可提前点踩制动踏板，不可踩住不放。

练习题

一、单选题

1. 机动车雨天行车，特别是遇有积水和轮胎涉水，应（　　）行驶速度。

A. 提高　　B. 降低　　C. 保持　　D. 关注

2. 雾霾天驾驶机动车，应（　　），不得随意变更车道或停车。

A. 不断鸣喇叭快速行驶　　B. 靠道路右侧行驶

C. 在道路中间行驶　　D. 仔细观察道路标线和交通标志

二、多选题

机动车雾霾天行车，应开启（　　）。

A. 雾灯　　B. 示廓灯

C. 近光灯　　D. 远光灯

E. 危险报警闪光灯

三、判断题

1. 机动车雨天跟车、超车、会车时，应保持足够安全距离，遇有行人应快速通过。（　　）

2. 雾霾天驾驶机动车，应合理控制车速，保持足够安全距离。（　　）

3. 机动车冰雪天应减速慢行，并与前车、周围车辆和障碍物等保持足够安全距离。（　　）

第五节　夜 间 行 驶

一、夜间行车

夜间是人们生理活动的低谷期，夜间行车视线不良、视觉受限，驾驶员长时间在灯光照射范围内瞭望，一方面容易出现视觉疲劳、身体疲倦，观察、判断、反应能力和操作技能下降；另一方面很难通过观察周边事物或参照物，判断车距、辨别方向、躲避障碍物等。所以，夜间行车时，如果驾驶员不提前充分休息，不合理控制车速，就很容易造成交通事故。

案例

2006 年 7 月 20 日凌晨 3 时 50 分，广东省东莞市南城区，一辆红色宝马车高速通过鸿福路和东莞大道红绿灯路口时，与“粤 B46104 号”牵引的“粤 B3467 挂”重型集装箱货柜车相撞。宝马车从左侧钻入货柜车挂车车底，钻出后向前滑行 50 余米停下。事故造成宝马车上 5 名乘客当场死亡。

2009 年 6 月 18 日 20 时，河南省南阳市宛城区个体运输户袁某某驾驶重型货车沿 312 国道正常行驶，由于夜间行车视线不良，未能提前发现前方横穿公路的行人王某，将其撞倒造成重伤。

为避免夜间驾驶中的人身安全风险，根据《中华人民共和国道路交通安全法》《国务院关于加强道路交通安全工作的意见》，制定预防措施：

1. 夜间行驶，应降低行驶速度。
2. 同方向行驶的后车与前车近距离行驶时，不得使用远光灯。

二、夜间会车

夜间行驶，驾驶员靠灯光照射路面形成的反射光，获取路面图像信息，路面颜色越深反射光越弱，路面越光滑反射光越弱。比如，路面为平静积水的水平面时，反射光几乎为零，所以前方道路积水往往会呈现黑色，驾驶员很难观察清楚；再如，夜间空气受雾霾、灰尘和汽车尾气等漂浮物影响，在光束照射区会形成光线遮挡层，路面图像信息需穿过遮挡层进入驾驶员眼睛，这又增加了驾驶员观察前方道路的难度；又如，夜间驾驶员为获取路面图像信息，眼睛瞳孔会较白天放大许多。会车时，如果迎面车辆开着远光灯驶来，眼睛受直射光刺激，会调节瞳孔变小。两车距离越接近，迎面灯光未发散区会越集中，接收到迎面直射光会越强，瞳孔也会变得越小，在会车瞬间瞳孔最小。会车结束后，驾驶员为获得原有灯光照射路面图像信息，瞳孔会调节快速放大。在瞳孔由小到大恢复过程中，眼睛视网膜上不能形成路面图像信息，致使眼睛瞬间出现盲区，眼前呈现一片黑暗，随后逐渐看到空气中漂浮物形成的光线遮挡层白色光束，最后看清路面信息。所以，夜间会车时，如果不提前改用近光灯，就会给迎面车辆带来事故隐患，而且迎面车速越快，盲区行驶距离越远，危险性也会越大。

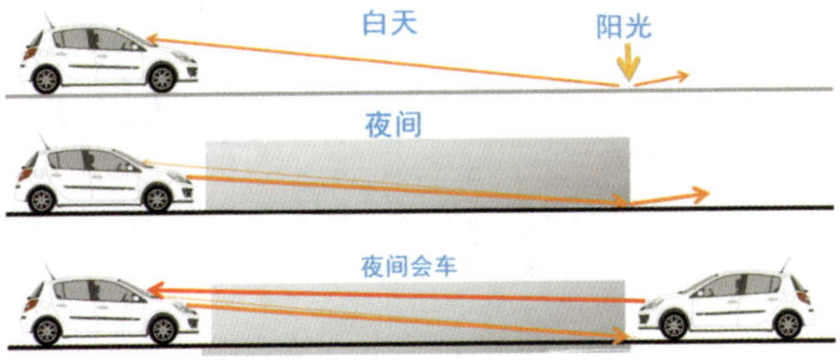

案例

2015 年 12 月 1 日傍晚，江苏省泰州市姜堰城区钱某某驾车行至人民南路附近时，迎面开着远光驶来的多辆轿车强光源和前方光线不足路面形成巨大反差，使其瞬间失去了对原有道路的观察能力。会车结束后，钱某某突然发现前方人行横道上有人骑车抢越，紧急停车不及将其撞飞，后经抢救无效死亡。

为避免夜间会车中的人身安全风险，根据《中华人民共和国道路交通安全法实施条例》，制定预防措施：

1. 夜间会车应在距相对方向来车 150 m 以外改用近光灯。

2. 在窄路、窄桥与非机动车会车时应使用近光灯。

练习题

一、单选题

机动车夜间行驶，同方向行驶的后车与前车近距离行驶时，不得（ ）。

A. 使用远光灯　　B. 超车

C. 鸣喇叭　　D. 紧急刹车

二、判断题

1. 机动车夜间行驶，应保持匀速行驶。（ ）
2. 机动车夜间会车应在距相对方向来车 50 m 以外改用近光灯。（ ）
3. 机动车在窄桥与非机动车会车时应使用近光灯。（ ）

第六节　临时处理与事故处置

一、车灯使用

汽车车灯一般分为示宽灯、近光灯、远光灯、转向灯、倒车灯、雾灯和危险报警闪光灯。在白天使用车灯，主要用于发出意图信号，提醒其他车辆和行人注意；夜间使用灯光，主要用于道路照明和警示车辆宽度。比如，遇故障或事故在道路上停车，或行驶中遇有雨、雪、雾、霾等能见度不足时，如果不开启危险报警闪光灯，警示后方车辆自身存在，就很容易导致追尾事故。再如，行驶中变道、超车或停车时，不正确使用转向灯，就极易与其他车辆和行人发生剐蹭、相撞或碾轧事故。

案例

2014 年 6 月 12 日 6 时 06 分，吴某驾驶黑色奥迪轿车行至杭州市绕城高速西线向北 83 km 三墩主线出口处，未提前开启右转向灯警示后方车辆，突然右拐变道，驶入外侧车道，导致后方运载木材的一辆半挂大货车与其追尾。轿车被巨大的冲击力推入紧急停车带引发侧翻，随后被半挂大货车上滚落的木材砸压、变形。吴某当场死亡。

为避免车灯使用不规范带来的人身安全风险，根据《中华人民共和国道路交通安全法》《中华人民共和国道路交通安全法实施条例》，制定预防措施：

1. 向左转弯、左变更车道、超车、驶离停车地点或掉头时，应提前开启左转向灯。

2. 向右转弯、右变更车道、超车完毕驶回原车道、靠路边停车时，应提前开启右转向灯。

3. 遇故障或事故等在道路上停车时，应开启危险报警闪光灯，夜间还应开启示廓灯和后位灯。

4. 遇有雾、雨、雪、沙尘、冰雹等能见度不足时，应开启雾灯、近光灯、示廓灯、前后位灯和危险报警闪光灯。

5. 夜间通过急弯、坡路、拱桥、人行横道或没有交通信号灯控制的路口时，应交替使用远、近光灯示意。

二、喇叭使用

喇叭是车与车、车与人之间空间交流的主要媒介之一，是机动车道路行驶的重要安全设备之一。机动车驶入急弯、坡道顶端或通过视线不良路口时，如果不提前使用喇叭告知其他车辆或行人有车通过，其他车辆或行人就可能因视线不良，误判无车而占用前方车道，致使车辆避险不及，导致悲剧发生。另外，在禁鸣区鸣喇叭，或在拥堵道路长时间持续使用喇叭，很容易激起他人不满情绪，甚至发生冲突，影响交通秩序。

案例

2015 年 3 月 1 日 15 时 32 分，24 岁女司机杨某某驾驶“粤 BA495Q”奔驰小轿车，行至广东省深圳市宝安机场限速 50 km/h 的高架桥离港平台转弯处，因后方车辆连续鸣喇叭，致其情绪高度紧张，车辆失控，以 97.8 km/h 速度撞向右侧护栏，并贴着护栏冲入路边人群。事故造成包括杨某某在内的 9 人死亡、23 人受伤。

2015 年 8 月 3 日 15 时 20 分，湖南省宁远县舜陵镇唐家山村唐某某驾驶“湘 M84082”重型自卸货车（驾驶室限坐 3 人，实坐 5 人），沿 S216 线以 65 km/h 速度行至大路尾村交叉路口时，突遇一辆两轮摩托车从路口右转弯驶入 S216 线。自卸货车未鸣笛也未减速，与两轮摩托车相撞，连车带人推行 36 m 后，经路过司机呼喊后才停车。事故造成摩托车搭乘人蒋某某死亡。

为避免喇叭使用不规范带来的人身安全风险，根据《中华人民共和国道路交通安全法实施条例》，制定预防措施：

1. 驶近急弯、坡道顶端等影响安全视距的路段，以及超车或遇有紧急情况时，应鸣喇叭示意。

2. 不得在禁止鸣喇叭区域或路段鸣喇叭。

三、事故处置

机动车在道路上发生交通事故，驾驶员面对突如其来的事故，如处置不当，会延误救助伤者时机，延长交通堵塞时间，遇有相邻车道正常行驶车辆通过时，还有可能造成次生事故发生。此外，机动车在道路上发生事故后，如果事故当事人不保护好现场，不根据事故后果快速处置，或心存侥幸事故后逃逸，都会人为扩大事故后果，将面临民事或刑事追责。

案例

2015 年 11 月 28 日 17 时，夜幕刚刚降临，山东省枣庄市司机王某强驾驶货车行驶至 206 国道枣庄段至前小湾村路段时，因故将车停在路边。随后，驾驶两轮摩托车的王某来经过此处，未能及时发现路边停留货车，与其相撞受伤。王某强见状驾车驶离现场，王某来后经医院抢救无效死亡。经调查，王某强存在驾驶货车交通肇事后逃逸违法行为，承担事故主要责任，被枣庄市市中区人民法院判处有期徒刑 3 年，缓刑 3 年，并被枣庄市交巡警支队作出吊销机动车驾驶证，且终生不得重新取得的行政处罚。

为避免事故处置中的人身安全风险，根据《中华人民共和国道路交通安全法》《中华人民共和国道路交通安全法实施条例》，制定预防措施：

1. 机动车在道路上发生交通事故，应立即停车，保护现场。

2. 造成人身伤亡时，应立即抢救受伤人员，并迅速报警。因抢救伤者变动现场的，应标明位置。

3. 未造成人身伤亡时，当事人对事实及成因无争议，可即行撤离现场，自行协商处理；不撤离现场的，应迅速报警。

4. 仅造成轻微财产损失，且基本事实清楚的，应先撤离现场再进行协商处理。

5. 造成道路、供电、通信等设施损毁时，应报警等候处理，不得驶离。机动车可以移动的，应将机动车移至不妨碍交通的地点。

练习题

一、单选题

1. 机动车夜间通过急弯、坡路、拱桥时，应（　　）示意。

A. 开启前位灯　　B. 开启远光灯

C. 开启危险报警闪光灯　　D. 交替使用远、近光灯

2. 机动车在道路上发生交通事故未造成人身伤亡时，当事人对事实及成因无争议，可（　　）；不撤离现场的，应迅速报警。

A. 待协商处理完毕后撤离现场　　B. 在保险公司定损后撤离现场

C. 当即理赔后撤离现场　　D. 即行撤离现场，自行协商处理

二、多选题

1. 机动车因故障或事故等在道路上停车时，夜间应开启（　　）。

A. 远光灯　　B. 近光灯

C. 示廓灯　　　　D. 后位灯

E. 危险报警闪光灯

2. 机动车（　　）时，应鸣喇叭示意。

A. 驶近急弯、坡道顶端等影响安全视距路段

B. 超车

C. 驶离急弯、坡道顶端等影响安全视距路段

D. 驶近学校路段

E. 遇有紧急情况

三、判断题

1. 机动车夜间通过人行横道时，应交替使用远、近光灯示意。（　　）

2. 机动车在道路上发生交通事故，应尽快驶离，保障畅通。（　　）

3. 机动车在道路上发生交通事故造成道路、供电、通信等设施损毁时，应报警后驶离。（　　）

第十章　食堂作业工伤预防

所有违背客观规律的行为，都会以沉重的代价而终结。

第一节　食 品 卫 生

一、原料采购

食品原料采购是食堂食品安全风险控制的第一道防线。《中华人民共和国食品安全法》要求食品、原料和辅料生产经营单位应具有《食品生产许可证》和《食品流通许可证》。食品原料采购时，如果不按规定采购、查验，或采购不符合法律法规和卫生标准要求的食品，就可能引起就餐者身体不适，造成食源性疾病，甚至食物中毒。

案例

2003 年 4 月 18 日 10 时，湖北省武汉市某小学，课间餐食品采购渠道把关不严，导致六年级部分班级学生食用袋装豆干和豆奶 1 h 后，130 余名学生先后出现发热、头晕、皮肤痒、腹痛等症状。

为避免原料采购不规范带来的人身安全风险，根据《中华人民共和国食品安全法》，制定预防措施：

1. 食品原料应定点采购，并建立溯源体系。

2. 食品原料采购时，应查验产品合格证。无合格证的食品原料，按食品安全系列国家标准进行检验。

二、预防投毒

投毒是指故意投放毒物危害公共安全的犯罪行为。食物、水源最有可能被投放毒物，是铁路企业安全防范的重点。如果食堂员工法律意识不强，或原料储存、加工、服务及环境等防投毒措施不健全，就有可能使投毒者有机可乘。

案例

2007年12月8日，广州市天河区新天河宾馆，食堂员工陈某某因对工作和收入不满，在紫菜蛋花汤中投入砒霜，导致单位员工晚餐后，陆续有47人出现呕吐、头晕、腹泻等中毒症状。

为避免投毒带来的人身安全风险，根据《中华人民共和国食品安全法》，制定预防措施：

1. 食品安全应实行预防为主、风险管理、全程控制。

2. 加强沟通，化解矛盾，做好员工法制安全教育。

3. 每日首次进入食堂，作业人员应对所涉及的操作间、库房门窗进行全面检查；当日作业完毕，应关闭所有门窗并加锁，并填写防投毒检查记录。

4. 严禁闲杂人员进入食堂操作间和库房。

练习题

一、单选题

食品原料采购时，应（　　），并建立溯源体系。

A. 市场采购　　B. 厂家配送　　C. 定点采购　　D. 就近采购

二、多选题

1. 严禁闲杂人员进入食堂（　　）。

A. 餐厅　　B. 操作间

C. 管理室　　D. 更衣室

E. 库房

2. 食品安全实行（　　）。

A. 预防为主　　B. 风险管理

C. 全程控制　　　　　　　　D. 过程监督

E. 风险评估

三、判断题

1. 食品原料采购时，应查验产品说明书。无合格证的食品原料，按食品安全国家标准进行检验。（　　）

2. 食堂管理应加强沟通，化解矛盾，做好员工法制安全教育。（　　）

第二节　预防食物中毒

食物中毒是指摄入含有生物性、化学性有毒有害物质的食品，或把有毒有害物质当作食品摄入后，出现的非传染性（不同于传染病）的急性、亚急性疾病。食物中毒主要分为细菌性食物中毒、真菌毒素和霉变食物中毒、动物性食物中毒、植物性食物中毒、化学性食物中毒等。

一、预防细菌性食物中毒

细菌性食物中毒是指食用被细菌或细菌毒素污染的食物而引起的急性中毒性疾病。如果食物在加工、制作、存放过程中，生熟接触或被环境因素污染，或长时间储存食物食用前未彻底加热，以及操作者携带传染性病菌，都有可能造成食物被细菌或细菌毒素污染，引发食物中毒。

案例

2013 年 4 月 19 日 12 时 30 分，上海某建筑设计集团有限公司员工食堂，50 余名员工食用了变质的酱猪蹄后，不同程度出现恶心、呕吐、腹痛、腹泻等症状，造成 45 名员工入院就治。

为避免细菌性食物中毒带来的人身安全风险，制定预防措施：

1. 食堂从业人员应办理健康证，并每年至少进行两次身体检查。发现患有

传染性疾病者，应立即调岗。

2. 食品采购、运输、储存过程中，应避免各种致病菌污染；食品加工制作时，应做好清洗消毒；刀具、器具、容器等应定期消毒。

3. 食品制作及存放所用刀具、容器、砧板等应生熟分开。遇有剩菜、剩饭，常温储存不得超过 2 h，二次加热中心温度应达到 70 ℃以上。

4. 操作间和库房门、窗及排风扇口等，应有防鼠、防虫措施，如纱帘、纱网、防鼠板、防蝇灯、风幕等。

二、预防真菌毒素和霉变食物中毒

真菌毒素和霉变食物中毒是指食用真菌污染霉变食物而引起的食物中毒。如果采购过期或霉变原材料，潮湿环境下储存谷物粮食，食品加工前不认真检查等，就很容易发生真菌毒素和霉变食物中毒。

案例

2006 年 3 月 10 日，杭州市景方社区的退休职工王某某为图省钱，购买了霉变的甘蔗。食用后，其出现剧烈呕吐、头晕、四肢僵硬、视力模糊等中毒症状，经抢救后脱离危险。

为避免真菌毒素和霉变食物中毒带来的人身安全风险，制定预防措施：

1. 食品原料采购时，应从外观、色泽、口味等方面进行辨别，禁止购买霉变、过期食品。

2. 食品原料储存，应通风干燥，谷物类原料还应隔墙离地。

3. 食品原料加工前，应认真检查，发现霉变迹象，禁止加工、食用。

三、预防动物性食物中毒

动物性食物中毒是指食入动物性食品引起的食物中毒。动物性有毒食品主要有两种：一是天然含有有毒成分的动物或动物的某一部位；二是在一定条件下产生大量有毒成分的可食动物性食品。近年来，我国发生的动物性食物中毒，主要有河豚中毒、鱼胆中毒等。其中河豚体内含有的河豚毒素，对热相当稳定，即使经过煮、蒸、盐腌、日晒处理，也不能破坏其毒素。

案例

2016 年 5 月 22 日 18 时，深圳市宝安区西乡街市民冯某某从西乡宝源市场购买了 3 斤河豚后，委托附近酒店加工成菜肴。食用后冯某某感觉呼吸困难，全身麻痹、无力，打车前往医院途中逐渐停止自主呼吸，后虽经院方全力抢救，但终因中毒过深，于两日后死亡。

为避免动物性食物中毒带来的人身安全风险，制定预防措施：

1. 采购食品原料人员应具备食品安全辨识能力。禁止采购河豚、含高组胺鱼类，及未经检验检疫的家禽、家畜类等动物性食物。

2. 禁止有毒、有害及未经检疫的食品原料入库。

四、预防植物性食物中毒

植物性食物中毒是指食用天然含有有毒成分的植物及制品，或加工过程中未能破坏或除去有毒成分的植物而出现的中毒现象。常见的植物性有毒食品有毒蘑菇、发芽的马铃薯、鲜黄花菜及未加工熟透的豆角、豆浆等。如果食用这些食品，就会出现呕吐、腹泻、头晕、心慌、呼吸增快、昏迷等中毒症状，严重者会造成中毒死亡。

案例

2002 年 8 月 15 日，湖南省长沙市黄某某用高压锅烧煮自采的野蘑菇，一家 4 口食用后，黄某某父子 2 人中毒死亡。2015 年 6 月 28 日，江苏省无锡市余某用自采的野蘑菇与青椒、大蒜炒制，一家 7 口食用后导致 1 人中毒死亡。2015 年 7 月 2 日，浙江省温州市潘某某用自采的野蘑菇做汤，一家 6 口食用后全部中毒死亡。

2021 年 7 月 16 日，陕西省西安市某建设公司项目部职工食堂，22 人食用了鲜黄花菜炒肉后，18 人出现恶心、腹痛、腹泻、呕吐、头晕等症状，造成集体中毒事件。

为避免植物性食物中毒带来的人身安全风险，制定预防措施：

1. 禁止采购野蘑菇、桐油等有毒性食物。

2. 豆类食品应充分加热或煮沸；鲜黄花菜应用清水浸泡并充分熟制。

3. 马铃薯应低温存储，防止发芽。

五、预防化学性食物中毒

化学性食物中毒是指健康人经口摄入了正常数量、感官无异常，但含有较大量化学性有害物的食物后，身体出现急性中毒的现象。化学性有害物包括有毒金属、农药，以及化学性物质等。这些物质在体内溶解度高，易被口腔黏膜或胃肠道吸收，中毒后发病快、潜伏期短、死亡率高。最典型的化学性食物中毒就是亚硝酸盐中毒，亚硝酸盐的外观和口感与食盐相似，正常人一次摄入 0.3 ~ 0.5 g，即可引起中毒，甚至死亡。

案例

2009 年 5 月 6 日 20 时，湖南省常德市石门县雁池坪村村民黄某开办酱板鸭烧烤店之前，邀请亲友聚餐品尝。厨师在烧烤板鸭时，误将亚硝酸盐当作食盐使用，导致 16 位品尝者先后发生中毒反应，其中 1 名一岁多的女孩在送往医院途中不幸死亡。

为避免化学性食物中毒带来的人身安全风险，根据原卫生部、原国家食品药品监督管理局 2012 年第 10 号公告，制定预防措施：

1. 禁止餐饮服务单位采购、储存和使用食品添加剂亚硝酸盐（含亚硝酸钠、亚硝酸钾）。

2. 蔬菜、果类等食品原料，应充分浸泡、清洗，消除残留药液。

练习题

一、单选题

1. 食堂从业人员应办理健康证，并每年至少进行（　　）身体检查。

A. 1次　　B. 2次　　C. 3次　　D. 4次

2. 食品原料储存时，应通风干燥，谷物类原料还应（　　）。

A. 就地存放　　B. 靠墙堆放　　C. 堆码整齐　　D. 隔墙离地

二、多选题

为预防化学性食物中毒，禁止餐饮服务单位采购、储存和使用食品添加剂（　　）。

A. 酵母　　B. 亚硝酸盐

C. 亚硝酸钠　　D. 亚硝酸钾

E. 味精

三、判断题

1. 遇有剩菜、剩饭，常温储存不得超过2 h。（　　）

2. 采购食品原料人员，应具备食品安全辨识能力。禁止采购河豚、含高组胺鱼类，及未经检验检疫的家禽、家畜类等动物性食物。（　　）

第三节　食 堂 操 作

一、餐（饮）具使用

餐（饮）具是指直接接触食物的非可食性工具，以及用于辅助食物、饮品分发或摄取食物的器皿和用具。这里所说的餐（饮）具特指食堂提供给就餐者重复或一次性使用的餐具、饮具，包括餐盘、碗、碟、筷、勺、杯等。如果食堂购置、使用集中消毒企业供应的不合格餐（饮）具，就会直接危害就餐者身体健康，重复使用不洁净餐（饮）具，还会引发食源性疾病和传染病传播。

案例

2001年6月10日晚，广西壮族自治区桂林市铁路小区某酒店承办了23桌宴席。次日凌晨，不少就餐者出现不同程度的头痛、上吐下泻症状，共140人到医院就诊，其中60名症状严重者住院治疗，经医院诊断均为食物中毒。桂林铁路食品卫生监督所接到报警后，立即对该酒店当晚宴席饭菜进行抽样检验，结果证实该酒店在食物加工烹饪过程中使用了未消毒的餐具，且生熟未分、混放混用，造成食物间交叉污染，使变形杆菌在食物、餐具中大量繁殖，从而导致此次中毒事件。

为避免餐（饮）具使用不规范带来的人身安全风险，根据《中华人民共和国食品安全法》《餐饮服务食品安全监督管理办法》，制定预防措施：

1. 餐（饮）具应表面光洁，不得有附着物，不得有油渍、泡沫、异味。

2. 餐（饮）具和盛放直接入口食品的容器，每餐使用前应清洗、消毒，并在专用保洁设施内备用，不得使用未经清洗和消毒的餐（饮）具。

3. 购置、使用集中消毒企业供应的餐（饮）具，应查验其经营资质，索取消毒合格凭证。

4. 禁止重复使用一次性餐（饮）具。

二、操作间行走

由于炒菜、煮汤、蒸饭等工作任务，食堂操作间往往有水蒸气、油蒸气和洒落汤汁在地面聚集，造成瓷砖或水磨石等硬质地面湿滑。操作间作业和行走时，如果地面不采取防滑措施，或不穿防滑鞋，就很容易发生摔伤事故。

案例

2014年12月9日11时左右，某铁路公司肃宁分公司新曲站员工食堂，炊事员黄某某端着刚接好的热水，在去往灶台途中不慎滑倒，造成身体多处烫伤。

为避免操作间行走中的人身安全风险，制定预防措施：

1. 食堂操作间应铺设防滑垫，操作人员应穿防滑鞋。
2. 及时清除食堂操作间地面水渍、油污，并保持干燥。

三、灶台作业

灶台作业是利用炉灶加热、烹饪、制作食品的操作过程。在此过程中，容易造成排油烟通道和设备油蒸气存留形成油垢，遇有明火极易引发火灾。另外，燃气炉灶阀门关闭不严或使用炉灶前未打开排风扇，容易造成可燃气体泄漏聚集，点火时爆燃，伤及操作人员。

案例

2015 年 4 月 7 日 11 时 15 分，河北省某大学南校区第一餐厅液化气罐软管漏气，未被及时发现并处理。厨师贾某某点火瞬间，引发大火，造成双手、脸部多处烧伤。

为避免灶台作业中的人身安全风险，制定预防措施：

1. 炉灶操作前，应确认各阀门无漏气，打开抽油烟机后，方可点火使用。
2. 炉灶使用完毕，应先关闭所有燃气阀门，后关闭抽油烟机。
3. 灶台、灶具旁墙壁、排烟罩油污，应随时清理。
4. 油烟管道、抽油烟设备等，应每季度清洗一次。

四、燃气使用

燃气包括天然气、液化气。燃气用具、管路、阀门等连接部件在长期使用中，可能发生燃气泄漏，若空间通风不良，极易造成可燃气体聚集，遇有明火就会引发火灾爆炸。

案例

2014 年 3 月 3 日 12 时 10 分，某石油公司办公楼四楼食堂液化气储气间发生液化气逸散，在相对封闭的空间内与空气混合达到爆炸极限，遇电器启动产生电火花造成爆炸。爆炸冲击波导致储气间与餐厅一侧实体墙向外崩塌，餐厅吊顶坍塌、玻璃幕墙爆裂，共造成5人死亡、2人重伤。

2023年6月21日20时40分，宁夏回族自治区银川市兴庆区富洋烧烤民族街店，工作人员违反有关安全管理规定，擅自更换与液化气罐相连接的减压阀，导致液化气罐中液化气快速泄漏引发爆炸。事故造成31人死亡、7人受伤。

为避免燃气使用中的人身安全风险，根据《中华人民共和国消防法》，制定预防措施：

1. 燃气用具安装、使用及其线路、管路的设计、敷设、维护保养、检测，应符合消防技术标准和管理规定。

2. 燃气罐、燃气管线应远离明火和暖气管道、灯具等高温物体。

3. 燃气房、储气间应通风良好，有明显“严禁烟火”标志，严禁堆放易燃易爆品。

4. 禁止擅自移设、改造燃气设备和更换相关部件。

五、高温食品烹制取送

高温食品烹制取送常出现食堂操作人员烫伤事件。比如，油炸食品时油料过多、炒制食品时温度过高，容易造成热油飞溅、溢出。再如，采用大容积容器搬运热油、热汤类高温食品时，不戴隔热手套，这些环节都很容易发生烫伤事件。

案例

2013年11月14日11时40分，某铁路公司物业中心餐厅，厨师刘某某使用双炒单温灶炸制食品。在热油过程中，其擅自离开灶台，导致油锅着火，引发火灾，扑救时险些造成人身伤害。

为避免高温食品烹制取送中的人身安全风险，制定预防措施：

1. 油炸食品时，油料不得超过器具容量的2/3。

2. 炸制过程中，应严格控制油温，并不得离开灶台。

3. 高温、大容量食品容器送餐时，应戴隔热手套，双人合作，采用推车运送。

练习题

一、单选题

燃气炉灶操作前，应确认（　　），打开抽油烟机后，方可点火使用。

A. 外观良好　　B. 各阀门无漏气

C. 各阀门齐全　　D. 灶台清洁

二、多选题

1. 燃气用具安装、使用及其线路、管路的（　　），应符合消防技术标准和管理规定。

A. 登记　　B. 设计

C. 敷设　　D. 维护保养

E. 检测

2. 燃气罐、燃气管线应远离（　　）等高温物体。

A. 明火　　B. 灶具

C. 建筑物　　D. 暖气管道

E. 灯具

三、判断题

1. 食堂操作间应及时清除地面水渍、油污，并保持干燥。（　　）

2. 禁止擅自移设、改造燃气设备和更换相关部件。（　　）

3. 禁止重复使用一次性餐（饮）具。（　　）

第四节　电气设备使用

一、电气设备接地

食堂电气设备电源分为 220 V 和 380 V 两种。食堂常用的电气设备有和面机、压面机、蒸饭车、刀削面机、绞肉机、电饼铛、电烤箱、电磁灶等。如果电气设备故障、电气线路破损或插座接触不良，就容易发生漏电，导致人身伤亡事故。

案例

2013 年 5 月 7 日 17 时 10 分，云南省某大学新迎校区食堂冰箱外壳接地不良，电源漏电后未能及时发现。厨师施某某打开冰箱取肉时，被 220 V 电压击伤并倒地昏迷。120 医护人员赶到现场，将其从食堂侧门抬出，在空地展开 20 余分钟紧急救治，心搏恢复后，送往医院急诊科。23 时左右，施某某终因伤势过重不幸身亡。

为避免电气设备接地不规范带来的人身安全风险，制定预防措施：

1. 电气设备使用时，应在电源端安装漏电保护装置。

2. 电气设备应接设备保护地线和机体外壳漏电保护地线。其线路、插座应保持完好、干燥，并远离火源和潮湿处所。

3. 电气设备使用前，应对机体、线路、插座等进行检查；使用后，应及时切断电源。

二、和面机

和面机主要由搅拌缸、螺旋搅钩、传动装置、电器盒、机座等组成。工作时由传动装置带动螺旋搅钩在搅拌缸缸体内旋转，使面与水充分融合，以代替人工和面任务。和面机在运转过程中，作业人员将手伸入搅拌缸内操作，很有可能造成人身伤害。另外，和面机因设备、线路、电源等故障停止运转时，若不切断电源进行维修操作，是极其危险的。

案例

2007 年 5 月 6 日，某铁路公司肃宁北站区食堂炊事员高某使用和面机和面。和面机在运转过程中，高某将手直接伸入搅拌缸内，利用螺旋搅钩旋转间隙捡取面中杂物，被螺旋搅钩绞伤，导致肌肉撕裂、胳膊骨折。

为避免和面机操作中的人身安全风险，制定预防措施：

1. 和面机运转中应有人监护，不得擅离岗位。
2. 投料、取料时，应切断电源，未切断电源禁止将手伸入搅拌缸内。

三、压面（面条）机

压面（面条）机是代替传统手工揉面、擀面、制作面食的半自动加工设备。它通过送料斗将和好的面团，送入对向旋转的轧辊，把面团从厚到薄压成面片，根据需要制成面条或其他面食原料。压面（面条）机工作中，面料发生卡阻、歪斜，如果用手直接处置，就很容易被旋转的轧辊卷入，导致人身伤害。

案例

2014 年 11 月 27 日 10 时 40 分，安徽省安庆市一家面食小吃店，厨师陈某某用压面机压面。为保证面皮在压制过程中不发生歪斜，她用手在轧辊上方推送面皮。操作中，右手不小心被卷入轧辊，导致 4 根手指截断。

为避免压面（面条）机操作中的人身安全风险，制定预防措施：

1. 面料卡阻、歪斜，应用竹尺或木棍辅助操作。
2. 压面（面条）机未断开电源，手部不得接近轧辊。

四、蒸饭车

蒸饭车是利用电或燃气热能蒸制食品的高温炊事设备。蒸饭车在工作或蒸制结束时，内部蒸汽温度高、压力大。开门时，如果操作人员站在门缝开启侧，容易被喷出的蒸汽灼伤，或被滴落的热水烫伤。另外，取送食物时，如果不戴隔热手套，也容易造成烫伤、灼伤。

案例

2014 年 10 月 23 日，河北省定州市某饭店厨师张某某站在蒸饭车正面开门时，蒸汽在箱门上形成热水滴滴在其脚面上，造成脚部烫伤。

为避免蒸饭车操作中的人身安全风险，制定预防措施：

1. 蒸饭车开门时，操作人员应先关闭电源，并随门开启方向一侧移动。
2. 取送蒸盘时，操作人员应佩戴隔热手套。

五、绞（切）肉机

绞（切）肉机是利用电机带动旋转滚轴或刀片，加工肉类食品的半自动化设备。它采用人工辅助式进料，根据需要更换不同的刀片，可将待加工食品制作成不同的形状，如肉沫、肉片、肉丝等。使用中，绞肉机投料口粘连堵塞，或因原料过大不能自动进入滚轴形成空转时，如果用手直接推送原料，很容易被螺旋推送装置绞轧，造成人身伤害。

案例

2015 年 1 月 11 日 12 时 20 分，浙江省义乌市农贸城经营肉摊的张某某像往常一样，忙着为客人灌香肠。由于放入绞肉机的碎肉太多，机器突然卡阻停转，她用左手伸入送料口推送，不想这一推把左手的食指、中指、无名指、小指也推进了绞肉机。后经 13 h 的紧张手术，医生帮她接回了食指和无名指，但永远失去了中指和小指。

为避免绞（切）肉机操作中的人身安全风险，制定预防措施：

1. 绞（切）肉机投料口卡阻或原料不能进入滚轴时，应用竹尺或木棍辅助送料，禁止用手直接操作。

2. 绞（切）肉机未断开电源，禁止将手伸进投料口。

六、电烤箱和微波炉

电烤箱通过电热元件辐射热能烤制食物，微波炉采用微波能量加热食品，这两种电气设备在工作时，都会造成食品与器具同步加热。在打开电烤箱或微波炉取送食品时，如果不采取隔热措施，如不使用垫布、隔热手套、器皿夹子等，很容易造成烫伤或灼伤。另外，密封食品加热时，内部食品和气体受热膨胀，会导致密封袋、桶等包装件爆裂，也可能引发人身伤害。

案例

2015 年 11 月 11 日 7 时 20 分，湖北省武汉市朱某某给孩子煮鸡蛋。他为赶时间，将鸡蛋放入盛满水的塑料碗中，用微波炉加热。2 min 后，打开微波炉时，鸡蛋突然炸开，炸裂物飞向朱某某面部，致其眼睛严重受伤。后经医院确诊，朱某某双眼眼睑和眼球均被炸裂，双目失明。

为避免电烤箱和微波炉操作中的人身安全风险，制定预防措施：

1. 密封食物烤制、加热时，应先破除外壳或拆开包装。

2. 取送食品时，应戴隔热手套或采取其他防烫措施。

●事故模拟场景

七、刀削面机

刀削面机是代替人工削面的一种半自动化面食制作装置，主要分为旋转型和往返动作型，常见的有机械刀削面机、机器人刀削面机。它们的共同特点是自动削面装置暴露于空间，如分面凸轮、削面刀片。刀削面机工作时，如果刀口固定不牢，刀片易被甩出伤人。另外，操作人员接近分面凸轮或侵入刀口行程，也容易造成人身伤害。

案例

2014 年 4 月 6 日 11 时 30 分，河北省沧州市某面馆厨师张某某使用机器人刀削面机时，发现面上有异物，在未断电的情况下用手清理，造成手指划伤。

为避免刀削面机操作中的人身安全风险，制定预防措施：

1. 刀削面机使用前，应确认刀片固定良好。

2. 未切断电源，任何人员不得触及分面凸轮或侵入刀口行程范围，禁止将手伸入送料口。

练习题

一、单选题

1. 蒸饭车开门时，操作人员应先关闭电源，并（　　）方向一侧移动。

A. 随门开启　　B. 随门关闭　　C. 向左　　D. 向右

2. 从蒸饭车取送蒸盘时，应佩戴（　　）。

A. 塑料手套　　B. 皮手套　　C. 隔热手套　　D. 线手套

二、多选题

食堂电气设备应接（　　）。其线路、插座应保持完好、干燥，并远离火源和潮湿处所。

A. 保护装置　　B. 设备保护地线

C. 零线　　D. 防雷地线

E. 机体外壳漏电保护地线

三、判断题

1. 和面（面条）机投料、取料时，应切断电源，未切断电源不宜将手伸入搅拌缸内。（　　）

2. 绞（切）肉机未断开电源，禁止将手伸进投料口。（　　）

第三篇

应急避险

【学习目的】

本篇内容主要用于学习应急避险知识，了解自然灾害形成的规律，提高突发事件应急处置能力，掌握在突发事件和自然灾害来临之际应正确采取的应急避险方式方法，使本人或他人免受事故伤害或减少伤害。

第十一章　应急避险知识

如果不幸遭遇伤害，正确的应急处置能最大限度地延续生命、恢复健康，重获几乎奢侈的尊严和价值。

第一节　安　全　色

一、安全色

国家标准《安全色》规定了传递安全信息的颜色，包括红、蓝、黄、绿4种，即安全色。安全色含义如下：

1. 红色传递禁止、停止、危险或提示消防设备、设施的信息。用于各种禁止标志，交通禁令标志，消防设备标志，机械的停止按钮、刹车及停车装置的操纵手柄，机械设备转动部件的裸露部位，仪表刻度盘上极限位置的刻度，各种危险信号旗等。

2. 蓝色传递必须遵守规定的指令性信息。用于各种指令标志、道路交通标志和标线中指示标志等。

3. 黄色传递注意、警告的信息。用于各种警告标志、道路交通标志和标线中警告标志、警告信号旗等。

4. 绿色传递安全的提示性信息。用于各种提示标志，机器启动按钮，安全信号旗，急救站、疏散通道、避险处、应急避难场所等。

二、对比色

国家标准《安全色》规定了使安全色更加醒目的反衬色，包括黑、白两种颜色，即对比色。对比色使用规定如下：

1. 黑色用于安全标志中黄的背景色，安全标志的文字、图形符号和警告标志的几何边框。

2. 白色用于安全标志中红、蓝、绿的背景色，也可用于安全标志的文字和图形符号。

三、安全色和对比色相间条纹

安全色和对比色相间条纹宽度应相等，即各占 50%，斜度与基准面成 45°，宽度一般为 100 mm，但可根据设备大小和安全标志位置的不同，采用不同的宽度，在较小的面积上其宽度可适当缩小，且每种颜色不能少于两条。其含义如下：

1. 红色与白色相间条纹表示禁止或提示消防设备、设施位置的安全标记。
2. 黄色与黑色相间条纹表示危险位置的安全标记。
3. 蓝色与白色相间条纹表示指令的安全标记，传递必须遵守规定的信息。
4. 绿色与白色相间条纹表示安全环境的安全标记。

练习题

一、单选题

1. 国家标准《安全色》规定，绿色传递（　　）的信息。

A. 注意、警告　　B. 禁止、危险

C. 安全提示　　D. 必须遵守规定

2. 国家标准《安全色》规定，黑色用于安全标志中（　　）的背景色，安全标志的文字、图形符号和警告标志的几何边框。

A. 黄　　B. 绿

C. 红　　D. 蓝

二、多选题

1. 安全色是指传递安全信息的颜色，包括（　　）4 种。

A. 红　　B. 橙

C. 黄　　D. 绿

E. 蓝

2. 国家标准《安全色》规定，蓝色用于（　　）。

A. 指令标志　　B. 警告标志

C. 提示标志　　D. 道路交通标志中指示标志

E. 道路交通标线中指示标志

3. 国家标准《安全色》规定，蓝色与白色相间条纹表示（　　）。

A. 传递必须遵守规定的信息

B. 指令的安全标记

C. 安全环境的安全标记

D. 危险位置的安全标记

E. 提示消防设施位置的信息

三、判断题

安全色和对比色相间条纹宽度应相等，即各占50%，斜度与基准面成45°，每种颜色不能少于两条。（　　）

第二节　安 全 标 志

安全标志用以表达特定的安全信息，由图形符号、安全色、几何形状（边框）或文字构成。

一、安全标志含义

安全标志分禁止标志、警告标志、指令标志和提示标志四大类型。其含义如下：

1. 禁止标志。禁止人们不安全行为的图形标志。

2. 警告标志。提醒人们对周围环境引起注意，以避免可能发生危险的图形标志。

3. 指令标志。强制人们必须做出某种动作或采用防范措施的图形标志。

4. 提示标志。向人们提供某种信息（如标明安全设施或场所等）的图形标志。

二、安全标志形式

1. 禁止标志的基本形式是带斜杠的圆形边框。

禁止倚靠

禁止推动

2. 警告标志的基本形式是正三角形边框。

注意安全

小心触电

3. 指令标志的基本形式是圆形边框。

必须系安全带

必须戴防毒面具

4. 提示标志的基本形式是正方形边框，提示目标的位置时要加方向辅助标志。

紧急出口

避险处

三、文字辅助标志

1. 文字辅助标志的基本形式是矩形边框。

2. 文字辅助标志有横写和竖写两种形式。

1）横写时，文字辅助标志写在标志的下方，可以和标志连在一起，也可以分开。

其中，禁止标志、指令标志为白色字；警告标志为黑色字。禁止标志、指令标志衬底色为标志的颜色，警告标志衬底色为白色。

横写文字辅助标志

2）竖写时，文字辅助标志写在标志杆的上部。

禁止标志、警告标志、指令标志、提示标志均为白色衬底，黑色字。标志杆下部色带的颜色应和标志的颜色相一致。

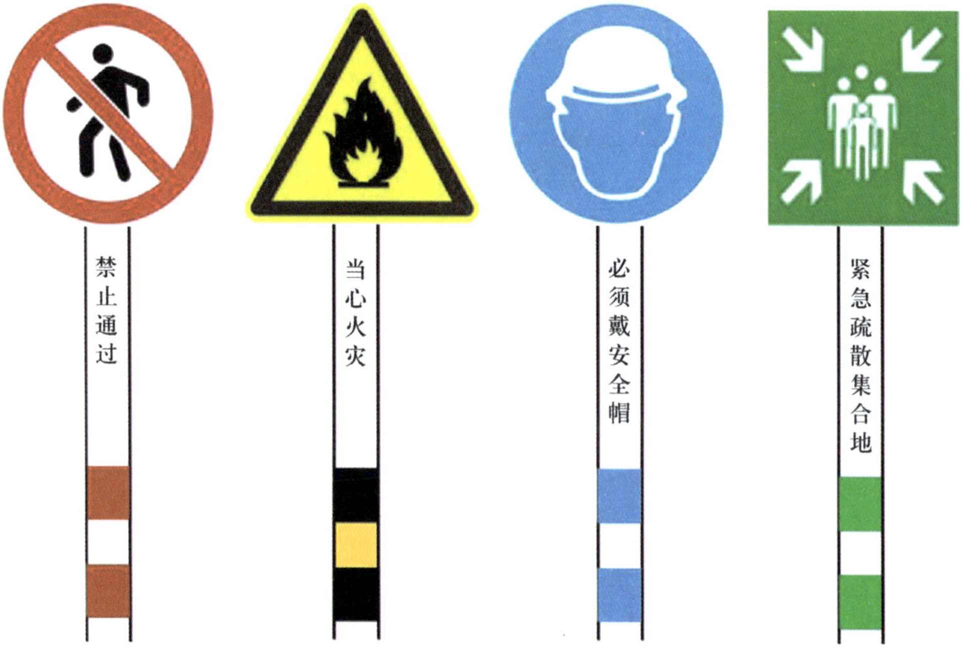

竖写文字辅助标志

练习题

一、单选题

1. 禁止标志的含义是指（　　）的图形标志。

A. 提醒对周围环境引起注意

B. 禁止人们不安全行为

C. 强制必须做出某种动作或采用防范措施

D. 提供某种信息（如标明安全设施或场所等）

2. 提示标志的含义是指（　　）的图形标志。

A. 提醒对周围环境引起注意

B. 禁止人们不安全行为

C. 强制必须做出某种动作或采用防范措施

D. 提供某种信息（如标明安全设施或场所等）

二、多选题

安全标志分（　　）四大类型。

A. 禁止标志　　B. 提示标志

C. 警告标志　　D. 危险标志

E. 指令标志

三、判断题

1. 禁止标志的基本形式是带斜杠的三角形边框。（　　）

2. 警告标志的基本形式是带斜杠的圆形边框。（　　）

3. 指令标志的基本形式是正三角形边框。（　　）

第十二章　灾害应急避险

任何时候对所处的环境都要有起码的判断，因为历史从来不给假设的机会，发生即永远。

一、避险原则

灾害是指因自然变异或人为影响给人类和人类赖以生存的环境造成破坏性影响的事件，灾害具有区域性、突发性和严重性等特点。突发灾害难以避免，然而人类对生命的尊重和珍视是永远不变的追求。因此，如何正确认识和了解突发灾害的特点，熟悉应急避险知识和自救常识，掌握灾害应急避险原则，克服人性本能避险缺陷，增强应对灾害信心，提高应急避险能力，对生产经营单位和从业人员十分重要。

灾害避险原则：

1. 了解规律，熟悉预案。
2. 遇有迹象，迅速避险。
3. 放弃财物，丢掉羞耻。
4. 脱离危险，寻求救助。

二、火灾逃生

对火的利用和控制是人类文明进步的重要标志，但火灾成了今天最经常、最普遍的灾害之一。火灾是指在时间或空间上失去控制的灾害性燃烧现象，其导致死亡的主要原因是吸入一氧化碳等有毒气体，以及缺氧、烧伤和吸入热气导致气管炎症或肺水肿等窒息死亡。

为避免火灾带来的人身安全风险，制定应急避险措施：

1. 室内发生火灾，应果断迅速沿安全通道撤离。不得因穿衣或贪恋财物延误时间，牢记“逃生第一”。

2. 逃生时应用湿毛巾包住口、鼻，衣服用水浸湿，俯身向外冲或低头向外爬。禁止在床下、桌下或壁橱等处盲目躲藏。

3. 通过浓烟时应尽量压低身体，向燃烧物相反方向，沿墙壁摸索向前，禁止向狭窄角落退避。

4. 衣服着火时，应迅速脱掉或就地翻滚扑灭。

5. 逃生时应随手关闭通道门窗，阻断烟雾向逃离通道蔓延。

6. 开门时遇把手灼烫或门缝有烟袭来，切勿开门。

7. 遇楼房着火或楼梯被烟火封闭不能逃离时，应寻找未着火房间，将门窗关闭，用衣服等织物堵塞门缝，并用水不断泼洒，防止烟火侵入。

8. 遇大火已逼近房门，应打开窗户或到阳台上呼救，并利用各类门窗、下水管道、室外突出部位等逃生。也可用床单、被褥等结成绳索，系牢在窗框或坚固物上，沿绳索逃离，切不可慌张跳楼。

9. 不得乘普通电梯逃生。火灾很容易使电梯断电卡停，电梯井道将变为烟道，轿厢内人员会因烟气涌入而窒息或中毒。

事故模拟场景

三、地震避险

地震是指地壳在快速释放能量的过程中造成震动，其间会产生地震波的一种自然现象。地壳的板块与板块之间相互挤压碰撞，造成板块边沿及板块内部产生错动和破裂，是引起地震的主要原因。地震常能引起火灾、水灾、有毒气体泄漏、细菌及放射性物质扩散，还可能造成海啸、滑坡、崩塌、地裂缝等次生灾害。地震往往面积大、时间短、先知性差，常常造成严重人员伤亡。

为避免地震带来的人身安全风险，根据《人员密集场所地震避险》，制定应急避险措施：

1. 迅速撤离。未达到当地抗震设防要求的建（构）筑物，震时可能整体倒塌。对处于单层房屋和楼房的一、二层内且身体条件适合撤离的人员，震时应迅速撤离到室外安全的地方。

2. 就近避险。达到当地抗震设防要求的建（构）筑物，震时可能局部破坏，但不会整体倒塌，震时宜就近避险；未达到抗震要求楼房二层以上人员和因身体条件不能迅速撤离的人员，宜就近躲避。

3. 因地制宜。室内就近躲避时，应选择架构结实、能掩护身体、易形成三角空间或空间小有支撑的地方。户外避险时，应避开山脚、陡崖、高大建筑物、危险高耸物、广告牌、路灯等；不得在天桥、立交桥上面或下方停留；应尽快向空旷地方转移，不得随意返回室内。

4. 择机自救。

（1）废墟下压埋较轻时，应尽力自救，尽快脱险。

（2）受伤较重或暂时不能脱险时，应在妨碍呼吸的部位扒开空间，保存体力，等待救援。

（3）发现有人施救时，宜喊话或敲击物体发声，引起救援人员注意。

（4）尽可能开展自检、自救、互救，尽快包扎伤口、止血，等待救援。

（5）听从指挥，有序撤离，避免踩踏或慌乱导致伤亡。

四、洪涝灾害避险

洪涝灾害包括洪水灾害和雨涝灾害两类，均属于水害。“洪”指大雨、暴雨等引起水道急流、山洪暴发、河水泛滥；“涝”指水过多或过于集中导致积水和径流，造成积水成灾。由于洪水灾害和雨涝灾害往往同时或连续发生，难以准确界定，故统称为洪涝灾害。洪涝灾害发生时，如果避险不及或未选择合适位置避险，极易被洪水冲走或淹溺；遇有电气线路时还容易发生触电伤害。

为避免洪涝灾害带来的人身安全风险，制定应急避险措施：

1. 汛期应关注天气预报，易受洪水淹没的低洼、滞洪地带或海边、河边人员，应随时注意水位变化。

2. 受到洪水威胁，必须及时疏散人员。时间充裕时，应按预定路线，有组织地向山坡、高地等处转移；遇洪水包围时，应尽可能利用船只、木排、门板、木床等从水上转移。

3. 洪水过快来不及转移时，应爬上屋顶、楼顶、大树、高墙等处暂时避险，联系求救。

4. 遇山区连续大雨，应避免渡河，以防山洪暴发，同时防止山体滑落、滚石、泥石流等灾害。

5. 遇高压线路铁塔倾倒、电线低垂或折断，应远离避险，以防触电。

五、泥石流避险

泥石流是指暴雨、暴雪或其他自然灾害引发的山体或沟谷地质滑坡，导致大量泥、沙和石块等物质与水混合形成的流动现象。通常泥石流发生突然、来势凶猛，极易冲毁房屋、铁路，淹没树木、人员和牲畜等。

为避免泥石流带来的人身安全风险，制定应急避险措施：

1. 关注当地电台、电视台及有关部门发布的暴雨和气象灾害预警，遇有大雨或暴雨时应安排人员值班。

2. 时刻注意泥石流发生前的迹象：河流突然断流或水势突然加大，并夹有较多柴草、树枝；深谷或沟内传来类似火车轰鸣或闷雷般的声音；沟谷深处突然昏暗，并有轻微震动感等。

3. 发现泥石流迹象时，应迅速撤至高地或沟谷两侧山坡。

4. 逃生时，应跑向泥石流流向两侧山坡。禁止沿泥石流向上、下游跑；禁止在有滚石和大量堆积物的陡峭山坡下躲避；禁止在低洼处所停留；禁止攀爬到树上躲避。

5. 临时办公、休息和作业处所，应选择建在平整高地，避开河（沟）道转弯处凹岸或狭窄处凸岸。禁止在沟道或沟谷内低处宿营。

六、大风避险

风灾等级分为3级：风力6 ~ 8级为一般大风，9 ~ 11级为较强大风，12级及以上为特强大风。另外，由热带气旋形的风灾称为台风。大风能吹翻船只、拔倒大树、折断电杆、推倒房屋、掀翻车辆，还能引起沿海风暴潮、助长火灾等。大风天气严重威胁人们的生命安全。

为避免大风带来的人身安全风险，制定应急避险措施：

1. 大风来临前要做好以下防范措施。

（1）关注各种媒体预警，及时记录掌握气象变化情况。

（2）对临时用房、围墙、脚手架、塔吊、龙门吊、架桥机、施工电梯、基坑支护、模板工程等易被风吹动的搭建物的防风措施进行检查、加固。

（3）水上作业的船舶、浮吊等应回港避风、锚定。

（4）台风过境地区，作业人员必须转移至安全地带，并避开易引发洪水、山体滑坡、泥石流等灾害处所和台风经过的危险区域。

2. 大风期间要做好以下防范措施。

（1）停止一切户外作业和室内大型集体活动，切断室外电源。

（2）严禁在河、湖、海的路堤或桥上行走，不得在强风影响区域开车行驶。

（3）不得在广告牌、临时搭建物等下方停留避风。

（4）应关好门窗，并在窗玻璃上用胶带贴成“米”字图形，远离窗口，防止玻璃破碎伤人。

七、暴雨避险

我国气象部门规定 24 h 降水量 50 mm 及以上的强降雨为“暴雨”。因各地降水和地形特点不同，暴雨、洪涝标准也有所不同。特大暴雨易造成洪涝灾害，导致工程失事、堤防溃决，特别是地势低洼、地形闭塞地区，雨水不能迅速排泄，会造成更大灾害。暴雨天气雷电、积水、道路井盖等都可能危及人员生命安全。

为避免暴雨带来的人身安全风险，制定应急避险措施：

1. 暴雨前后，必须对建筑物、大型设备、临时塔架等的避雷装置与机电设备进行检查、测试和整修，避免受潮、漏电，接地电阻值应符合有关规定。

2. 户外积水时，应立即切断电源，防止积水带电伤人。

3. 避开积水道路行走。

4. 必须在积水中行走时，应当注意：

（1）避开旋涡或喷泉，防止跌入窨井、地坑等。

（2）重心后置，用脚尖、木棍或长柄雨伞等工具试探前行。

（3）结伴同行，一人在前探路，另一人双手抓紧前者腰部跟随前行。

5. 远离电力设备。禁止靠近供电线路、变压器和接触网等高压设备；禁止在电力线路旁的树木、大型广告牌下停留或避雨。

6. 雨中行车，不得盲目驶入未知深度的积水区；已经驶入积水区，应先解锁车门并打开车窗；在积水中熄火，应快速撤离，禁止在车内等待救援。

八、沙尘暴避险

沙尘暴是沙暴和尘暴的总称。沙尘暴是指强风将地面大量沙粒和尘埃细粒物质吹起，并卷入近地层使空气特别混浊，水平能见度不足 1 km 的天气现象。冬春季干旱地区，地表干燥松散，抗风蚀能力差，易形成沙尘暴天气。沙尘暴的危害主要是能见度低、风力大、漂浮物多。

为避免沙尘暴带来的人身安全风险，制定应急避险措施：

1. 扬沙天气室外作业，应戴口罩，并采取防范沙尘侵害眼睛的措施。

2. 扬沙天气应停止以下作业。

（1）塔式起重机内爬升作业。

（2）自立式起重架作业（将吊笼降至地面）。

（3）液压滑动模板装置拆除作业。

（4）露天攀登与悬空高处作业。

（5）脚手架搭设与拆除作业。

3. 沙尘暴天气，不应安排室外作业，禁止机动车外出。

4. 沙尘暴天气，作业现场应及时加固临时搭建物，妥善安置易受沙尘暴影响的室外物品，停止一切施工作业。

九、雾霾避险

雾霾是雾和霾的组合。其中雾是水蒸气凝结成细微水滴悬浮于空中所致；霾是烟、尘、硫酸、硝酸、有机碳氢化合物等微粒在空中悬浮所致。霾中含大量对人体有毒有害的物质，其直径一般在 0.01 μm 以下，通过呼吸可直接进入支气管，甚至肺部。所以，雾霾天气诱发和传播疾病的风险很高。

为避免雾霾带来的人身安全风险，制定应急避险措施：

1. 尽量减少室外作业。

2. 必须室外作业时，宜戴医用口罩防护。

3. 进入室内应及时洗脸、漱口、清理鼻腔和随身附带的污染残留。

十、暴风雪避险

冬天，温度降至 –5 ℃以下，云中小水滴冻结，冻结水滴相互碰撞变成雪，雪再与其他水滴或雪相撞会不断变大。大量的雪下降过程中，风速达到 56 km/h，便会形成暴风雪。暴风雪天气的特点是风力大、气温低、大雪中伴有冰凌颗粒，能见度不足 1 m，会很快产生积雪形成雪堆，阻断道路，甚至掩埋线路和房屋。

为避免暴风雪带来的人身安全风险，制定应急避险措施：

1. 暴风雪来临前应加固临时搭建物，防范在建工程、临时棚架等倒塌。

2. 暴风雪来临前应对塔吊、物料提升机等垂直运输设备的基础稳固及拉结装置进行检查，停止起重作业。

3. 暴风雪天气不得进行室外作业。禁止露天攀登与悬空高处作业。

4. 室外作业遇暴风雪，宜到安全地方躲避。

5. 遇暴风雪天气应保持镇定，正确判断方位和选择逃生路线，坚持走一段休息一会儿，调整呼吸，休息时手脚应经常活动并按摩脸部。

6. 遇极其恶劣天气不能撤离时，应选择合适地方挖雪洞藏身，保存体力，禁止睡觉。

7. 被困在车上、洞穴或其他受限空间时，应注意观察外部积雪，防止积雪堵塞通风口。

十一、雷电避险

雷电是伴有闪电和雷鸣的大自然放电现象。雷电一般产生于对流发展旺盛的积雨云中，云层中的冰晶、水滴在强烈的空气对流作用下使云中产生电荷。一般云的上部为正电荷，下部为负电荷，上、下云层间电位差达到一定程度，就会发生放电，即闪电。闪电电流可达3万～30万A，电压可达1亿～10亿V。闪电会导致放电通道温度骤增，空气急剧膨胀，形成冲击波，导致雷鸣。带电荷雷云对地面突起的接近物放电瞬间，会产生强烈的闪光和爆炸般的轰鸣声，这就是人们所说"被雷击中"的现象。雷电击中电力线路、建筑物、电气设备等，易导致附近人员触电伤亡，同时也会引起火灾、爆炸等事故。

为避免雷电天气带来的人身安全风险，制定应急避险措施：

1. 建筑物、电力线路、电气设备、大型设备、脚手架、支（拱）架、临时棚架等，应按规定装设避雷设备和地线，接地电阻值应符合有关规定。

2. 雷电天气应远离高大物体。严禁从事露天钢结构、钢脚手架、钢支（拱）架、钢模板等的安装、拆除及焊接作业。

3. 雷电天气严禁从事液压滑动模板施工作业及其装置的安装与拆卸作业、带电作业、高处作业、桩基及水工机械作业、线路架设及防雷系统安装等作业。

4. 雷电天气"六不得"：

（1）不得在建筑物和高坡上停留。

（2）不得在大树、施工机械下停留避雨。

（3）不得靠近电线杆、铁塔、架空线路以及避雷装置接地导线。

（4）不得在空旷区域打伞（带有金属尖顶）或扛抬金属制品。

（5）不得在水面和水边停留。

（6）不得接打手机。

5. 雷电天气在室内时，应关闭门窗、电视机、计算机等电气设备。不得靠近水管、暖气片、煤气管、避雷引下线等建筑物的裸露金属物。

十二、爆炸避险

在极短时间内，释放出大量能量，产生高温，并放出大量气体，在周围介质中造成高压的化学反应或状态变化，同时破坏性极强的一种现象被称为爆炸。人们在生产活动中，认识不到物质的危险特性或违反操作规程，易引起爆炸事故。常见的爆炸事故有锅炉、压力容器、压力管道爆炸，火药爆炸，可燃粉尘或易燃气（液）体与空气混合物爆炸等。爆炸还有可能引起火灾。

为避免爆炸带来的人身安全风险，制定应急避险措施：

1. 遇爆炸现场还存有可能爆炸物时，应尽快撤离。

2. 在确认安全的地方，就地取材立即开展自检、自救和互救。

3. 置意识不清者侧卧位，并清除口鼻内异物，保持呼吸道通畅，防止窒息。

4. 遇心搏、呼吸停止者，应立即进行心肺复苏。

5. 遇远处爆炸，应立即卧倒，保护头部。不得在树旁、建筑物旁等躲避。

6. 服从统一指挥，不得进入有警戒线或警戒标志的现场。

7. 不得接触可能被爆炸物污染的食物、饮用水和生活用品。

十三、高原缺氧避险

高原环境特点是低压、缺氧，常在平原生活的人员进入高原一般会因缺少内源氧而发生呼吸系统、循环系统、消化系统、神经系统的应激反应，如呼吸次数增多、心搏加快、心慌气短、手指紫绀等，同时出现食欲不振、腹胀、腹泻或便秘、上腹疼痛等症状。另外，轻度缺氧会导致情绪紧张、易激动等，继而出现头痛、头晕、失眠、健忘，进入较高海拔则会表现出嗜睡、神志模糊、反应迟钝，重者出现意识丧失甚至昏迷。

为避免高原缺氧带来的人身安全风险，根据《铁路工程基本作业施工安全技术规程》制定应急避险措施：

1. 高原地区作业应设立医疗机构，执行国家卫生防疫、劳动卫生和医疗保障的有关规定，制定切实可行的医疗卫生保障制度。

2. 结合海拔等级和作业条件编制高原地区专项作业方案、应急预案等，应急预案重点突出医疗保障。

3. 对作业人员应及时进行缺氧反应处置和应急措施培训。

4. 高原地区临时房屋应有防风、保暖、防雷击的功能。

5. 参加高原地区作业所有人员应进行体检，严禁安排不适应高原环境的人员进场作业。进入高原前应将身体调整到最佳状态，避免感冒发烧。

6. 患有明显的心、肺、脑、肝、肾等疾病者和严重贫血、高血压和视网膜疾病者以及孕妇等，不宜进入高海拔地区。

7. 初入高原，应遵循海拔由低到高逐步适应的原则，且进行一周以上时间的适应性锻炼、观察、调理、治疗，并应多饮水、静养、缓动、慢行，避免吸烟饮酒，严禁暴饮暴食、剧烈运动。

8. 高原地区作业必须建立、运用供氧系统，作业现场应建立氧疗室，宿舍应设置富氧舱，作业人员应随身携带供氧器，定时吸氧。

练习题

一、单选题

1. 泥石流逃生时，应跑向泥石流流向（　　）。

A. 中间沟谷　　B. 两侧山坡

C. 低洼地带　　D. 前方山坡

2. 爆炸事故现场急救时，遇心搏、呼吸停止者，应立即进行（　　）。

A. 胸外按压　　B. 心肺复苏

C. 人工呼吸　　D. 大声唤醒

二、多选题

1. 灾害避险原则是（　　）。

A. 了解规律，熟悉预案　　B. 遇有迹象，迅速避险

C. 放弃财物，丢掉羞耻　　D. 互相帮助，共同撤离

E. 脱离危险，寻求救助

2. 泥石流发生前的迹象有（　　）。

A. 河流突然断流

B. 河流水势突然加大，并夹有较多柴草、树枝

C. 深谷或沟内传来类似火车轰鸣声

D. 深谷或沟内传来闷雷般的声音

E. 沟谷深处突然昏暗，并有轻微震动感

三、判断题

1. 室内发生火灾，应果断迅速沿安全通道撤离。 (　　)
2. 室内火灾逃生时应随手关闭通道门窗，阻断烟雾向逃离通道蔓延。 (　　)
3. 高层建筑发生火灾，应迅速乘电梯逃生。 (　　)

第四篇

现场急救

【学习目的】

本篇内容主要用于学习现场急救知识，掌握遇到意外事故或急症，在未获得医疗救助前，为防止病情恶化，非医务人员或劳动者自身应采取的正确急救措施和注意事项。

第十三章　急 救 知 识

如果灾难无法避免，急救常识和技能就是拯救自己的唯一选择。

一、现场评估

人们面临突如其来的灾害或事故时，往往恐慌紧张、手足无措，如果自己和伤者未脱离危险环境或自身不具备救援能力就盲目施救，很容易导致次生事故。例如，火灾现场可能还会发生爆炸、周边房屋可能随时倒塌、电击现场电源还未切断存在二次触电风险等。准确评估事故现场风险，才能最大限度保护自身和他人生命安全。

现场评估内容包括：

1. 评估现场风险，确认自身脱离危险。
2. 评估自身能力，不具备救援能力不得盲目救人。
3. 评估伤者伤情，包括意识、呼吸、肢体骨骼等方面情况。
4. 表明身份，在征得伤者（清醒状态下）同意后方可施救。
5. 保障安全，避免意外情况危及自身和救护人员。

二、急救原则

在正常心理和假想事故环境下开展应急演练，人们会按预案有条不紊地进行现场急救。一旦真正灾害或事故来临，人们突然面对违背意愿和从未遇见的非正常流血、呼救、一片狼藉和嘈杂的事故现场，如果不熟练掌握急救原则，慌乱中可能会做出错误决定，导致伤情加重。

现场急救原则：

1. 先脱险后急救，先重伤后轻伤。
2. 先复苏后固定，先止血后包扎。
3. 先急救后搬运，急救与呼救并重。

三、心肺复苏

人体靠呼吸完成血液中氧气交换，靠血液将氧气和能量送达全身器官组织。一旦心搏骤停 3 ~ 5 s，就会出现头晕；停搏 5 ~ 10 s，会出现意识丧失；停搏 10 ~ 15 s，会出现全身性抽搐及大小便失禁；停搏 20 ~ 30 s，会出现呼吸断续或停止，同时伴有面色苍白或紫绀；停搏 60 s，会出现瞳孔散大；停搏超过 4 min，往往因中枢神经系统缺氧过久而造成严重的不可逆损害。

心肺复苏是在心搏、呼吸骤停后依靠外力恢复，挽救生命的现场急救技术。意识突然丧失和大动脉搏动消失，即可诊断为心搏骤停，此时应立即进行心肺复苏。救援时间越早成功率越高，心搏骤停超过 4 min，将错过最佳抢救时机，患者存活率极低。

在确认安全的情况下，心肺复苏应按下列步骤进行：

1. 胸外按压。将患者仰卧在硬质平面，暴露患者胸部。对准患者两乳头连线中点位置，双掌根部重叠，双肘伸直，连续垂直用力按压 30 次。要求按下和抬起时间相等，且掌根不离开胸骨；成人按压深度至少 5 cm，每分钟至少按压 100 次。

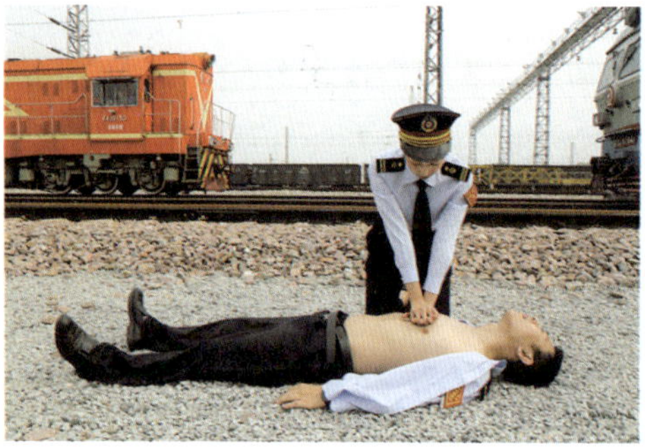

2. 清理口鼻。将患者头部偏向一侧，清除口鼻异物，保持气道通畅。

3. 打开气道。使患者处于仰卧位，一手按压额头使头后仰，另一手托起颈部或下颏，必须使患者下颌骨与耳垂连线与地面垂直。

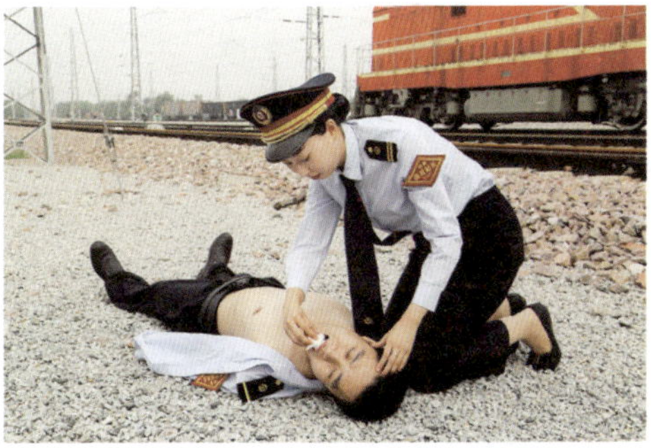

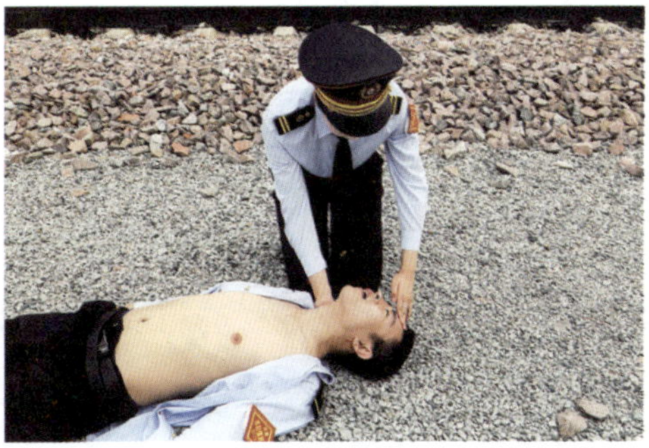

4. 人工呼吸。捏住患者鼻子，大口吸气，用嘴包住患者嘴部，快速将气体吹入。吹完气后，松开鼻子，让患者气体呼出。

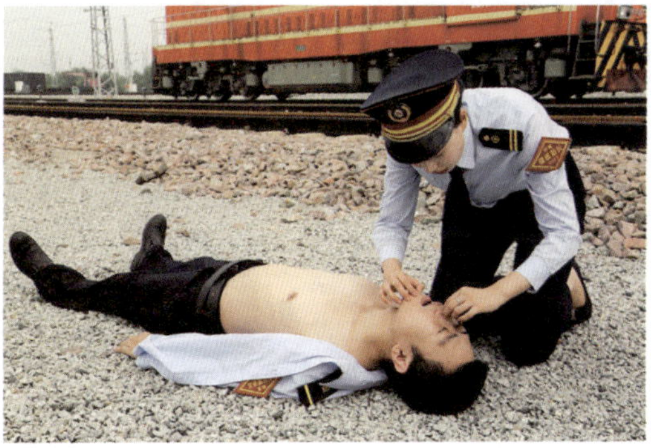

5. 循环往复。心脏按压 30 次，人工呼吸 2 次，循环往复，直至心搏、呼吸恢复。

四、紧急呼救

我国常用的急救电话为：报警电话“110”，火警电话“119”，医疗急救电话“120”或“999”，交通事故电话“122”。人们在灾害或事故发生后，急于抢救伤者，有时忘记在第一时间拨打急救电话，另外在情绪异常紧张的情况下，即使拨通电话也往往语速过快、语无伦次，导致对方听不清楚，无法确定事故发生地点，延误医疗急救时机。

紧急呼救要点：

1. 拨打急救电话应争分夺秒，语言清楚、精练、准确。

2. 通话中，应确认对方问完情况，方可挂断电话。

3. 拨打急救电话应说清楚以下内容。

（1）详细准确的事故发生地点，告知附近标志性建筑物或容易看到的标志。

（2）现场联系电话及报警人姓名，并保持电话畅通。

（3）发生意外的原因，如触电、溺水、中毒、交通事故等。

（4）伤病人数、具体情况，如伤者清醒程度、呼吸状况、脉搏情况、有无大出血等。

（5）已采取的急救措施。

4. 在拨打急救电话 15 ~ 20 min 后，如救援人员仍未到达，可再次拨打电话。

五、急救药物

急救药物是指作业人员遇意外伤害或急症，在未获得医疗救助前，非医务人员使用的必要的药品和医疗用品。铁路从事高风险作业、大型施工作业等现场，均应配备急救药物。

急救药物配备管理：

1. 急救药物配备，应结合现场作业特点、地域环境等危害因素。

2. 现场急救药物存放处所，应设置明显标志，便于开展救治，并告知所有作业人员。

3. 急救药物管理人员应经正规医疗培训，掌握急救原则，熟知急救知识，并对药物定期检查、更新和补充。

4. 现场急救应配备以下药物。

（1）急救药品，如肾上腺素、多巴胺、硝酸甘油、尼可刹米等。

（2）急症药品，如卡托普利、扑尔敏、哌替啶、氟哌酸等。

（3）其他药品，如藿香正气水、云南白药、红花油、风油精、京万红等。

（4）医疗用品，如医用棉签、透气胶布、绷带、纱布、夹板、三角巾、创可贴、温度计、75% 酒精、碘伏、双氧水、生理盐水等。

练习题

一、单选题

1. 心肺复苏步骤，下列说法顺序正确的是（　　）。

A. 胸外按压、打开气道、人工呼吸、清理口鼻、循环往复

B. 人工呼吸、胸外按压、清理口鼻、打开气道、循环往复

C. 胸外按压、清理口鼻、打开气道、人工呼吸、循环往复

D. 打开气道、人工呼吸、胸外按压、清理口鼻、循环往复

2. 心肺复苏时，置患者仰卧在硬质平面，暴露患者胸部。双掌根部重叠，对准患者（　　）位置，双肘伸直，连续垂直用力按压。

A. 心脏　　　　B. 腹部

C. 两胸骨交叉处　　　　D. 两乳头连线中点

二、多选题

1. 现场急救应评估伤者病情，包括（　　）等方面情况。

A. 身份　　　　B. 意识

C. 呼吸　　　　D. 肤色

E. 肢体骨骼

2. 现场急救原则，下列说法正确的是（　　）。

A. 先急救后搬运　　　　B. 先搬运后急救

C. 搬运急救并重　　　　D. 先呼救后急救

E. 急救与呼救并重

三、判断题

1. 现场急救前应评估现场风险，确认自身脱离危险。（ ）

2. 现场急救应评估自身能力，不具备救援能力不得施救。（ ）

3. 现场急救药物存放处所，需汇报给管理者，对其他人员保密。（ ）

第十四章 外伤急救

珍惜生命的每一秒，给自己一个不后悔的未来。

第一节 止 血

一、判断血管种类

人体外伤出血按血管种类可分为动脉出血、静脉出血、毛细血管出血，各自特点如下。

1. 动脉出血：从伤口喷射出搏动性、鲜红色血液。

2. 静脉出血：从伤口溢流出暗红色血液。

3. 毛细血管出血：从伤口渗出鲜红色血液。

二、确认出血部位

人体出血后按出血部位可分为外出血、内出血、皮下出血，其特点如下。

1. 外出血：身体表面受伤引起的出血，血液从伤口流出。

2. 内出血：体内脏器和组织受损而引起的出血，血液流入体腔内，人体外表看不出，如肝破裂等。

3. 皮下出血：皮肤未破，只在皮下软组织内出血，如挫伤、瘀斑等。

三、止血方法

血液在心脏和血管内循环流动。成人血液约占体重的6% ~ 8%，出血量超过1 000 mL就会危及生命。紧急止血的一般原则是：用手指紧紧压住伤口上方近心端部位止血，随即再采用其他止血方法。

1. 直接指压止血法。伤口较小时，用手指直接压迫在伤口上止血。

2. 间接压迫止血法。伤口出血过快时，用手指压迫伤口近心端动脉，阻断动脉出血。

常见部位压迫止血方法如下。

（1）面部出血：压迫下颌角与颏结节之间的部位。

（2）前头部出血：压迫耳前下颌关节上方的颞动脉。

（3）后头部出血：压迫耳后突起下方稍外侧的耳后动脉。

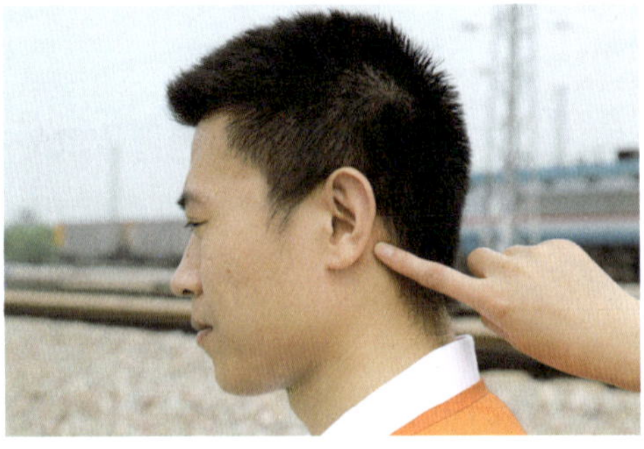

（4）腋窝和肩部出血：在锁骨上凹，胸锁乳突肌外缘向下内后方，对准第一肋骨，压迫锁骨下动脉。

（5）前臂出血：在上臂肱二头肌内侧沟处，施以压力，将肱动脉压于肱骨上。

（6）手掌和手背出血：压迫腕关节处，即我们通常按脉搏的地方。

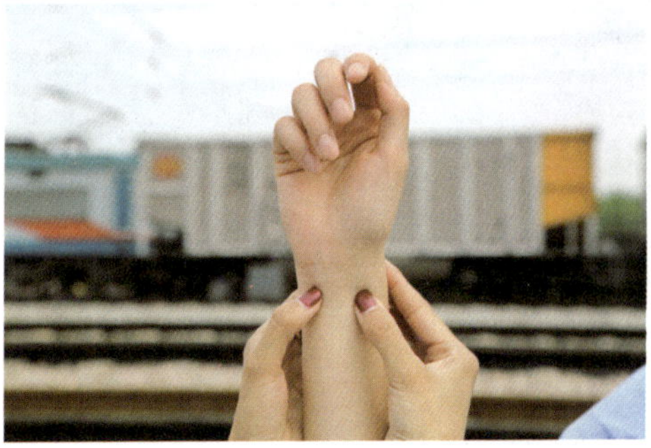

（7）手指出血：捏住手指根部。

（8）大腿出血：屈起大腿，拇指压住大腿根部腹股沟中点的股动脉。

（9）足部出血：压迫踝关节下的足背动脉。

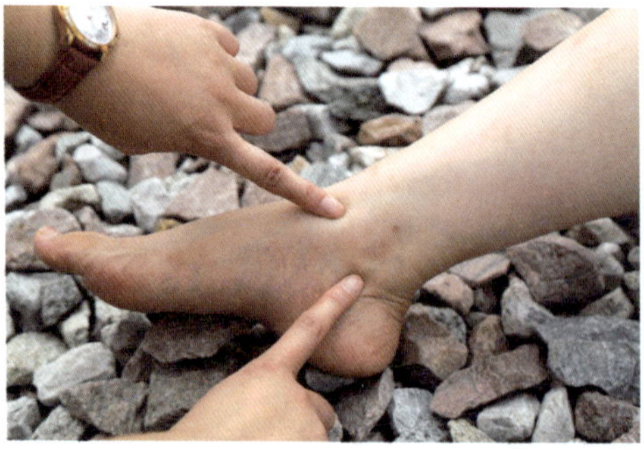

3. 加压包扎止血法。伤口较大时，用敷料或其他洁净的毛巾、手绢、三角巾等覆盖伤口，加压包扎止血。

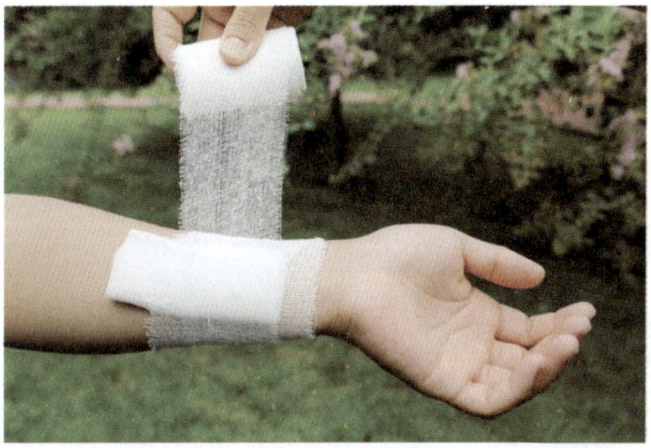

4. 填塞止血法。组织缺失时，用消毒纱布或干净布料填塞在伤口内，再用加压包扎法包扎。

5. 加垫屈肢止血法。伤口出血较大，且肢体无骨折时，用加垫屈肢止血法。注意需保证肢体远端血液循环，间断松开，防止肢体缺氧坏死。

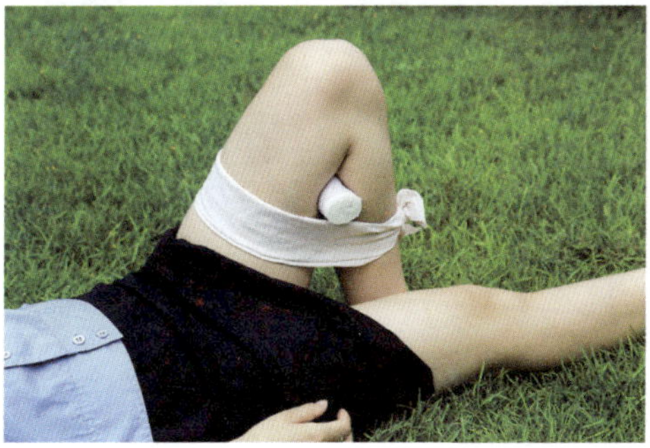

6. 止血带止血法。遇四肢较大血管出血时，应用止血带在出血部位的近心端，用力绑扎肢体，阻断血流，达到止血目的。生产现场止血带可用宽布条、毛巾、绷带等替代。

（1）抬高患肢，使静脉血回流。

（2）绑扎部位应衬垫布或纱布。

（3）在上臂上 1/3 处或大腿上中 1/3 处，用止血带缠绕一周后打死结。

（4）用木棒插入死结旋转施压，直至出血停止，并固定木棒。

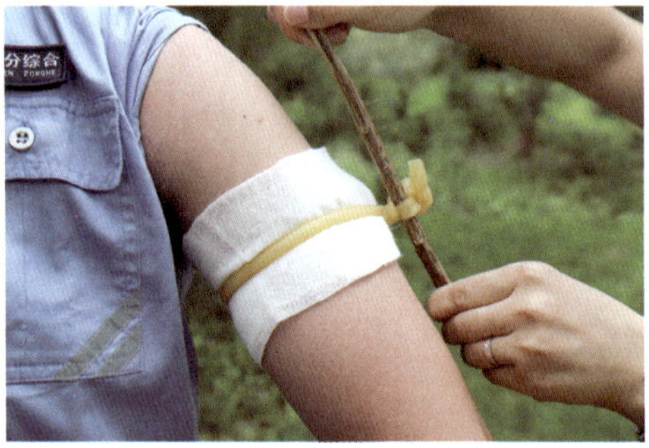

（5）注意事项如下。

1）时间：至少每 1 h 应将止血带放松 1 ~ 2 min。

2）放松：放松后如出血严重，可先指压止血，后再用止血带止血；如不出血，应维持松开状态，继续观察。

3）保暖：肢体阻断血流后，抗寒能力低下，应包裹受伤肢体。

4）禁忌：伤肢远端明显缺血或有严重挤压伤时，禁用止血带止血。

练习题

一、单选题

用止血带止血后，应至少每（　　）将止血带放松 1 ~ 2 min。

A. 15 min　　B. 1 h

C. 2 h　　D. 3 h

二、判断题

1. 人体动脉出血表现为从伤口溢流出搏动性、暗红色血液。（　　）

2. 人体静脉出血表现为从伤口溢流出鲜红色血液。（　　）

3. 人体内出血是指皮肤未破，只在皮下软组织内出血。（　　）

第二节　包　　扎

包扎是指利用敷料、绷带等包裹伤口、绑扎固定。现场包扎的目的是止血、保护创面、掩盖伤口，稳定伤者情绪。

一、绷带包扎

遇手、脚及四肢等部位伤口，具备环绕固定或交叉环绕包扎条件时，应采用绷带包扎。

绷带包扎方法：

1. 先用消毒纱布覆盖创面，后用绷带包扎。
2. 绷带应由远心端向近心端缠绕绑扎。
3. 绷带不宜过紧，以免引起局部肿胀；也不宜太松，以免滑脱。
4. 为保持肢体功能位置，手臂包扎应弯着绑，腿部包扎应直着绑。

二、三角巾包扎

遇头、前胸、后背、腹、臀等部位外伤伤口，不能采用绷带包扎或绷带包扎固定不牢时，应采用三角巾包扎。

三角巾包扎方法：

1. 头顶帽式包扎：用于头部外伤。

2. 肩部包扎：用于肩部外伤。

3. 胸背部包扎：用于前胸或后背外伤。

4. 腹部包扎：用于腹部或臀部外伤。

5. 手（足）部包扎：用于手或足外伤，包扎时要将手指（脚趾）分开。

练习题

一、多选题

遇（　　）等部位外伤伤口，不能采用绷带包扎或绷带包扎固定不牢时，应采用三角巾包扎。

A. 头　　B. 前胸

C. 后背　　D. 腹

E. 臀

二、判断题

1. 绷带包扎时，可不用覆盖创面，直接用绷带包扎。（　　）

2. 绷带包扎时，绷带应由近心端向远心端缠绕绑扎。（　　）

3. 绷带包扎时，绷带不宜过紧，以免引起局部肿胀；也不宜太松，以免滑脱。（　　）

第三节　伤口处理

一、伤口处理要点

现场紧急处理伤口时，应仔细检查伤口位置、大小、深浅、污染程度及异物等情况，针对性采取处理措施，如果处理不当，就可能导致二次伤害或给后续治疗带来困难。如骨折后，骨骼断端外露于身体时，采用直接包扎就会使骨骼在受力后进一步错位，导致损伤加重。

伤口处理要点：

1. 现场可用敷料、干净布片、塑料袋、餐巾纸与伤口保持隔离。
2. 脱去或剪开衣物，暴露伤口，检查伤情。
3. 伤口封闭应严密，防止外部污染。
4. 不得用水冲洗伤口（化学伤除外）。
5. 不得对嵌有异物或骨折断端外露的伤口直接包扎。
6. 非专业医护人员不得在伤口表面涂撒任何药物。
7. 密切观察伤者意识、呼吸及循环体征。

二、一般伤口处理

一般伤口是指伤者肢体完整，皮肤、组织局部损伤或缺失。

遇一般伤口时，应采取以下处理措施：

1. 有条件时，对伤口先用生理盐水冲洗，后用碘伏消毒，再用无菌敷料包扎。
2. 无条件时，用洁净布料、毛巾、衣物等压迫伤口，尽快就医。

三、头部伤口处理

头部功能特殊、生理结构复杂、器官较多、血管分布密集，受伤后往往出血量大、出血速度快、包扎困难。

遇头部外伤时，应采取以下处理措施：

1. 头部伤口应尽快用无菌敷料或洁净布料压迫止血。

2. 有条件时，先用无菌敷料擦净耳、鼻周围血迹及污染物，然后用碘伏消毒。

3. 无条件时，可用清洁的毛巾、纸巾等擦净耳、鼻周围污染物。

4. 遇耳、鼻漏液时，说明有颅底骨折，此时禁止堵塞耳道和鼻孔，以防颅内感染及颅内压力增高。

四、肢体离断伤处理

肢体是指四肢和躯体。肢体离断伤处理是指对主体残肢伤口和离断肢体的处理，这对断肢再植和后续治疗十分重要。

遇肢体离断时，应采取以下处理措施：

1. 现场首先止血，遇喷射出血时，先用指压止血法止血，无效后用止血带止血。

2. 用大量纱布压在肢体残端，用宽胶布向上提拉包扎，防止继续出血和敷料脱落。

3. 离断肢体先用布料包裹，后装入塑料袋内，再将其放入装满冰块或冰棍的塑料袋中保存。

4. 遇离断肢体尚有部分组织相连，应直接包扎。遇大骨块脱出，应同时包好，不得丢弃。

五、开放性气胸处理

开放性气胸是指各种原因导致胸腔与外界大气直接相通，使伤侧胸腔失去负压，导致伤者呼吸功能障碍。同时，伤侧肺会随健侧肺呼吸来回拉动，挤压静脉回流，导致心排量减少，血压降低。

遇开放性气胸时，应采取以下处理措施：

1. 立即用塑料袋、纱布或清洁敷料压在伤口上，将开放性气胸变为闭合性气胸。

2. 用胶布将敷料固定包扎，将伤侧手臂抬高。

3. 置伤者半卧位。

六、腹部内脏脱出处理

腹部内脏脱出体外后，人们往往紧张慌乱，急于将脱出脏器送回体内，殊不知这会把空气中悬浮的细菌和推回脏器时接触面上的细菌带入体内，导致腹腔内感染，给后续治疗带来困难。

遇腹部内脏脱出时，应采取以下处理措施：

1. 不得将脱出物送回腹腔。

2. 立即用大块敷料覆盖伤口。

3. 置伤者平卧位，双腿屈曲，固定后搬运。

七、伤口异物处理

伤口异物是指进入伤口或组织内的外来物体。异物进入人体后，如果处理不当极易引起出血和感染；如果遇钢筋、木棍、尖石块等扎入伤口较深时，直接去除异物，还可能引起大出血及神经损伤。

遇伤口异物时，应采取以下处理措施：

1. 伤口表浅异物可直接去除，然后包扎伤口。

2. 遇异物扎入伤口较深，不得轻易去除，应维持异物原位，立即入院处理。

八、伴有大血管损伤的伤口处理

大血管是指大动脉和大静脉，属人体血液循环系统的主干部分。大血管出血后会直接危及伤者生命。

遇有大血管损伤的伤口，应立即采取以下措施：

1. 用手指压紧伤口上方或近心端血管止血。

2. 遇伤口较大时，用纱布压迫或填塞止血。

3. 遇伤口继续出血时，用绷带加压或止血带包扎止血。

练习题

一、单选题

1. 一般伤口处理，有条件时应将（　　）。

A. 伤口先用生理碘伏消毒，后用盐水冲洗，再用无菌敷料包扎

B. 伤口先用生理盐水冲洗，后用无菌敷料包扎，再用碘伏消毒

C. 伤口先用生理盐水冲洗，后用碘伏消毒，再用无菌敷料包扎

D. 伤口先用医用盐水消毒，后用清水冲洗，再用无菌敷料包扎

2. 现场急救，遇腹部内脏脱出时，应（　　）。

A. 立即将脱出物送回腹腔

B. 立即利用无菌辅料，将脱出物送回腹腔

C. 用消毒物隔离后，将脱出物送回腹腔

D. 不得将脱出物送回腹腔

二、判断题

1. 现场伤口处理时，可用敷料、干净布片、塑料袋、餐巾纸与伤口保持隔离。（　　）

2. 遇有大血管损伤的伤口，应立即用三角巾止血。（　　）

3. 遇肢体离断，不得用纱布压在肢体残端，应用纱布包好，再用宽胶布向上提拉包扎，防止继续出血和敷料脱落。（　　）

第四节　搬　　运

一、搬运原则

伤者搬运的方法有很多，如扶行、抱行、背行、拖行等。在事故和灾害发生后，现场可能会遇到援助受伤人员脱离危险的临时搬运和经过急救处理后的就医途中搬运，具体采用哪种搬运方法，应结合现场环境、受伤部位、伤口处理情况和伤者体征等因素综合考虑。

急救搬运原则：

1. 经必要的止血、包扎和固定后，方能搬运。

2. 疑有脊柱骨折时，必须采用“轴向”搬运。

3. 疑有肋骨骨折时，不得采取背运方式搬运。

二、搬运要点

搬运人员不掌握急救知识或在慌乱中忽视搬运途中对伤者的连续监护，极易导致伤者伤情加重，甚至使救援功亏一篑，造成终身遗憾。

急救搬运要点：

1. 搬运昏迷伤者时，应使其头部偏向一侧，以便口腔异物流出，避免窒息。

2. 搬运途中，应全程观察伤者意识、呼吸等生命体征，必要时应立即停止搬运，就地抢救。

练习题

一、单选题

1. 现场急救疑有脊柱骨折时，必须采用（　　）搬运。

A.“背运”　　B.“轴向”

C.“抱运”　　D.“扛抬”

2. 搬运（　　）时，应使其头部偏向一侧，以便口腔异物流出，避免窒息。

A. 腹部伤者　　B. 头部伤者

C. 昏迷伤者　　D. 腿部伤者

二、多选题

现场急救时，经必要的（　　）后，方能搬运。

A. 止血　　B. 消毒

C. 包扎　　D. 固定

E. 身份确认

第十五章 中毒急救

任何事情都有绝处逢生的机会，相信命运真的会有奇迹。

一、急性工业中毒

急性工业中毒是指生产性毒物在短时间内经皮肤、黏膜、呼吸道、消化道等途径进入人体，使机体受损并发生器官功能障碍。急性工业中毒起病急骤、症状严重、病情变化迅速，若不及时治疗将危及生命。急性工业中毒分为气体中毒、液体中毒和固体粉末中毒，一般都被列入法定职业病。

急性工业中毒急救措施：

1. 确保自身安全后，方可进入中毒现场实施救援。

2. 使患者立即脱离中毒环境，终止毒物接触，减少毒物吸收。

3. 使患者尽力吐出体内毒物，用水反复清洗表面毒物，到新鲜空气处所呼出体内毒物。

4. 患者昏迷时，应检查呼吸、脉搏，必要时进行心肺复苏。

5. 保存残留毒物，尽快启动急救医疗服务。

二、食物中毒

食物中毒是指食用了被细菌或化学毒物污染的食物，或误食了含有毒素的食物，引起的急性中毒。食物中毒时，毒素直接进入体内，扩散速度快、发病急，常伴有恶心、呕吐、头痛、头晕、全身乏力，也有腹痛、腹泻等症状。严重时会导致呼吸紊乱、脉搏微弱、四肢厥冷，甚至昏迷。

食物中毒急救措施：

1. 立即停止食用可疑食物。

2. 用手指或筷子等刺激舌根或咽后壁诱发呕吐。食物过稠时，应先饮清水或盐水，再促进呕吐。反复进行，直到吐出液体变清为止。

3. 多饮淡盐水或糖盐水，以补充体液损失。

4. 保存患者剩食、呕吐物、排泄物，以便医生确诊和救治。

5. 遇大批患者时，应立即上报卫生防疫部门，并协助做好患者及家属安慰工作。

三、一氧化碳中毒

一氧化碳中毒俗称煤气中毒。煤炭、木炭和可燃气体（液体）在燃烧不彻底时，会产生一种无色、无味、无刺激性的气体，即一氧化碳。一般人吸入一氧化碳无任何嗅觉反应。一氧化碳进入人体会使血红蛋白失去携氧作用，导致体内严重缺氧中毒，初期会出现头晕、头痛、恶心、呕吐、心悸、乏力、嗜睡，患者反应迟钝、面色潮红，口唇呈樱桃红色，严重一氧化碳中毒时患者会出现意识不清、昏迷、大小便失禁、呼吸衰竭等症状，即使治疗后也会遗留智力障碍、精神障碍、瘫痪等综合征。

一氧化碳中毒急救措施：

1. 立即打开门窗或将患者转移至空气新鲜处所，并注意保暖。

2. 遇患者意识不清，应使其头部偏向一侧，以防呕吐物堵塞气道引起窒息。

3. 遇患者心搏、呼吸骤停，应立即进行心肺复苏。

4. 有条件时给予吸氧或送往有高压氧舱的医院治疗。

四、刺激性气体中毒

化学类清洗（喷涂）、水处理或危险化学品泄漏等环境下，可能会接触刺激性气体。刺激性气体根据在水中的溶解程度分为两类：一类是高水溶性刺激性气体，如氯气、氨气和二氧化硫等，这类气体在皮肤、眼睛和上呼吸道潮湿组织表面会很快溶解，形成酸或碱性物质，从而产生强烈的刺激感；另一类是低水溶性刺激性气体，如氮氧化物、光气、硫酸二甲酯等，因其溶解度小，上呼吸道刺激感弱，使人们防御性心理降低，殊不知大量吸入后会进入呼吸道深部，经过一定潜伏期，易导致中毒性肺炎、肺水肿。

刺激性气体中毒急救措施：

1. 立即脱离刺激性气体环境，到通风良好、空气新鲜处所，并注意保暖。

2. 眼睛接触刺激性气体或溶液，应立即翻开上下眼睑，用水反复冲洗。

3. 皮肤接触刺激性气体或溶液，应迅速脱掉被污染的衣服，用水冲洗皮肤，防止毒物继续侵入。

4. 遇心搏、呼吸停止者，应立即进行心肺复苏，并尽快就医。

五、酒精中毒

酒精（乙醇）中毒俗称醉酒，是指一次饮用大量的酒类饮料后，引起中枢神经系统的兴奋及抑制状态。酒精中毒后眼部充血、面色潮红或苍白、眩晕、动作笨拙、语无伦次，严重时会出现昏迷、抽搐、大小便失禁、血压下降，甚至因循环、呼吸衰竭而死亡。

酒精中毒急救措施：

1. 轻度中毒应卧床休息，注意保暖，可大量饮水或果汁等。

2. 重度中毒出现烦躁、昏睡、抽搐、呼吸微弱时，应启动急救医疗服务。

3. 清理呕吐者口腔，使其头部偏向一侧，保持呼吸道通畅，防止窒息。

4. 守护观察，遇心搏、呼吸停止者，立即进行心肺复苏。

六、毒蛇咬伤

毒蛇是指能够分泌毒液的蛇。我国已知毒蛇近 50 种，每年被蛇咬伤者有 10 万多人次，死亡率达 5% ~ 10%。夏季，铁路作业人员进行现场勘查、区间巡检、站场行走等作业存在被毒蛇咬伤的风险。毒蛇攻击时，腭肌收缩，挤压毒腺，毒液经毒牙注入伤口。伤口毒液在 3 ~ 5 min 内，经淋巴和血液循环扩散至伤者全身，造成局部或全身中毒症状，如头痛、头昏、恶心、呕吐、出汗和感觉异常等应激反应。如不尽早采取措施，防止毒液在体内循环扩散，后果会很严重。

毒蛇咬伤急救措施：

1. 立即用橡胶带、绳子、布条、手绢等，绑扎伤指（趾）根部或伤口近心侧 5 ~ 10 cm 处，以减少静脉和淋巴液回流，阻断蛇毒扩散。绑扎争取在咬伤后 1 ~ 3 min 内完成，绑扎后应每 0.5 h 放松 2 ~ 3 min，以防伤肢瘀血及组织坏死。

2. 绑扎后应用盐水、肥皂水或清水冲洗伤口。

3. 用嘴吸吮伤口，每吸一次都应用清水漱口。也可用吸引器械、拔火罐等方法吸出毒液。

4. 伤口较深时，应以牙痕为中心，用小刀将伤口以“十”字形切开，或在两牙痕间以“一”字形切开，用嘴吸吮、用盐水冲洗。

5. 有条件时，绑扎后用冰块敷于伤口部或将伤口部浸入 4 ~ 7 ℃冷水中，促使血管和淋巴管收缩，以减缓蛇毒扩散。

6. 伤肢应减少活动，置于低位。走动时宜轻缓，不要奔跑，以减缓毒素扩散。

练习题

一、单选题

被毒蛇咬伤后，为阻断蛇毒扩散采取绑扎措施，绑扎后应每 0.5 h 放松（　　）min，以防伤肢瘀血及组织坏死。

A. 1 ~ 2　　B. 2 ~ 3

C. 3 ~ 5　　D. 5 ~ 10

二、判断题

1. 急性工业中毒急救时，应奋不顾身进入中毒现场实施救援。（　　）

2. 遇急性工业中毒患者昏迷时，应检查呼吸、脉搏，必要时进行心肺复苏。（　　）

第十六章　突发伤害急救

都说来日方长，其实世事无常才是生活的真相。

一、中暑

中暑是指暑热季节、高温、高湿环境下，因体温调节功能紊乱、汗腺功能衰竭和水电解质丢失过多而引起的中枢神经、心血管系统障碍等急性疾病。中暑可分为先兆中暑、轻症中暑、重症中暑，其中重症中暑又分为热痉挛、热衰竭和热射病。

中暑主要表现为：

1. 先兆中暑：出现大汗、口渴、无力、头晕、眼花、耳鸣、恶心、胸闷、注意力不集中及四肢发麻等症状，体温不超过 37.5 ℃。

2. 轻度中暑：除具有先兆中暑症状外，出现面色潮红或苍白、皮肤湿冷、脉搏细弱、心率加快、血压下降等症状，体温在 38 ℃以上。

3. 重度中暑：除具有先兆中暑、轻度中暑症状外，还伴有晕厥、昏迷、痉挛或高热等症状，体温可达 40 ℃。

中暑急救措施：

1. 降温。迅速把中暑者移至阴凉通风处所或空调房间，使其平卧休息，头部抬高，同时松解衣扣。

2. 饮水。饮淡盐水或淡茶水，也可服用藿香正气水、十滴水、人丹等。

3. 擦身。体温升高者，用凉水或白酒擦浴全身（胸部除外），或在头部、腋窝、大腿根部用冷水或冰袋敷之，以加快散热。

二、淹溺

淹溺又称溺水，是指人淹没于水中或其他液体中，反射性引起喉痉挛和（或）呼吸障碍，引起窒息缺氧，使机体处于危害状态。临床表现常见有呼吸暂停、心搏减弱、血压下降、呕吐、神智丧失、抽搐等。因此，争分夺秒抢救十分重要!

岸上急救措施:

1. 将溺水者头偏向一侧，清除口鼻内异物，保持呼吸道通畅。

2. 施救者立即取半跪姿势，将溺水者腹部放在其大腿上，使溺水者头部下垂，轻压溺水者背部控水。如果控水效果不佳，应立即检查呼吸、脉搏。

3. 若遇溺水者心搏、呼吸骤停，应立即进行心肺复苏。溺水者胸部若无起伏，应置其仰卧，头偏向一侧，双掌根部对准溺水者两乳头连线中点位置，连续用力向内、向上按压控水。

4. 不要轻易放弃抢救，特别是在低体温情况下，应延长抢救时间，直至专业医务人员到达现场。

5. 注意为溺水者保暖，否则易再次出现心搏停止。

水中急救措施:

1. 施救者有能力时，可跳入水中施救；无能力时，不得入水，可利用漂浮物施救，或立即高声呼救，并拨打“120”急救电话急救。

2. 施救者入水后，迅速从后面靠近并托住落水者，防止被慌乱挣扎中的落水者抓住手脚。

3. 施救者从后面双手托住落水者头部（两人均采用仰泳姿势），将其带至安全处。

三、电击

电击伤是电流通过人体而导致的伤害。人体能够承受的安全电压为 36 V，安全电流为 10 mA。一般情况下，1 mA 电流通过人体即可产生发麻、刺、痛的感觉；25 mA 以上就会引起心脏和肺部纤维性颤动，致呼吸失控，肌肉痉挛；50 mA 以上会使人呼吸麻痹，心脏停搏。人体接触带电的设备金属外壳或裸露电线、漏电的手持电动工具，接近高压线或遭到雷击等，都会发生电击伤害。

电击急救措施:

1. 迅速切断电源或用干木棍、竹竿等不导电物体将触电者从接电体拔离。

2. 遇电源情况不明时，施救者应穿绝缘鞋、戴胶皮手套，或站在干燥的木板上施救。禁止直接接触触电者。

3. 触电者心搏、呼吸停止，应立即进行心肺复苏，不得轻易放弃，一般应进行 30 min 以上。

四、冻伤和冻僵

冻伤是指在寒冷环境中停留和工作时间较长时，体表血管发生痉挛，造成血液流量减少，导致组织缺血缺氧，引起的人体局部或全身损伤，尤其是肢体远端血液循环较差的部位，如手、足、指、趾、耳等。冻伤轻时可造成皮肤一过性损伤，重时可致永久性功能障碍。

冻僵是指在寒冷环境中停留和工作时间过久，御寒措施不足，身体能量消耗增加以至耗竭，从而使体温不断下降，全身新陈代谢机能受到抑制，严重时可危及生命。

冻伤和冻僵急救措施：

1. 使患者迅速脱离寒冷环境，搬动冻僵患者时应小心、轻放，避免碰撞引起骨折。

2. 抓紧时间快速复温，遇冻僵患者应先脱去湿冷衣服，用热风或用 44 ℃热水袋温暖全身。必要时将患者浸泡于 40 ~ 44 ℃或稍低温度的水浴中，使其缓慢复温。

3. 遇呼吸、心搏停止者，应立即进行心肺复苏。

4. 内服活血化瘀等药物，防止血液浓缩形成血栓。

5. 局部冻伤时，可局部加温改善微循环，涂敷冻伤膏。

五、强酸、强碱伤害

常见的强酸有硫酸、盐酸等，皮肤接触强酸后会造成烧伤；常见的强碱有氢氧化钠、氢氧化钾等，强碱对人体皮肤组织的损伤力比强酸更重，因为其能渗透到组织深层，使组织蛋白发生溶解。

强酸、强碱伤害急救措施：

1. 强酸、强碱损伤，应立即用大量流动清水冲洗损伤局部。冲洗时间应在15 min 以上。

2. 误服强酸、强碱后，可服用蛋清、牛奶、豆浆、面糊、稠米粥，以保护口腔、食道、胃黏膜。

3. 酸、碱灼伤眼部，应在送医途中持续冲洗。

六、烧烫伤

烧烫伤是生活中常见的意外事故，由火焰、沸水、热油、蒸气、辐射等引起。烧烫伤会造成人体局部组织损伤，轻者皮肤出现肿胀、水疱，重者皮肤被烧焦，甚至致血管、神经、肌腱等同时受损。烧烫伤引起的剧痛和皮肤渗液等，易导致休克。

烧烫伤急救措施：

1. 用洁净冷水长时间冲洗伤处，降低表面温度。
2. 剪开并取下伤口粘连的衣服，不得直接剥脱。
3. 用洁净的敷料或毛巾、床单等覆盖伤部，保护创面，防止污染。
4. 不得刺破表皮水疱，不得在创面上涂任何油脂或药膏。

练习题

一、单选题

强酸、强碱损伤后，应立即用大量流动清水冲洗损伤局部，冲洗时间应在(　　) min 以上。

A. 1　　B. 5

C. 10　　D. 15

二、多选题

1. 中暑急救时，应迅速把中暑者移至阴凉通风处所或空调房间，使其(　　)。

A. 平卧休息　　B. 俯卧休息

C. 头部抬高　　D. 盖好被子

E. 松解衣扣

2. 中暑急救时，可以让患者饮用或服用（　　）。

A. 淡盐水　　B. 淡茶水

C. 藿香正气水　　D. 十滴水

E. 人丹

三、判断题

1．中暑急救时，遇体温升高者，不得用凉水擦浴全身。（　　）

2．淹溺岸上急救时，如淹溺者心搏、呼吸骤停，应送就近医疗机构救治。（　　）

3．遇冻伤和冻僵者，应迅速使其脱离寒冷环境。搬动冻僵患者时应小心、轻放，避免碰撞引起骨折。（　　）

第十七章　常见急症急救

生活里没有从天而降的神，要尽可能作为他人或自己打开救护之门的人。

一、呕吐

呕吐是指胃、食管、口腔、膈肌和腹肌等部位协同作用，通过胃的反射性强力收缩，迫使胃内容物经口腔急速排出体外。

呕吐现场急救措施：

1. 禁食、禁饮水，以防食物或水误入气管。

2. 昏迷患者置其头部偏向一侧，及时清理口腔呕吐物，防止呕吐物呛入气管。

3. 禁止用毛巾等堵塞口鼻。

二、腹泻

腹泻是指肠黏膜的分泌旺盛与吸收障碍、肠蠕动过快，导致排便频率增加，粪质稀薄。排便时常伴有急迫感、肛门不适、失禁以及腹鸣、肠绞痛或里急后重等症状，俗称“拉肚子”。

腹泻现场急救措施：

仅腹泻无呕吐时，可按量服用氟哌酸等止泻药物。

三、晕厥

晕厥是一过性脑供血不足引起的短时意识障碍。晕厥时会突然感到头昏、恍惚、视物模糊或两眼发黑、四肢无力，随之短暂意识丧失，身体发软倒地或不能维持原体位摔倒，但通常数秒至数分钟能自行恢复正常。引起晕厥的原因有自主神经调节失常、血管舒缩障碍、心源性脑缺血、突然发生的脑干供血不足等。悲哀、恐惧、焦虑、疲劳、剧痛、闷热等刺激易引起晕厥，另外由卧位快速转为立位，也常导致直立性低血压晕厥。晕厥的特点是突发性、一过性意识障碍。

晕厥现场急救措施：

1. 立即置患者平卧位，略抬高双下肢，促使静脉血回流，保持相对较多的脑供血。

2. 立即确认气道是否通畅，并检查呼吸和脉搏等。

3. 解开较紧的衣领、裤带。

4. 对低血糖造成的晕厥，患者意识清醒后可给予糖水、食物补充。

5. 遇急性出血、心率过快或过慢、反复晕厥或一次晕厥超过 10 min，应立即拨打急救电话。

四、昏迷

昏迷是脑功能被严重、广泛抑制，引起完全持续的意识丧失，随意运动消失，对外界刺激反应迟钝或丧失，但患者有呼吸和心搏。昏迷多因脑部和全身性疾患引起，脑部疾患如急性脑血管疾病（包括脑出血、脑梗死）、颅脑损伤等；全身性疾患如急性酒精中毒、急性一氧化碳中毒、糖尿病昏迷等。遇突然晕倒，意识丧失，呼之不应、推之不醒，但呼吸、心搏依然存在，可判断为昏迷。晕厥时间较长时会转为昏迷。昏迷是脑功能衰竭的主要表现之一，往往是严重疾病的表现，甚至危及生命。

昏迷现场急救措施：

1. 保持安静，平卧床，禁止高枕。禁止搬动和头部震动。

2. 立即置侧卧位，清除口腔异物，确保气道通畅。

3. 若有活动假牙，应立即取出。禁止喂水、喂食、喂药。

4. 伴有躁动不安或抽搐时，应采取防止坠床、摔伤措施。

5. 遇心搏、呼吸停止，应立即进行心肺复苏。

五、休克

休克是身体有效循环血量急剧减少，导致全身微循环灌注不足引起组织细胞缺氧与代谢异常、重要生命器官功能严重障碍等临床综合征。有效循环血量依赖于充足的血容量、有效的心脏搏出量和完善的周围血管张力，其中任何一个因素突变，均可导致循环血量急剧下降。引起休克的主要原因有急性大出血、急性心肌梗死、严重感染、药物过敏等。休克早期患者表现为意识尚清、烦躁焦虑、精神紧张、面色苍白、呼吸加快，脉搏细速；中期患者表现为烦躁、表情淡漠、反应迟钝、意识不清、四肢湿冷、呼吸表浅、脉搏细弱；晚期患者表现为器官衰竭、呼吸急促、皮肤发青紫色或广泛出血，摸不到脉搏。休克是病情危重、凶险信号之一，如不及时抢救可迅速危及生命。

休克现场急救措施：

1. 对出血原因导致的休克，应立即止血。

2. 立即置平卧位，略抬高双下肢，促使静脉血回流，保证相对较多的脑供血。呼吸困难时，将头部和躯干略抬高，以利于呼吸。

3. 垫高颈部、托起下颌，使头部后仰并偏向一侧，防止异物堵塞气道，造成窒息。

4. 休克患者通常体温降低、怕冷，应注意保暖。但感染性休克常伴有高热，应立即采取降温措施。

5. 有条件时应给予吸氧，并尽快送医急救。

六、心理疾病

人类精神意识对外界事物的反应，主要有喜、怒、忧、思、悲、恐、惊“七情”。《内经》认为：人由形和神两部分组成。形是指形体，包括皮肉、筋脉、脏腑、气血等；神是指人的神志，包括感觉、知觉、记忆、思维、想象和情感等。形为神之体，即心藏神、肝藏魂、肺藏魄、脾藏意、肾藏志；神为形之主，故喜伤心、怒伤肝、忧伤肺、思伤脾、恐伤肾。又曰：怒则气上、喜则气缓、悲则气消、恐则气下、惊则气乱、思则气结等。不同的情志变化，对脏腑、气机的影响不同；反之不同的脏腑、气机疾患，也会导致不同的情志变化。当外界精神刺激过于强烈或持久，人体不能调节适应，易导致神气失常，脏腑、气血功能紊乱，对外表现为心理疾病，如抑郁症、焦虑症、恐惧症等。

心理疾病预防及应对措施：

1. 倾诉心理，发泄痛苦。
2. 规律生活，坚持锻炼。
3. 劝说开导，顺情从欲。
4. 自信交流，移精变气。
5. 情志相胜，平衡阴阳。

练习题

一、多选题

心理疾病预防及应对措施包括（　　）。

A. 倾诉心理，发泄痛苦　　B. 规律生活，坚持锻炼

C. 劝说开导，顺情从欲　　D. 自信交流，移精变气

E. 情志相胜，平衡阴阳

二、判断题

1. 呕吐患者，宜多饮水、多进食。（　　）

2. 遇呕吐患者昏迷时，应置其头部偏向一侧，及时清理口腔呕吐物，防止呕吐物呛入气管。（　　）

3. 对昏迷患者应拍打头部，尽快唤醒。（　　）

第五篇

智慧题库

【学习目的】

本篇内容主要用于了解本教材题库编制原则和命题特点，学习本教材配套培训平台——颂业App的使用方法，快速掌握在线任务查询、规章查询以及记忆试题和在线考试技巧，体会智能移动终端与核心服务器之间数据直连交互带来的信息安全与便捷。

第十八章　题库使用与教材查询

人类文明的进步源于对知识的掌握，人类探索掌握知识的途径从未止步。

第一节　命 题 特 点

为避免铁路劳动安全和职业健康风险，满足铁路运输企业安全发展需求，本教材题库以遵循国家法律、法规、标准和铁路行业最新规章为原则，以规避劳动安全和职业健康风险为导向，内容包括习近平总书记关于安全生产重要论述（以下简称重要论述）和基础知识、风险管控、应急避险、现场急救篇章中涉及的术语、法律法规及风险预控措施。分为单选、多选和判断三种题型。

一、命题特点

考点全面——重要论述、术语、法律法规和风险预控措施全部命题。

试题独立——试题之间相互独立，不互为答案。

考点突出——试题考点均为核心要素，便于学习者记忆各种情形的正确做法。

化繁为简——法规条文较长或多种情形类规章条款，分情形命题，表述清晰明了。

矫正惯性——判断题中的错误表述，均为现场习惯性违章行为，便于错误矫正。

识别风险——单选和多选试题中备选答案，表述相近，干扰性大，目的在于帮助学习者巩固知识，提升现实风险识别和处置能力。

二、题型举例

【单选题】《中华人民共和国职业病防治法》规定，职业病防治工作坚持（　　）的方针。

A. 预防为主、综合治理　　B. 预防为主、防治结合

C. 企业负责、社会监督　　D. 分类管理、综合治理

答案：B

【多选题】职业病是指用人单位的劳动者在职业活动中，因接触（　　）等因素而引起的疾病。

A. 粉尘　　B. 放射性物质

C. 有毒物质　　D. 有害物质

E. 事故隐患

答案：ABCD

【判断题】《中华人民共和国社会保险法》规定，因工伤终止或者解除劳动合同时，应当享受的一次性医疗补助金，从意外保险基金中支付。（　　）（A 正确　B 错误）

答案：B

提示：从工伤保险基金中支付

第二节　试 题 展 示

为方便学习者随时随地记忆和掌握试题，缩减纸张印刷篇幅，本教材在章节后只提供了部分试题用作知识巩固练习，全部试题和答案可登录教材配套培训平台——颂业 App 使用、参阅。在智慧教育模块中点击顺序刷题，选择篇、章、节可顺序答阅本教材每道试题和答案，点击答题模式后，答错试题还会提示正确答案。其中，单选、多选和判断题展示形式举例如下：

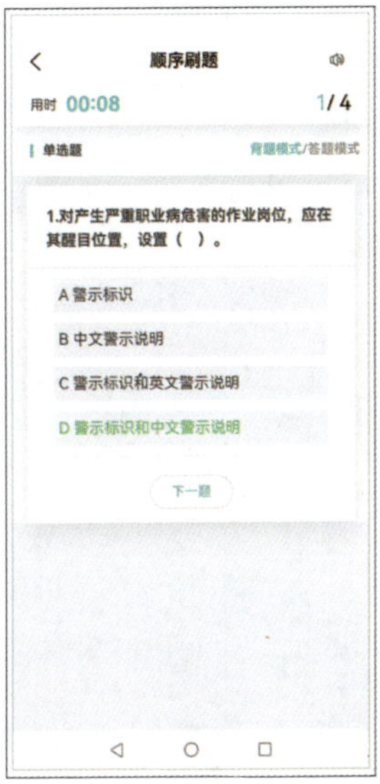

单选题

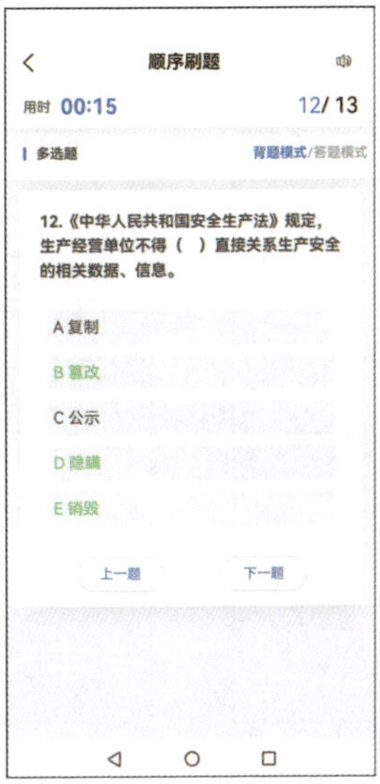

多选题

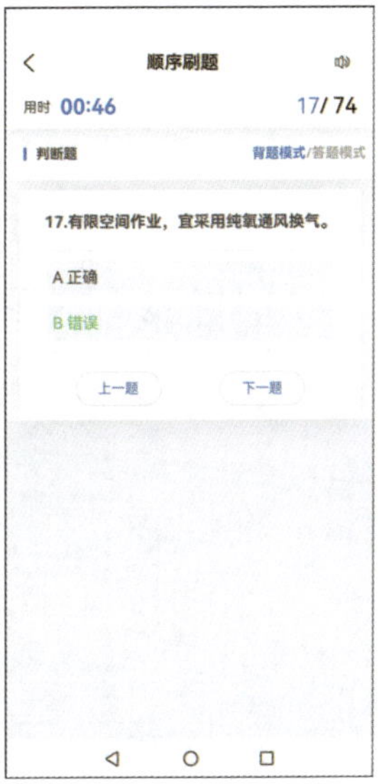

判断题

第三节　教材查询

为方便学习者学习和查询本教材中的重要论述、术语、法律法规及风险预控措施，颂业 App 在首页专门设计了任务查询和规章查询功能。任务查询即通过任务名称关键字，查询相应任务的相关规章和风险预控措施；规章查询即通过规章或风险预控措施中的关键字，查询相关任务的条款，点击条款上的任务名称，可查看该任务的全部规章和风险预控措施。举例展示如下：

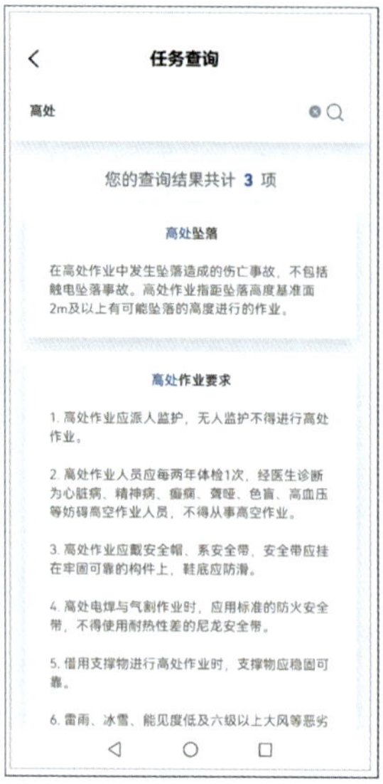
任务查询
高处
您的查询结果共计 3 项
高处坠落
在高处作业中发生坠落造成的伤亡事故，不包括触电坠落事故。高处作业指距坠落高度基准面2m及以上有可能坠落的高度进行的作业。
高处作业要求
1. 高处作业应派人监护，无人监护不得进行高处作业。
2. 高处作业人员应每两年体检1次，经医生诊断为心脏病、精神病、癫痫、聋哑、色盲、高血压等妨碍高空作业人员，不得从事高空作业。
3. 高处作业应戴安全帽、系安全带，安全带应挂在牢固可靠的构件上，鞋底应防滑。
4. 高处电焊与气割作业时，应用标准的防火安全带，不得使用耐热性差的尼龙安全带。
5. 借用支撑物进行高处作业时，支撑物应稳固可靠。

任务查询

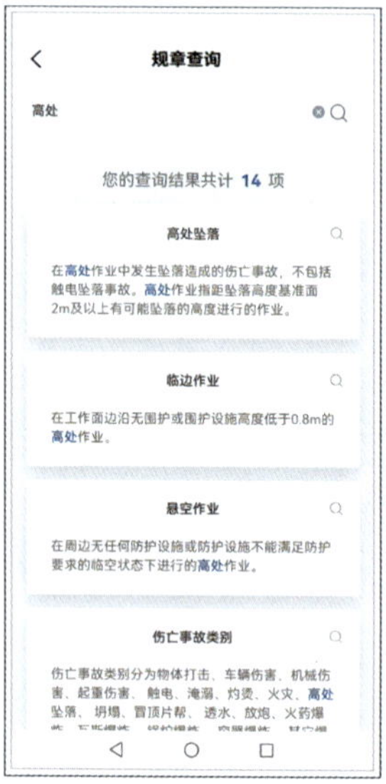
规章查询
高处
您的查询结果共计 14 项
高处坠落
在高处作业中发生坠落造成的伤亡事故，不包括触电坠落事故。高处作业指距坠落高度基准面2m及以上有可能坠落的高度进行的作业。
临边作业
在工作面边沿无围护或围护设施高度低于0.8m的高处作业。
悬空作业
在周边无任何防护设施或防护设施不能满足防护要求的临空状态下进行的高处作业。
伤亡事故类别
伤亡事故类别分为物体打击、车辆伤害、机械伤害、起重伤害、触电、淹溺、灼烫、火灾、高处坠落、坍塌、冒顶片帮、透水、放炮、火药爆

规章查询

第十九章　颂业 App 使用方法

匠心锻造精品，代码重构未来，使用颂业你会真正享受和重新定义，什么是便捷、什么是智慧。

第一节　个人使用方法

1. 下载安装：安卓手机在应用市场搜索“颂业”、苹果手机在 App store 搜索“颂业”下载并安装。也可以扫描本教材封底颂业 App 二维码下载安装。

2. 注册：打开颂业 App，扫描本教材封底注册码，注册成功后即为正版用户。

3. 正版功能：正版用户可答阅本教材全部试题，使用任务查询和规章查询功能。

4. 个人自学：使用每日一题、顺序刷题、智慧记忆、模拟考试等多种方式学习、积分。

5. 导入题库：个人可登录颂业 App 网页版（https://www.songyew.com）导入题库进行个人自学，但不能对其他人员发布考试。

6. 具体操作：详见本章第三节单位使用方法。

第二节　培训机构使用方法

1. 下载安装：同个人使用方法。

2. 注册单位：培训机构指定管理人员在颂业 App 上注册单位（后台默认注册单位人员为该单位平台管理员），建立一个组织机构，其他老师扫描组织机构二维码即加入通讯录，或登录颂业 App 网页版直接导入通讯录。

3. 组建班级：培训机构老师可在通讯录中点击共享区，在右上角点击加号图标创建共享区，分享团队或培训班二维码，学员扫描加入。

4. 创建题库：扫描本教材封底注册码读取教材中的题库，也可以导入自建题库或在颂业通用题库和行业题库中选择试题。

5. 发布考试：培训机构可在本教材题库和自建题库中选择试题范围发布考试，也可以补考。注意：发布人题库里所有试题均可组卷对所有学员发布考试。

6. 考试档案：考试结束后命题老师可在网页上导出成绩单和试卷。

7. 教材查询：注册后可使用本教材任务查询和规章查询功能。

8. 其他操作：详见本章第三节单位使用方法。

第三节　单位使用方法

颂业 App 是学习、考试、规章查询和教育培训管理的智能化云服务平台。该平台采用移动互联网和云服务等信息技术，实现了智能移动终端与核心服务器之间数据直连交互，打破了时空上的信息束缚限制，跳出了传统教育方式的固化窠臼，开启了智慧教育新模式。颂业 App 设计科学、功能实用、操作便捷、安全可靠，解决了铁路点多线长，人员分散，集中学习和培训难度大的行业难题。

一、快速使用指南

1. 下载颂业 App 并填写本单位平台名称。

2. 登录颂业 App 网页版导入本单位通讯录，或创建本单位组织机构，分享组织机构二维码，员工扫描加入。

3. 导入本单位题库或从颂业 App 选择通用或行业题库进入本单位题库。

4. 扫描本教材注册码，使用题库。

二、功能快速浏览

1. 答阅试题：注册后可答阅本教材全部试题，同时可使用任务查询和规章查询功能。

2. 单位功能：管理者可创建单位，导入本单位题库和通信录。

3. 个人自学：个人可通过每日一题、顺序刷题、智慧记忆、模拟考试、在线考试等多种方式学习、积分。

4. 组织考试：管理者可通过自动组卷、发布考试、智能判卷和自动补考，实现无纸化远程快速考试，还可以导出成绩、下载试卷。

5. 办班培训：和微信建群一样，学员扫描共享区二维码加入班级，管理者可以组织学习、考试。

6. 教育档案：自动建立考试档案，实现一人一档，无需人工干预。

7. 通知资讯：提供重要通知和内部资讯发布通道，通过栏目设置、编辑审核、已阅未阅、评价点赞等方式与学员远程在线交互。

8. 段位积分：科学的积分评价体系会实时记录个人积分、个人段位、组织人均积分、组织段位，还可以导出积分，为考核奖励每个组织或个人提供基础数据。

9. 其他功能：颂业提供通用题库、行业题库。个人学习题库设置、每日一题题库个人设置、每日一题题库他人设置、个人信息采集项设置、考试档案调阅权限设置、禁止离开答题页面设置、定期考试、定时考试、统一试卷、随机试卷、试卷编辑、试题自动配分、筛选人员、试卷重新发布、考试成绩公示、考试结果分析、自动筛选补考人员、任意增加补考人员、自动过滤重复人员、题干标记、顺序翻页答题、答题卡答题、滑动页面答题、自动监测未答试题、答案检查修改、断网继续考试、到时自动收卷，以及用户角色权限自动匹配、电话直接拨号、更换皮肤等功能。

三、创建单位

1. 平台冠名

平台冠名有两种方式。一种是用手机颂业 App 扫描网页上的登陆二维码，在平台网页上填写本单位名称和平台名称，本单位员工网页端和手机端颂业登录首页将同步显示平台名称。另一种是在手机颂业 App 首页创建单位。创建单位的人员默认为本单位平台管理员。

2. 创建通讯录

平台提供两种创建通讯录方式。第一种是在颂业 App 网页端下载通讯录模板，编辑结束后直接导入通讯录。导入前需先创建单位和一个组织机构（部门或单位），平台管理员需加入部门或单位，并将员工信息采集项中的职务 / 岗位设置为筛选模式。另一种是在手机端创建单位组织架构，员工通过扫描组织架构二维码形成通讯录。注意：部门人员权限是在部门所属单位内部，对同级部门和下级单位发布试卷、通知等；单位人员权限是对本单位、本单位所有部门和下级单位发布试卷、通知等。

3. 人员信息采集

平台提供两种人员信息采集方式。一种是在手机端设置采集项，另一种是在网页端设置采集项。单位平台管理员可结合本单位需求编辑员工信息采集项。采集项一般设置为职务 / 岗位、工种、技术等级、用工形式、从事专业、政治面貌、性别等。员工个人信息发生变化，需经本部门或单位管理员审核确认。

4. 创建共享区

共享区主要用于快速组建团队，采集人员信息，组织学习考试，如办班培训、试卷发布、通知发布等。创建时点击通讯录，点击共享区，点击右上角加号，选择创建团队。职务 / 岗位筛选项供其他人员加入团队时选择，可以根据需要增加更多采集项。团队创建人和已经加入的人员，也可以分享团队二维码，邀请其他人员扫描加入，或在通讯录中选择人员加入。

四、自建题库

颂业 App 提供三种方式创建本单位题库。平台管理员、部门管理员、单位管理员导入的题库，其所管辖权限内的人员可以使用；其他人员导入的题库只能个人使用。

1. 导入本单位试题

登录颂业 App 网页版下载模板，题库模板分类为三级。第一级建议按导入单位或部门命名；第二级建议按工种进行分类，或者人员群体分类，二级分类可以不填写；第三级建议按技术等级、知识点、专项答题名称等进行分类。

2. 从颂业 App 通用题库中导入试题

登录颂业 App 网页版点击通用题库，选择需要的试题，也可以把每页显示修改为 500 行，勾选全部试题，批量选择加入本单位题库。

3. 从颂业行业题库中导入试题

登录颂业 App 网页版点击行业题库，试题导入本单位题库方法与通用题库导入方法完全相同。需要注意的是行业题库是根据你单位在颂业 App 注册时选择的一级行业和二级行业自动匹配的题库，现有铁路各专业题库已经齐全。

4. 删除试题分类

只有某一级分类下的试题全部删除后，该题库分类才会自动删除。

5. 图片题制作方法

登录颂业 App 网页版勾选某道试题，点击“修改试题图片上传”按钮，可在题干或备选项中上传图片。

五、顺序刷题

顺序刷题配置了背题模式和答题模式。选择题库后可以看到该题库的记忆轮次、本轮未答试题、本轮答错试题。

背题模式直接显示试题答案，可快速记忆每道试题。答题模式回答正确奖励鲜花，回答错误提示正确答案。因背题模式不积分、答题模式积分，所以模式切换时设置了延时。注意：顺序刷题，不改变试题顺序，不改变备选项排序。

颂业 App 允许同时选择一个或者多个题库刷题。开始顺序刷题后，每刷一道题，未答试题减一道，刷过的题进入两种状态，一种是答错，一种是答对。下次刷题时，如果想继续往后刷，就选择未答试题项；如果想刷上次答错的试题，就选择答错试题项；如果想从头开始重刷，就选择全部试题项。当某个题库试题全部答对，颂业 App 会将该题库所有试题，重置为未答状态。

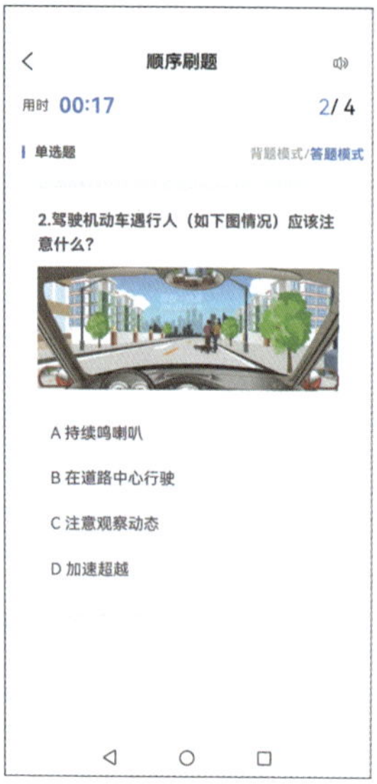

答题模式

背题模式

六、智慧记忆

使用颂业 App 智慧记忆模块时，平台根据答题人答错试题的答题用时、错误概率、重复次数、习惯选项等分析答题人的记忆状态，为其建立个体记忆数学模型，并根据记忆状态实时修正记忆参数，自动为答题人推送试题重复练习。

七、模拟考试

选择模拟考试范围后，颂业 App 可随机生成模拟试卷，答题结束后自动显示成绩，并可查阅答卷。针对答错试题，试卷除显示答题选项外，还提示正确答案。

八、命题发布

1. 试卷命题

进入命题发布页面，选择命题范围，填写试卷名称、命题数量、答题时间后，平台可自动生成试卷。管理员通过预览试卷，可查看正确答案以及更换或删除试题。如果在多个范围内选择了题库，颂业 App 会自动删除重复试题。

2. 分值设计

试卷满分设计为 100 分，其中单选、多选、判断题基准分值分别为 1 分、2 分、1 分，依据命题人试卷题型、题量，按比例自动计算每道试题实际分值。平台判卷标准为单选、判断题选错不得分；多选题选错或多选不得分，选择正确后按“多选题基准评分表”计算得分。

多选题基准评分表

类 别	备选1	备选2	备选3	备选4	备选5
正确选项/备选答案	1/5	2/5	3/5	4/5	5/5
得分	0	0.5	1	1.5	2
正确选项/备选答案	1/4	2/4	3/4	4/4	
得分	0.5	1	1.5	2	
正确选项/备选答案	1/3	2/3	3/3		
得分	0.5	1	2		
正确选项/备选答案	1/2	2/2			
得分	0.5	2			

多选题基准评分表

3. 试卷类型

统一试卷是在选择的题库范围内统一命题，每份试卷试题相同，但试题排列顺序不同，每道试题备选项也会随机排序；随机试卷是在选择的题库范围内随机命题，每份试卷试题不同，每道试题备选项也会随机排序。

4. 考试方式

定时考试是所有答题人统一时间开始考试。定期考试是在一定时间范围内答完试卷即可，但答题人一旦开始考试，就必须在试卷规定的答题时间内完成考试，超过答题时间平台会自动收卷。

5. 防止作弊

设置禁止离开答题页面功能打开后，平台会在答题人打开试卷前告知。如果考试中离开答题页面超过 5 s，平台就会自动收卷，其目的是防止在考试过程中利用手机查询答案或接听电话作弊。

6. 试卷发布

在通信录中勾选答题单位或指定答题人，也可以通过筛选人员发布试卷；对共享区人员发布试卷有全选、单选、筛选人员三种方式。勾选后，颂业 App 自动统计考试人数。在通讯录及共享区中选择了同一人时，平台会自动删除重复人员。通讯录及共享区人员重复时，重复人员的职务 / 岗位项会优先按通信录显示；多个共享区内选择了重复人员时，职务 / 岗位项会按第一个选择的共享区显示。试卷发布后平台将考试信息自动推送至答题人代办中。

7. 变更考试

考试开始前试卷发布人可在考试档案项中找到已经发布的试卷，点开应考项，可查看考试人员信息，点击重新发布项即可重新选择人员。

九、在线考试

1. 答题准备

定期考试可在命题人设定的时间范围内随时打开试卷答题。定时考试的答题开始时间倒计时为零时，平台为所有答题人同时自动打开试卷。两种考试形式平台均按试卷规定的答题时间自动收卷，答题人也可选择提前交卷。

2. 在线答题

颂业 App 设计了顺序翻页答题、答题卡答题和卷面滑动答题三种答题模式。对答案不确定的试题，可做标记，标记后的题干变成橘黄色，方便检查修改；答题卡答题模式点黄旗可以标记；卷面滑动答题模式，答过的题可直接修改，未答的题直接选择答案就可以了。点击未答试题图标，可自动切换到第一道未答试题，答过的题就再不显示。点击交卷会自动监测未答试题并提示。

在线答题中因特殊原因或误操作退出答卷，在考试时间内可再次进入页面继续答题，但退出时间统计进入答题时间。

3. 断网自律

考试中遇到网络中断，平台会提示“网络已中断，禁止离开答题页面”，这时可以正常继续答题，但不能接电话或者将页面最小化。如果考试时间结束或点击交卷，平台会提示“当前网络异常，请你在考试结束后 10 min 之前恢复网络，并打开颂业 App，实现自动交卷”，同时给答题人发短信通知。如果 10 min 内网络未恢复，平台不再收卷，试卷判为 0 分。

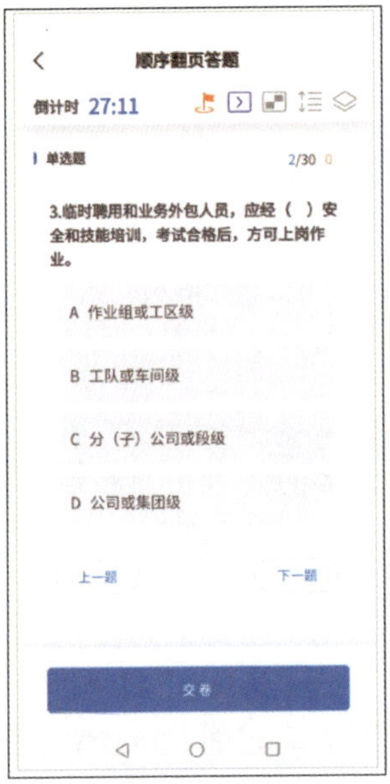

顺序翻页答题

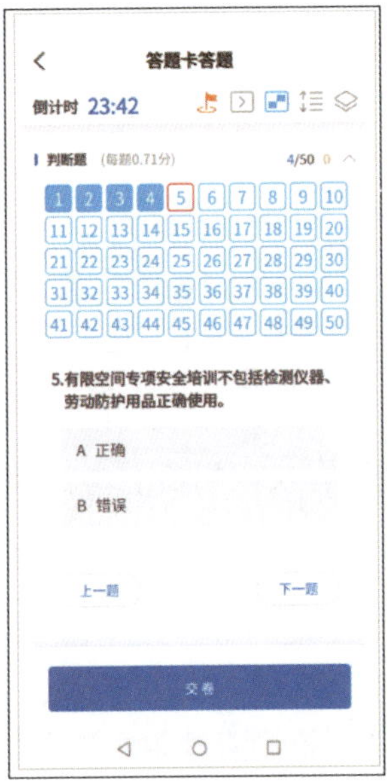

答题卡答题

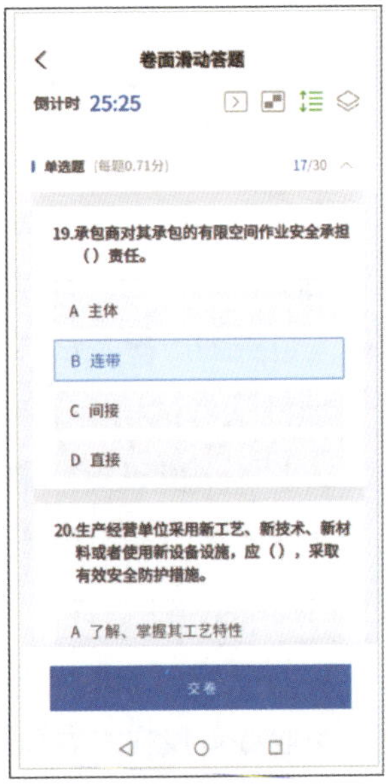

卷面滑动答题

4. 考试成绩

考试结束后，点击我的考试项，可查看考试成绩；点击答卷，可以看到题答对错、得分及正确答案。如果命题人公示考试成绩，点开排名项，可看到所有人员的考试成绩。另外，命题人点击考试档案项，就可以查看所有人员的考试成绩，也可以在网页端导出成绩。

十、组织补考

1. 人工补考

打开考试档案项，找到需要组织补考的试卷。点击补考项，输入补考分数线，在命题方式中可以重新命题，也可以采用原始试卷补考。

2. 自动补考

在定期考试命题时可以输入补考分数线和允许补考次数，答题人提交试卷后，成绩在补考分数线以下，平台会在允许的补考次数内自动给答题人发布补考试卷。

十一、考试档案

1. 自动归档

平台为命题人和答题人所属单位设置了安全独立的考试档案功能。命题人可查询历史命题试卷、成绩排序和统计分析等信息，并提供导出存储及打印功能；答题人可查询历次考试答卷和成绩。

2. 默认考试档案调阅权限

颂业 App 默认平台管理员有权调阅所有考试档案，部门管理员有权调阅本部门及下属部门或单位档案，单位管理员有权调阅本单位考试档案，命题人可调阅自己命题的考试档案，其他人员只能在我的考试项中查看自己的考试档案。

3. 设置考试档案调阅权限

颂业 App 授权平台管理员、部门管理员、单位管理员在自己管辖人员范围内设置考试档案调阅权限。方法是：登录颂业 App 网页版，点击考试档案项，点击设置项，选择调阅机构，选择调阅人员，右侧勾选的组织机构就是相应人员的调阅范围。点击左侧人员后，在右侧根据需要选择和修改调阅范围，点击提交保存设置。

十二、每日一题

1. 每日答题范围

每组 5 道试题，可多次答题。答题人未设置每日一题题库范围时，平台默认最后一次使用的题库；如果答题人设置了题库（点击每日一题右上角图标设置），平台按答题人设置的题库随机命题；如果单位（管理员）也为答题人设置了题库，平台在单位和答题人自己设置的题库范围内随机命题。

2. 设置他人每日一题命题范围

单位内的每个人从事工作不同、职位岗位不同、专业工种不同，他们的每日一题命题范围也应该有所不同。颂业 App 允许平台管理员、部门管理员、单位管理员给管辖范围内的不同人员设置个性化的每日一题命题范围。给他人设置范围时，点击平台入口项，点击每日一题项，点击新增图标项，选择题库范围项，点击发布人员项，在通讯录中筛选要发布的人员，点击确定发布即可。

十三、重要通知

登录颂业 App 网页版，点击通知资讯项可发布重要通知，平台根据发布人所属单位、部门进行自动编号，通知发布后在发布人员手机端同步显示。

十四、内部资讯

1. 发布流程

颂业 App 网页端和手机端均可发布资讯，首先选择要发布资讯的所属栏目，输入资讯内容，提交平台管理员指定的审核人员审核，最后选择资讯接收人后发布。

2. 栏目管理

首次使用内部资讯，平台管理员应登录网页版并结合本单位实际设置资讯栏目和栏目审核人。如新闻快讯、生产信息、党建活动、青年园地、教育培训等栏目。同时可设置栏目点赞开关状态，调整栏目顺序，查看该栏目发帖数量、发帖人信息。平台管理员有权审核、编辑、驳回和删除本单位所有人员发布的资讯。

3. 发布资讯

在网页端和手机端均可发布内部资讯。发布内容可复制粘贴，可插入图片和视频以及预览发布效果等。发布人可关闭或打开该资讯阅览人的评价和点赞权限。

十五、积分评价

颂业 App 具备数据挖掘、智能分析、关联运算功能的智慧积分评价系统，可实时掌握每个员工的学习状态。为提升自主学习的趣味性和积极性，颂业 App 为个人设置了学员、秀才、举人、进士、探花、榜眼、状元 7 等，金牌、银牌、铜牌、普通 4 级，共 28 个成长段位；为组织设置了投石问路、试探入围、各自为政、行为统一、有序可控、潜力酝酿、实力聚集、逢旗必争、管理有序、全员自律、文化引领共 11 个成长段位。

十六、退出、退出平台、注销用户

1. 退出

退出指的是退出当前登录手机号，选择退出后可更换手机号码重新登录颂业App，一般用于在颂业 App 上更换单位，退出后平台仍保留个人用户在原单位的全部信息和学习记录。此功能非常安全，属于无风险操作。

2. 退出平台

退出平台指的是退出当前所在单位，成为无单位用户，退出后颂业 App 仍保留个人学习记录。退出平台一般用于调离原单位。退出平台后可加入或创新新单位。此功能存在离开原单位的风险，属于中风险操作。

3. 注销用户

注销用户指的是在颂业 App 上彻底删除个人用户全部信息和历史记录，此功能存在离开原单位和清除用户资料的风险，属于高风险操作，请慎重使用。

十七、平台安全

颂业 App 已经通过中华人民共和国公安部信息系统安全等级 2 级保护，备案编号为：京公网安备 11011502003923 号。

颂业 App 支持 Android 6.0 及以上版本安卓手机和 IOS 12.1 及以上版本苹果手机，网页端支持 IE11、Edge、Chrome、Firefox 和 360 等浏览器。

附录

一、培训内容总表

培训科目		培训内容									
基础知识	相关术语	劳动安全卫生相关术语	安全生产过程相关术语	劳动安全事故与职业病相关术语							
	相关法律法规	安全生产法	劳动法	职业病防治法	社会保险法	刑法	工伤保险条例	生产安全事故应急条例	工作场所职业卫生管理规定	职业病分类和目录
风险管控	铁路线路劳动工伤预防	站场与区间作业	作业防护	避车	营业线作业登记、销记	特殊天气作业	电气化区段作业			
	铁路综合劳动工伤预防	安全培训	劳动保护	高处作业	● 坑、井类作业	有限空间作业	低压电气设备检修与使用	● 施工用电	工具使用	公共场所安全
	消防设备使用工伤预防	灭火器和消火栓	灭火器最大保护距离	民用建筑安全疏散						

续表

培训科目		培训内容									
风险管控	危险化学品使用工伤预防	危险化学品存放建筑	危险化学品管理	危险化学品事故应急处置							
	电焊与气割（焊）工伤预防	作业防护	气割（焊）作业	气瓶使用							
	特种设备使用工伤预防	电梯	● 锅炉与压力容器	● 起重机械	● 场（厂）内专用机动车辆	● 自轮运转特种设备					
	道路交通工伤预防	起步与停车	道路行驶	特殊地段行驶	恶劣天气行驶	夜间行驶	临时处理与事故处置				
	食堂作业工伤预防	● 食品卫生	● 预防食物中毒	● 食堂操作	● 电气设备使用						
应急避险	应急避险知识	安全色	安全标志								
	灾害应急避险	灾害应急避险									

续表

培训科目		培训内容								
现场急救	急救知识	急救知识								
	外伤急救	止血	包扎	伤口处理	搬运					
	中毒急救	中毒急救								
	突发伤害急救	突发伤害急救								
	常见急症急救	常见急症急救								
备注		标注“●”的培训内容，可根据培训对象选用								

二、培训学时表

培训科目		科目学时	安全生产与职业健康分管负责人	专职安全、职业健康管理人员	班组长（含车间主任、车队长）	在职人员	新入职人员	学生及其他人员
			培训学时	培训学时	培训学时	培训学时	培训学时	培训学时
基础知识	相关术语	2	1	2	2	2	2	2
	相关法律法规	8	8	8	8	6	6	1
风险管控	铁路线路劳动工伤预防	18	8	12	18	18	18	18

续表

培训科目		科目学时	安全生产与职业健康分管负责人	专职安全、职业健康管理人员	班组长（含车间主任、车队长）	在职人员	新入职人员	学生及其他人员
			培训学时	培训学时	培训学时	培训学时	培训学时	培训学时
风险管控	铁路综合劳动工伤预防	16	8	10	14	13	16	15
	消防设备使用工伤预防	2	1	2	2	2	2	1
	危险化学品使用工伤预防	2	1	1	1	2	2	1
	电焊与气割（焊）工伤预防	8	1	1				
	特种设备使用工伤预防	8	1	2	2	2	2	1
	道路交通工伤预防	8	1	1	1	8	8	1
	食堂作业工伤预防	4	1	1				
应急避险	应急避险知识	1	1	1	1	1	1	1
	灾害应急避险	2	1	2	2	2	2	1

续表

培训科目		科目学时	安全生产与职业健康分管负责人	专职安全、职业健康管理人员	班组长（含车间主任、车队长）	在职人员	新入职人员	学生及其他人员
			培训学时	培训学时	培训学时	培训学时	培训学时	培训学时
现场急救	急救知识	2	1	1	2	2	2	2
	外伤急救	4	1	1	2	2	4	1
	中毒急救	1	1	1	1	1	1	1
	突发伤害急救	1	1	1	1	1	1	1
	常见急症急救	1	1	1	1	1	1	1
合计		88	38	48	58	63	68	48
备注		根据培训对象可在《培训内容总表》中增加培训内容和时间						

三、成绩比重表

培训科目	安全生产与职业健康分管负责人 /%	专职安全、职业健康管理人员 /%	班组长（含车间主任、车队长）/%	在职人员 /%	新入职人员 /%	学生及其他人员 /%
基础知识	30	25	20	15	10	15
风险管控	55	60	65	70	80	70
应急避险	5	5	5	5	5	5
现场急救	10	10	10	10	5	10
合计	100	100	100	100	100	100
备注	每科目培训结束后组织考试，按本表比重计算个人最终成绩					